松方三郎とその時代

田邊 純［著］

公益財団法人
新聞通信調査会

登山姿の松方三郎。軽井沢で、1961年

幼少時の松方三郎

佐藤星野と結婚した松方三郎。1931 年

秩父宮殿下（中央）のアルプス登山に同行した松方三郎（左）と松本重治（右）　1926年

三紙脱退を共同通信
編集局で報告する
松方三郎。
1952年9月8日

草野心平(前列中央)
ら耳の会メンバーと
松方三郎(右端)

エベレスト、ベースキャンプの松方三郎
1970年5月(毎日新聞提供)

執務する松方三郎共同通信専務理事。1960年、東京・日比谷の市政会館

1969年11月、松本重治(右)と同時に勲一等を受章。皇居新宮殿前で松本夫人(後ろ)とともに

松方三郎とその時代　目次

松方三郎とその時代

序にかえて――「三郎だけには会ってった方がいいよ」

犬養道子が当時はまだ津田英学塾とよばれていた専門学校を卒業し、渡米することになったのは昭和23（1948）年だった。

「ひょんなことからこの私も、戦後アメリカ留学第一陣のどん尻に入って奨学金を得て渡米する身となった。焼野ヶ原の東京ゆえ、親類や知人友人も方々にまだ散っていて、渡米（それはあのころ、どえらいことだった）のあいさつまわりなどは、したくても相手の所在すらはっきりしない状態のなかで、『三郎だけには会ってった方がいいよ』と父がいった。彼の所在はわかっていた。三郎とは、松方三郎（故人）のことである」（犬養道子「コンの時代――松方三郎の助言」『世界の現場から』所載）

松方三郎は共同通信編集局長、道子の父、犬養健は民主党総裁だった。

「……彼はそう近い親類ではなかったが、つきあいの楽しみの点では、一番近い親類の部に入っていた。日本が敵としてさんざ戦った相手の、中国にもアメリカにもイギリスにもどこにでも、世界じゅうに、戦争などてんでなかったかのように変らない友達をごっそり持つ三郎さんだった」

出かけて行ってアメリカに出発すると報告したら、彼はこんなことをいった。

「招《よ》ばれてどこかの（アメリカ人の）うちに行くことがあるとすらあね。犬がいたら犬のアタマをなでろ。子供がいたら話しかけろ。その子のことを親との話のさいしょの話題にしろ。通された部屋をよく見て、壁にかかっている絵が気に入ったらほめろ。椅子の色やカーテンの色がきれいだと思ったらそういえ。なんでもいいから、話題をとっちまって、こっちからコントリビュートするんだよ」

道子は、へえ、と思った。

「あの若いアメリカ人教師の顔をチラと思い出したのはそのときだ。コントリビュートがまた出て来たぞ」

道子は津田英学塾時代の学年試験を想い出した。クラス全員が落第点どころかゼロ点をもらい全員立たされた。

アメリカ文学担当の若い女性教師はのたまわった。

「よく勉強して、わたしのアメリカ現代文学論を右から左に呑みこんで記憶して、それをそのまま、答案用紙に書いたからだ。（略）わたしが試験で（またこの学年を通しての毎日）求めたのは、わたしの考えをヒントともして、あなたがたひとりひとりが、何を考え、どうアメリカ現代文学を読み、どのような文学観をつくり上げたか、何を（人生のために）そこから得たか、得なかったか、その答えだった」

そして、つけ加えた。

「コントリビューションがひとつもない」

「コントリビューション」は通常「貢献」と訳される。しかし、この訳語では表現しきれない文化的あるいは社会的なニュアンスを内包している。コンとは「互いに」「相互に」「共に」、トリビュートは「貢ぐ」というより「与える」であって、「コントリビューション」は「お互いにあたえあうこと」、つまりは「やりとり」だと道子は説いている。

むかしから日本では「出しゃばり」はきらわれた。「出るクイは打たれる」といった道徳的規範があたりまえの世の中で道子がいうように「しゃしゃり出て行くとか、自分を売りこむとかは、日本の古来の発想や習慣からすれば、してはならない、はしたないこと」なのである。

なにごともつつましやかに控えめにという行動様式は、自分をしゃにむに売り込むという欧米の振る舞いとは相容れない。だから、おおげさに言えば、はじめの出会いで文化衝突あるいは摩擦が生じてしまう。双方とも相手を知らず防衛反応のために無意識に身構え、警戒しその場の雰囲気はぎこちないものになる。話をどう切り出していいものか、と戸惑ってしまう。

それを避ける御守りとして「犬のアタマをなでろ」をさずけ、「沈黙の美徳」よりは「饒舌の効用」を説いた。

道子は松方三郎からさずけられた御守りを大事にかかえ世界を歩きまわり、活躍するようになる。「こっちからコントリビュートするんだよ」というこの助言は世界にむけて旅立つ女性への世わたりの護符であると同時に松方三郎の通信社観に通底する言葉だったにちがいない。

古野伊之助や岩永裕吉は、世界に向けて日本のニュースを発信するという理念をかかげ通信社を設立し、ロイターが支配する世界の通信社界に参入をはたした。ニュースをもって世界に「コントリビュート」する。これが岩永や古野が描いた通信社の理念であり、松方三郎はこの理念を引きついだ。

松方三郎と犬養健は学習院時代からのつきあい、犬養はありきたりの常識やあたりまえの言葉ではない、いつまでもかかえていける口語体の助言を、おそらくは期待していたのであろう。

松方三郎は「山の松方」ともよばれ、一流のアルピニストだった。

こどものころから山に親しみ、青年時代は北アルプスにわけいり、欧州留学中はスイス・アルプスの山々に足跡をしるし、英山岳会会員になり、日本山岳会会長を二度つとめ、エベレスト登山隊の総隊長として日本初の登頂をとりしきるなど、日本の山岳界にのこした功績はおおきい。

「松方三郎さんは、通信社の生活を中心に多方面にわたって社会的文化的活動の足跡を残したが、世間に一番知られたのは『山の松方』であったのではないかと思う。子供のころから病床につくまで山にかかわりを持ったのである」

松方三郎の著書『山を楽しもう』の巻末で「松方三郎と自然」と題し、殿木圭一はその人間像の一端をしるした。殿木は根っからの新聞人だった。帝国大学新聞の編集長をつとめ昭和9（1934）年新聞聯合通信に入社、同盟通信、共同通信と松方三郎とともに通信社ひとすじの道をあゆみ、のちに東大新聞研究所教授に転じ、日本新聞学会会長をつとめた。

生涯を振り返れば、たしかに「山の松方」ではあるが「知の系譜」をたどると、そこには「山」だけではくくりきれない奥行をみせる。

明治の元勲の子として生まれたものの母の愛にふれることなく幼少の時代をおくり、異邦人なんだよ、ぼくは、と語った松方三郎は学習院で乃木希典や鈴木大拙の教えをうけ、長じては志賀直哉、長与善郎、武者小路実篤あるいは柳宗悦ら白樺派の群像とふれあい、美術を愛し、岸田劉生とは角力をとってあそぶ仲、京都帝大に入り河上肇を師と仰ぎ、マルキシズムの洗礼をうけ、満州事変のおりは、これを批判する気骨をみせ、社会問題研究誌「社会思想」や長谷川如是閑が主宰する「批判」に数々の論文、評論を執筆し、ファシズムに抵抗する知的連合体の一員として活躍し、通信社マンとして激動の昭和をあゆんできた。

戦後のレッドパージのさい、執行者となる苦渋をあじわい、共同通信から朝日、読売、毎日の三紙が脱退するという財政危機をのりきった「共同通信の松方三郎」だった。しかし労務政策のささいな躓きをつかれ心ならずも共同通信を去らざるをえなかった。松方三郎を知る共同通信の社員たちはぺしゃんこのリュックを背負って歩く、その気取りのない姿を思い浮かべる。リュック姿を異邦人の都会生活にたいする無意識のレジスタンスと評したのは松本重治だが、その中に何を蔵していたのだろうか。

元勲の子

明治は不思議な時代だった。300年ちかくもつづいた江戸幕府に反抗し、これを倒し明治という新政府を築きあげたのは薩摩藩と長州藩の若手といっても俸禄の低い下級武士たちだった。かれらには強い意志と政治的エネルギーが満ちていたにしろ国家経営の経験はまったくない。近代国家に必要な、さまざまな文物は皆無といっていい。国家経営の理念となる憲法もなく、馬や駕籠が往来する街道が通じていたにせよ鉄道もなければ、造船、造兵（兵器の製造）を支える重工業もない。なによりも経済基盤があまりにも貧弱だった。財政の基盤は地租、つまり土地にかける税金が主たるもの。内憂ばかりではなかった。西欧の列強が帝国主義の野望をかかえ侵略してくる。隣邦、中国はすでに列強が押し寄せ中国各地に租界をもうけ半植民地の様相をみせていた。遅かれ早かれ日本の近い未来の運命を予見させる不吉な兆候だった。

この外患内憂のなかで国家をどう運営するか。明治政府は富国強兵の策をかかげる。経済を強化し強力な軍隊をつくるという策だった。群馬県富岡の官営製糸場、北九州八幡の製鉄所は、その象徴ともいうべき設備だった。生糸を生産、輸出し外貨をかせぐ。当時はまだ「鉄は国家なり」の時代、製鉄は鉄道や造船、軍備をととのえる基盤産業だった。

近代国家経営は、いわばゼロからの出発だったが、明治も30年代を迎えるころにはようやく国家の体裁もととのい日清戦争の勝利でナショナリズムの気分が高まり、国民の国家意識も確かなものとなってきた。

松方三郎の出生はそのようなとき、明治32（1899）年8月1日、京都であった。

父正義も、明治をつくり上げたひとりだった。薩摩藩の出身とはいえ先祖の身分は郷士、禄高は低く、俸禄だけでは生活できない。田畑をたがやし、生計の足しにする。武士といっても、士農工商にわけられた階級社会では武士よりは一段低い身分だった。しかし、正義にとっては出自はなんのさまたげにもならない。藩主島津斉彬や藩政の最高指導者だった久光に才をみとめられ、出世の道をあるき藩主のお側につとめる近習番になり、やがて明治維新。正義は一薩摩藩士から明治政府の官吏となり明治3（1870）年11月、東京に移り、大蔵省を活躍の場とし、財政の手腕を発揮、枢要の地位にのぼりつめた。

明治24（1891）年5月、山県有朋のあとを引きついで第四代総理大臣に就任、同29年9月、第二次伊藤内閣のあとを受けつぎ、二度目の首相をつとめ、第一次伊藤内閣では初代蔵相となり、以後三度も貧乏国の蔵相をつとめた。

三郎出生の当時、正義はすでに伯爵に叙せられ64歳、第二次山県有朋内閣の蔵相についていた。

このころ日本をとりまく国際情勢はきびしいものだった。北の大国ロシアは満州や朝鮮半島をうかがい、シベリア鉄道を東へ東へとのばしていた。シベリア鉄道が全線開通したら軍隊の大量動員が可能となる。日本人は不安におびえていた。

白樺派の作家、長与善郎は自伝小説『わが心の遍歴』のなかで、その不安をしるした。

「日清戦争が終ると間もなく、上から二番目の兄の友達の黒屋という人が父に会いに来て時局談をしている。その中で、今度は日露戦争の起ることが必至だ。そういう情勢に詳しい者から聞いたとか、不安な顔で話すのに、父も顔を曇らせていた。わきでそれを聞いた僕は早速世界地図を見ると、ロシアは世界一の大国で、しかもシナ人とちがい、ヨーロッパ人の国である。日本とは象と鼠くらい大きさがちがうように見えるので、これは大変だとすっかり心配し、怖しくなった」

正義は子だくさんとして有名だった。男女あわせて21人、三郎はその13男、正妻の子ではない。生母の名はキタ、京都・四条で舞楽用の装身具をあつかっていた「舞楽屋」の娘。正義の寵愛をうけ、義行、義三郎、文子の3人のこどもをもうけた。三郎のはじめの名づけは義三郎《よしさぶろう》、父正義の一字をうけついだ。しかし、この名を好まず、三郎の名をつかい、のちに正式に改名した。正義の正妻、満佐子はキタを本家の玄関のしきいを決してまたがせることはなかった。

三郎は生まれてまもなく当時の習慣にならい、京都の北、松ヶ崎の乳母の家にあずけられる。4つのとき、東京・芝区南佐久間町2ノ4、正義の長男、銀行家の巌にひきとられた。兄とはいえ三郎より37歳も年上、巌の妻は、医学者長与専斎の長女、保子といった。

長与家は肥前大村藩の藩医をつとめていた家柄で代々、漢方医だったが、専斎は大阪に行き蘭学の緒方洪庵の適塾に入り、ついで長崎の医学伝習所で修業をつみ、ながく内務省の初代衛生局長をつとめ、衛生行政の基礎をきずいた。

専斎も五男三女の子だくさん、長男の称吉はドイツに留学した医学博士で麹町区内幸町に胃腸病院を創立し錦絵に描かれるほど評判をよび、三郎も幼いころ世話になった。次男・程三は実業界にすすみ、三男・又郎は医学の道に入り、東京帝大を卒業後、ドイツに学び、帰朝後、母校の病理学教授になり、総長をつとめた。癌研究所や日本癌学会を設立するなど日本における癌研究の先達となる。四男・裕吉は7つの歳に岩永家の養子となり、のちに日本の通信社の基礎をきずいた功労者のひとり。五男の善郎は秀才ぞろいの兄弟のなかにあっては変わり者、白樺派の作家として活躍し、のちに三郎にとっては兄のような存在となる。

三郎の養母となった保子は善郎の長姉、『わが心の遍歴』に律子の名で登場する。善郎はこの姉に好感をもっていなかった。安倍能成の評言によれば「常に批難と軽蔑をいだいていた」という。保子はしかし抜群の成績をみせ、明治25（1892）年17歳の春、美子《はるこ》皇后が臨席した華族女学校（のちの女子学習院）の卒業式に卒業生総代という晴れやかな役をつとめた。その年の正月、歌会始の御題「日出山」に保子は一首をよみ、応募する。

ひんがしの山きはあかくなりにけり　天つ日かげや今のぼるらし

娘らしく忠義の心を詠み込んだ、この歌が選歌になり評判になった。

松方伯爵夫人も、長男の嫁を見つけたいという思いもあり卒業式に列席し、来賓席の最前列にすわる。

「背は四尺八寸あるかなし。体重もせいぜい十一貫足らずという、その頃の日本ですら小柄の方であった娘が、俗に謂う山椒の小粒で、十人並みといった容色もその利発そうで、自信のある落ちついたものごしのため少し分《ぶ》がよく夫人の目には映ったものと見える」（『わが心の遍歴』）

これこそ嫡男の嫁にはふさわしいと伯爵夫人のおめがねにかなうが、しかし、父専斎は愛娘のムコとして2人の青年に目をつけていた。ひとりは書生部屋にいる同郷の青年、のちに物理学界の大御所となった長岡半太郎、もうひとりは長与家に出入りしていた穂積八束、憲法学の泰斗となる人物だ。この二人の英才はともにお律に熱く心をひかれ、婚約を所望していた点でひそかな競争者であったという。いくら英才とはいえ書生部屋にごろごろしている、見かけのさえない若者よりは、ときの顕官であり、伯爵家の御曹司の方が母娘にとっては、はるかに魅力のある存在だったにちがいない。

結婚式は華やかだった。媒酌は西郷隆盛の実弟、海軍卿の従道夫妻、盛大な園遊会もひらかれた。保子は三郎にとってはきびしいまま母だった。

巌夫妻のあいだには三郎より二つ三つ年上の竹子という娘がいたが、竹子とはまるでちがう待遇をうけて育った。父正義は三郎を巌の跡つぎと定めていたもののまま子あつかいだったのだろう。食事も家族とは別の部屋でとらされた。

「巌夫妻は三郎に冷たかったが、これはおそらく二人の間に嫡男がなく、娘の竹子に婿養子を迎えて松方家の家長を継がせたかったのを正義に反対されたためだろう。保子は三郎に愛情を示したことがなく、日本人の精神構造の基本である『甘え』を幼児期に体験することなく育った。幼い頃の三郎はひ弱で泣き虫で、保子に叱られては泣き、その泣き声に苛立つ保子は泣きやむまで風呂場に閉じこめたりした」（ハル・松方・ライシャワー『絹と武士』〈原題・「SAMURAI and SILK」広中和歌子訳〉）

ハルの本名は松方春子、正義の九男正熊《しょうくま》の娘、三郎とは叔父、姪の間がら、のちに駐日米大使となったエドウィン・ライシャワーと結婚する。

『絹と武士』は、父方の祖父、松方正義と母方の祖父新井領一郎の伝記だが、同時に日本近代史の軌跡や、また日米関係論にもつながる一書、1986（昭和61）年1月、ハーバード大学出版局から出版された。有力紙の書評欄が、さっそくこの書をとりあげ紹介した。

「日本の近代化におおきな役割を演じ、エコノミック・パワーの基礎を築いた祖父たちの軌跡を書きつづり、史的資料としての価値も高い」（ニューヨーク・タイムズ）

「ハル・松方は、細やかな感性の持ち主で、すぐれた伝記作家であり、ストーリーテラーでもある。本書は魅力にあふれ、見識も高く、三世代にわたる家族たちの物語をつづる。『絹と武士』は本年の〝すぐれた日本紹介の書〟となるだろう」（ロサンゼルス・タイムズ）

このなかでハルは正義の21人を数えた子ほか孫のうち、とりわけ優れた人物にそれぞれ一章をさき、その人となりを紹介した。松方幸次郎、松方三郎、松本重治の3人である。

母の愛情にふれることなく、四つ五つのこどもが広い邸宅の片隅で一人っきりの食事をする、家族の愛から切りはなされたこのさびしさは、おそらくはトラウマとして終生、こころの底に刻印されていたことだろう。あるとき松本重治に「ぼくは異邦人なんだよ……」と語ったという。

異邦人という思いはこうした幼児期のつらい経験に根ざしているにちがいない、と松本は述懐している。

「彼は、人間に対する嗅覚も鋭く、人間と遊ぶよりは犬と遊んだ方がいいとも考え、犬を無性に可愛がっていた。よく犬を膝《ひざ》にいだいている三郎君の姿を見ると、そこに一抹の淋しさがいつも漂っていた。これは私の忖度に過ぎないが、彼の淋しさは、彼が母の愛を知らず、母に甘えるという体験をもたなかったからだと思われる」(『歴程』1978〈昭和53〉年12月号)

松本重治は松方三郎の甥にあたる。叔父、甥の間がらとはいえ歳はほとんど同じ、ともに明治32(1899)年の生まれ、松本は2カ月ほどおそい。母は正義の四女、光子、父枩《まつ》蔵は関西財界の大立者として知られていた。

ふたりは中学、高校、大学はまったく異なるコースを歩み、松本は神戸で育ち神戸一中から一高に入学、東京帝大を卒業した。松方三郎は学習院初等科からずっと学習院育ち、京都帝大を卒業している。

出会いは6歳のときだった。

「そのころ三郎は少し元気になりかけていたが、やっぱり時々泣いていたな。ふとんが二つ敷き並べてあって、その上にダブルベッドのシーツみたいなものを一枚敷いて二人でころがって一緒に寝たんだよ。一月半ほどね」と松本は回想している。夏休みには神戸の六甲山のふもとでいっしょに過ごし、たがいに「サブロー」「シゲちゃん」と呼びあう兄弟といってもよいほどの、つきあいが終生つづき、とりわけ二十代からの軌跡はふしぎなほどかさなる。

松本は同盟通信上海支局長のとき、中国の国民政府蔣介石総統が張学良の軍によって拉致、監禁された西安事件をいちはやく報じる世界的なスクープをはなち、報道史上に名をのこした。三郎の没後、松本は追憶文集『松方三郎』(以下、追憶文集)を編纂した。

「母親の愛情を知らずに育ったことは彼の性格に多くの面で影響を及ぼしているに違いない。またこういう幼児期の思い出は彼の脳裏を去ることはなかったろう。しかし傍目《はため》には、三郎はあくまで明るく、だれに対しても情愛深い人間としか映らない」

と、ハルは書いているが、表情に時おり、ふっとよぎる言いようもない淋しさを感じとっていたのは元岩波書店会長の小林勇だった。

「松方の出生とその境遇、生活について私はほとんど知らない。誰かがそれを明らかにしたなら、私の感じた、松方に漂っていたさびしさが、幾分かは理解されはしないかと思うのである」（『追憶文集』）

松方三郎の共同通信専務理事時代、秘書になったばかりの佐藤智子は感性ゆたかな女性だった。「専務室の松方さん」と題し『追憶文集』に回想をよせている。

「見ているだけでも疲れるくらい動き回り、毎晩おそくなる。たまにはお宅で皆さんと食事でもなさったらと抗議すると『馬鹿、親と一緒にめしを食うなんてぜいたくだ。僕なんか子供の頃一度も親と一緒に食ったことはないぞ』とおどかされた。私の方にはお子さんとおかずの取り合いをしたり、チビちゃんをねんねこでおんぶして庭掃除をしたりする暖かな家庭のニュースが入ってくるが、ふと一瞬に走る淋しい顔を見た時、天衣無縫に見える松方さんのかくされた孤独に胸をつかれた」

巌邸に来たころは、体も弱く、たいへん弱虫でひとりで表を歩けない。子守がおんぶしてそこいらをぐるぐる回っていた。明治36（1903）年、芝増上寺境内の植木商、苔芳園のとなりにあった幼稚園に入る。

翌37年3月6日、日露戦争が勃発した。この年の4月21日、24歳年上の兄幸次郎の養子となる。幸次郎は正義の三男、神戸川崎造船所の社長をつとめていた。養子になったとはいえ、幸次郎は神戸に住んでいたから住まいは巌邸のまま、さびしく、くらい生活はつづいた。

大国ロシアとの戦いは苦戦続きではあったが、難攻不落を誇った旅順要塞を攻略、奉天会戦に勝利し明治38年5月、日本海海戦でバルチック艦隊を撃破、9月5日、米国のルーズベルト大統領の斡旋で日ロ講和条約を調印し、日露戦争は終結した。

同年9月1日、上流社会子弟の、おきまりのコースだった学習院初等科にすすむ。近衛文麿の異母弟、秀麿は同級生、犬養毅の三男健は上級生だった。

人力車で通う子弟もいたが、三郎は歩いて通った。初等科は赤坂離宮のとなり。南佐久間町の巌邸から虎ノ門、永田町を通り、弁慶橋をわたり赤坂離宮の正門を抜け校舎にたどりつく、4キロほどの道のり。はじめはお付きのものがついて行ったが、恥ずかしいからいやだ、といって一人で通うようになった。きつすぎる道のりではあったろうが、体は見ちがえるように丈夫になった。それまでは、ひよわな体質で、麹町区内幸町の東京胃腸病院・長与称吉院長の世話になっていた。

巌邸は愛宕山や日比谷公園にもちかく、よく遊びに行った。夏になると横浜郊外の富岡にあった巌別邸で土地の漁師から水泳を習い、中等科にすすんだときには富士山に登るほどの体力をつけた。

乃木将軍

明治40（1907）年1月、乃木希典が第十代の学習院院長となった。日露戦争のおり第三軍司令官として旅順攻略の指揮をとった将軍である。

明治政府は国民の思想統一のために「忠君愛国」のスローガンをかかげた。「天皇に忠義をつくし、お国のために奉仕する」というイデオロギーだった。乃木将軍はこのイデオロギーの忠実な体現者だったろう。日露戦争のおり、二人の愛息は戦場におもむき、ともに戦死した。将軍という地位にあった乃木には息子たちを安全な後方勤務という選択もできたろうが、将軍の信条にはその選択はなかった。悲報はロシア側にも届いていた。旅順要塞陥落後の水師営会見で要塞司令官のステッセル将軍が悔やみの言葉をのべるが、乃木将軍は「息子たちは武門の家に生れ、軍人としてその死所を得たることをよろこんでおります。両人がともに国家の犠牲となったことは、ひとり私が満足するばかりではなく、息子たちも満足して瞑目しているであろうと思います」と答えたという。

謹厳実直、白髯をたくわえ、明治という時代精神を体現したかのような乃木院長は、粗食に徹し、やれポケットに手を入れるな、小さなゴミ一つが落ちていても注意をうながす。

「院長官舎があったが、そこには入らず、寄宿舎に鉄のベッドを持ち込み、下着は毎日、自分で洗面器で洗い、机もありきたりの簡素不趣味なもの、その上に硯と数冊の書物を置くだけ、禅坊主さながらの生活ぶり。寝間着も持たず、上着を脱いでそのまま横たわる。小さな手提げ袋がひとつあれば、全財産が入ることだったろう」(『乃木さんの思い出』)と松方三郎は書いている。

三郎はのちのちまで将軍に敬愛の念をいだいていた。

「冬の寒い朝など、ぼくは今でもよく、乃木さんのことを思い出す。寒い道場で乃木さんに稽古をつけられた昔を思い出すのである」

初等科2年だった。寒稽古はきっかり午前6時からはじまる。

乃木将軍は一刀流の目録をうけた剣士だ。全身白装束のいでたちで道場の真ん中に立つ。ちびっこたちは、ひとりずつ打ってかかる。背が低いから竹刀が乃木将軍の面によくとどかない。真っ向から竹刀が入らないと承知しない。

乃木希典

「だめだ、もういっぺん!」

声が飛ぶと同時に竹刀が飛んできて道場の羽目板まではねとばされる。べそをかいて、また飛び込んでゆく。

寒稽古をしめくくる儀式は、凄惨な風景だった。一匹の豚を引き出し生徒たちが順ぐり真剣で切りつける。

「寒稽古が終わった納めのときには豚切りというのがあった。この時には本物の刀で、豚を切るのであった。刀はもちろん乃木さん持参である。豚は脂が強いから、大人どもが総がかりでかかっても、そう簡単に切れるものではない。（略）刀をおいて引き下がろうとすると、たちまち声があがった。『切れるまでやれ』。ぼくはあらためて太刀をとって、さらに一撃。足は、三度目にようやく飛んだ」

学習院出身の白樺派の作家たちの間では将軍の評判はかんばしいものではなかった。とりわけ武者小路実篤は乃木院長に容赦ない批判の言葉を、あびせかけた。

学習院の校友会である輔仁会での客員演説のなかで、この将軍を目前にして「人間が人間の価値を知らないところから色々な不幸が起きる、一番人間の価値を知らない者は軍人です」という言葉を、乃木大将をにらみつけるように二度までくりかえしたという話は評判になった。乃木将軍は「あれは坊主か」と言ったそうだ。武者小路は東京帝大に在学中だった。

武者小路だけではなかった。

長与善郎も「乃木さん自身は別に軍国主義を強制したわけではなく、誠意過多症と誰かが適評したごとく、信念に忠実なあまりの熱心さと、その最期が示す通りの激しい忠義一徹の純情とから（略）一寸したことも見て見ぬふりの出来ぬ、重箱の隅までほじくる干渉のやかましさとなったので、いわば古武士の悲劇的ドン・キホーテだったのだと思う」と辛辣な批評を呈し、長与とは幼稚園いらいの幼な友だちであり、のちに民芸運動を主導した柳宗悦も輔仁会雑誌に「このミリタリズムを如何にせん」という論文を発表した。

しかし三郎は先輩たちの批判を理解できる年ごろではなかった。

「乃木さんはぼくたちを、いわば質実剛健な人間に育て上げようというのであったろう。大名や公

卿の子供にはいくじなしが多いから、根本的にたたき直そうというのであったろう」と乃木将軍の素朴な教育理念をかばい、さらに
「ぼくなど決して乃木さんのよい弟子ではなかった。しかし子供の時代に、ああした人に接しえたことは、これは確かに一つの幸運であったと思っている」
「一般の人々からは、乃木は武士道の規範であり、禅僧にも似た畏敬すべき近づき難い人間と見られたが、三郎にとっては厳しさの中に限りない優しさを秘めた人物であった。三郎は乃木を敬愛し、この老将軍もまた三郎に目をかけていたようである」とハル・松方は『絹と武士』に書いているが、家族との縁がうすかった三郎は老将軍に慈父のすがたを見たのではないか。

中央アジア・ヒマラヤ探検で世界に名をとどろかせた地理学者ヘディンが日本にやって来たのは明治41年正月、明治天皇もヒマラヤには非常な関心をよせ、謁見は長時間におよんだという。朝野の大歓迎をうけたヘディンは華族会館で講演会をひらいた。
「子供の僕がどうしてその華族会館の講演会などに入れてもらったのか、そんなことになると今日なお一切不明なのだが、とにかく、会場の最前列のまた前に敷物の上にあぐらをかきながら、ヘディンの講演を聞いたのである。聞いたからといってももちろん言葉がわかるはずはない。通訳がついてはいたが、それがあったところで九つや十の半ズボンの子供に何がわかるだろう」(『スウェン・ヘディンの思い出』)

初等科3年のころは学校を出たら電車の車掌になろうという、いかにも子供らしい大望を抱いていた。当時は四谷から溜池に出る外濠線は工事中で、電車の車掌や運転手は少年にとって時代の英

雄だったのである。

明治44（1911）年4月、中等科にすすむ。暁星小学校を卒業し学習院に進学してきた土方久《ひさ》敬《よし》（与志）とも同級生となった。皆寮制であり、寄宿舎に移る。日曜日には自宅に帰った。

漢学を学び、また英国の婦人から英語の手ほどきをうけた。

「学校の帰りに、そして中学に行って寄宿舎に入れられてからは日曜日にうちに帰る途中に、漢文の先生のうちにやられて、孝経から大学、中庸と進み、十八史略くらいまでたたきこまれた」（『読書浪人』）

そのいっぽうでは、竹久夢二の叙情的な絵はがきを大切にしていたという。松本重治は絵画への関心のはじまりだったと言うが、愁いに満ちた女人画に母のおもかげを求める少年の心の表出でもあったろう。

中等科一、二年生のころは、相当ないたずらッ子だった。

寄宿舎での生活は、巌邸のそれとは、まるでちがう環境だ。同じ年ごろのなかまと遊び、ふざけあい、頭をおさえつけるものもいない、自由で気ままな生活。巌邸のくらい日々から解きはなたれた少年のすがたが、そこにあった。

学習院の池から赤い腹のイモリをたくさん取ってポケットにつめ、教室に帰ってきてからおもむろにそれを床に並べて平然としている。そばで見ている者は、気持ちが悪くて仕方がない。それでもクスクス笑いながらながめていた。イモリのほうは、逃げようという気配を見せず、じっとしていた。三郎に慣れていたのかも知れない、と同級生の伊集院芾一は揶揄した。

伊集院家と松方家はともに薩摩藩士、禄高も低い小身だったが親同士は仲がよかった。ふたりは明治32（1899）年の生まれ、出会いは中等科時代だった。「サブロー」「トラさん」と呼びあう終生の友人となる。

あるとき習字の時間にとんでもないことをやらかした。

先生が座席の前の生徒の字を直していると、三郎がふと、いたずら心をおこして先生のシリに黒々とおおきな丸を書いてにやにやしていた。やがて気配に気付いた先生がシリに手をやると、その手は真っ黒、三郎は罰として授業がおわるまで立たされる羽目になった。

「こんなことがあったせいか、三郎は習字のほうはまるでダメだった。生涯、丸まったような下手クソな字しか書けなかったのは、これが原因だったのかも知れない」と伊集院は述懐している。

一学年下に土方久功《ひさかつ》がいた。のちにプロレタリア演劇の旗手となった土方与志の親戚で、東京美術学校にすすみ、彫刻を学んだが展覧会では落選つづき。ゴーギャンの影響をうけ日本統治下にあった南洋諸島のパラオにわたり、南洋諸島の習俗を調査し民族学者として名をなした。松方三郎と終生の友だった草野心平が主宰する詩誌「歴程」に思い出を書いている。

あるとき一年生と二年生が何人かの代表選手を出して勝敗をきそう角力の学年対抗試合が開かれた。三郎も土方も角力には自信があり選手に選ばれる。

「おまえには負けないから思いきってぶつかってこいよ」

「もし僕が勝ったら……？」

「まあ、無理だろうな」

「よし、僕が勝ったら、あのイエローウーティを書いてくれるね」

「よし、書いてやる、だけど多分そうはいくまいよ」

ところが土方が勝ってしまった。三郎は、しまったという顔つきをしたが、すぐ書いて渡した。

当時、二年生の漢文の先生は、それほどの歳には見えなかったが、頭のてっぺんがきれいに禿げた先生で、張継の唐詩「楓橋夜泊」を中国語で音読していた。

「月落烏啼霜天満」を「月落ちて烏啼き霜天に満つ」と読み下すよりは「イエローウーティシャンマンテン……」ととなえる方が口調がよい。それを二年生が得意げに口ずさんでいる。一年生はうらやましくて仕方がなかった。土方は風呂場で三郎と一緒になったとき読み方をカタカナで書いてくれ、とたのんだら「めんどくさいから、おれがいうのをきいておぼえろ」と言って、妙なふしをつけて「イエローウーティシャンマンテン……」とやって笑っているだけだった。

学習院の悪童

米国やヨーロッパで仏教の研究をつづけた鈴木大拙が14年ぶりに帰国し学習院の講師となったのは明治42（1909）年、不惑目前の39歳のとき。いまだに独り身、定めた住まいは小石川区高田老松町。田無街道とよばれた通りから細い路地を入ると玄関がある。玄関をあければ線香の香りがただよい、家中に7、8匹の猫が昼寝をしたり歩き回っている。どれもこれも拾ってきた猫ばかり、仏が生きとし生けるものの悩みを救う「大慈」の心の表れであったろう。

「……門を入ると狭い露地になっていて、その狭い露地の両側に、ちょうど人が一人歩けるくらいの空間を残して、檜が何本か植込んである、その奥に玄関があった。玄関の欄間にはウイリアム・ブレイクの『無心の兆《オーグリース・オブ・イノセンス》』の冒頭の四行を彫った額がかかっていて、座敷に上ると、仏壇には線香の煙がたなびいている。死んだそれがしの猫の命日に当たるのである。近くで見ないと、どれが猫の位牌で、どれが人間のそれか、区別がつかない」（『わが師』）

学習院中等科・高等科は四谷から北豊島郡高田村（現目白）に移転したばかり。大拙は街道を西にたどり、およそ2キロほどの道のりを歩いて通ってくる。

三郎が学習院初等科から中等科にすすみ、大拙の教えを受けたのは大正年代の初め、中等科3年生だった。

　大拙先生は言ったそうだ。

「本というものは読まないでもいいんだ。積んどくだけでも立派な値打ちがある」

「ぼくたちは大拙先生には、中学生の青二才時代から迷惑をかけて来たのだが、先生が尋常の英語教師ではないことは、いかに青二才でもわかっていたから、この言葉はいまだに忘れていない」

鈴木大拙

　大拙は禅についての著作を英語で著し、日本の禅文化を世界にひろめた禅の泰斗とはいえ、いたずら盛りの悪童どもには「禅」や「大慈」なんていう言葉は通用するはずもなく、いっぱしの批評家ぶりを発揮し大拙先生に「河童」というあだ名をつけていた。「健さんあたりのクラスではもうこのニックネームが通用していたらしい」と三郎は書いている。健さんとは犬養健である。

　三郎のクラスは飛び切りの暴れん坊がそろっていた。さまざまないたずらをひねり出す。いたずら好きの三郎はリーダー格だったかも知れない。雪が降るとその雪を教室の天井にぶっつけておく、授業がはじまったころ部屋の暖かさでその雪がとけて、先生の頭や机の上にその水がぽたりぽたりと落ちてくる。

　中等科3年のときだった。とんでもないいたずらを仕掛けた。

「……教室でやるいたずらは無限にあった。先祖代々伝承された古典的なものもあれば新発明もある。そうした中に、先生の机を教壇の端すれすれに乗せておくというのがあった。先生が入って来て読本を机の上においた途端に、その机が物音をたてて転落するという仕掛けで、うまく行けばこれは視覚的にも聴覚的にもなかなか、はでなものだ」(『学習院教授時代の鈴木先生』)

みんなが固唾をのんで待ち受けるところへ先生がいつものように風のように入ってきて教壇の上にのぼる。教科書をポンと机の上においた途端に机は大きな音を立ててもんどりうって教壇の下に落ちてしまう。ここで、生徒一同がわあーッとはやしたてる場面になるのだが、そうはならなかった。

「当の先生が林のごとく静かで、眉一つ動くわけでもなし、もちろん顔色一つ変るわけでもない」

これでは、いたずらの甲斐はない。生徒のほうが追い込まれてしまう。しばらくたって、一番前の生徒が出て行って机をなおし教科書を元のところに乗せるが、一同は先生の顔を見ることもできない、みじめな結末となる。大拙先生は窓のところから教壇に戻り何事もなかったように授業をはじめた。

大正5(1916)年、大拙は寄宿舎の寮長になる。しかし、いたずらは一向にやまない。副寮長と交代で1日おきに寮に泊まる習わしだった。これが悪童どもの標的になる。寝台のなかに蛇を入れる。夜中に廊下でダンベルをごろごろ転がし先生をおこらせる。もっと悪質なのは寮長の寝室に爆竹をほうりこむ……。

毎週、決まった日に寮長会議開かれ、会議のあとで寮生を集めて訓辞する。だが大拙先生の訓辞はあっさりしたもので「君等、何か悪いことせんかいな」と言うだけ、悪童どもも黙ったままだから戒告が戒告にならない。

「だいたい先生は、学生たちを叱られることはなかった」と松方三郎は振り返っている。

授業ぶりも異端きわまりないものだった。

あたりまえの教科書は眼中にない。はじめからジョン・ラスキンの原書である。

「第一に先生は、一切英文法を教えず、『英文法』と時間割に出ていても、それを無視して教科書の方の勉強一本だった。『わしは文法は知らん』と先生は平然たるものだった。（略）いわゆる『リーダー』も先生によれば有害無益なるものだった。のっけからジョン・ラスキンの『オリーブの冠』というのだから、半頁も続くような、あのラスキンの長いセンテンスに目を廻すばかりだった。しかし先生は、最初から、一冊の書物を読みこなす修業をしなければいけない、という考えだった」

「英語が好きになったのもまったく鈴木さんのおかげだ」といくども、松本重治に語っていた。

だが、大拙にとって学習院教授は「余所事に費された」時代だった。いたずら坊主に翻弄され、本来の仏教研究に費やす時間がなくなってしまったというのだ。

大拙は晩婚だった。

明治44（1911）年、41歳のときに仏教を研究するビアトリス・レーンと結婚した。夫人も大慈の心をもっていた。

居宅のちかくを通る田無街道は江戸のむかしから米や麦、野菜などを市中に運び入れる往還、夕刻ともなると荷物を積んだ馬車が行き来する。目白台から江戸川べりに下りるところに目白坂という坂道がある。それほどきつい坂ではないが、いい加減な馬では荷をもてあまし、もたもたした馬も出てくる。馬方が棒でやせ馬の尻をたたくといったこともあった。そんな光景がビアトリス夫人の目に入ると大変だった。

「奥さんは馬方の腕をつかまえて坂の上の交番に引きたてて行かれるのであった。馬方はもちろん英語を解しない。お巡りの方も同じだ。しかし先生の奥さんは大概の馬方より強そうだったし、その見幕はお巡りにも通じたから、いつも馬方は動物虐待の故をもって説諭ということになったのである」(『前掲書』)

大拙とビアトリス夫人の散歩姿も、そのころ目白界隈に住んだ人には忘れられないものの一つだろう、と松方三郎は書いている。

学習院は教授になると海軍将校のような濃紺の詰め襟、蛇腹で縁取りした制服を着る。その海軍士官みたいな大拙と、大拙よりは大きな夫人とがつれだって歩く。外国の婦人が歩いていても大人が振り返り、こどもはそのあとをついて歩くという時代だから「これは何としても異様な風景だった」という。

ビアトリス夫人は昭和14(1939)年、東京聖路加病院で死去したが、大拙は夫人の遺著『青蓮院仏教小観』の序文に痛恨の思いをしるした。

「……自分たちの生活の目標も、結婚の当初から、東洋思想または東洋感情とでもいうべきものを、欧米各国民の間に宣布するということに定められた……二人で各自の所感・所思・所見を語り合って、そうしてまたそれを文章にすれば、それでよかったのである。……ただ、遺憾といえば――あるいはそうであるように思うのは、結婚当初から既定の目的に向かって驀進することのできなかったことである。ほとんど十五年の長日月を余所事に費さざるをえなかった事実は、亡妻のいつも口癖のように悲しんだところである」

15年の長日月の多くは学習院の時代だった。松方三郎の悔悟の念はそれだけに強かった。

「飛切りの暴れ坊主をそろえていた級であるだけに、四十年たった今日でも、この一節はひとごととして読み下すことができないのである」と、いたずらを謝し、さらにつづける。

「先生が目白の何年かの間に失われたものは、われわれがみんな束になっても埋めることはできるとは思われない、その恩に酬いることはとうていできるとは思われない。ただ私たちとしてはこの因縁を何ものにも替え難く、有難く思うのである」(『前掲書』)

大拙の死は昭和41(1966)年7月14日、松方三郎、66歳のとき、師への敬慕の念は篤く松本重治は「大拙翁の晩年には、三郎君はしばしば翁を訪れたが、翁永眠のとき、翁の病床に侍したものは、親戚以外、彼一人であった」と『追憶文集』に書きとどめた。

明治45(1912)年7月30日、明治天皇崩御、同年9月13日大喪の日、乃木将軍夫妻は天皇のあとをおい、自刃という血の儀式で殉死した。明治の時代精神を象徴するかのような事件で明治は幕をとじ、大正時代をむかえる。

巷では武人の鑑と賞賛するいっぽうでは、批判の声も少なくはなかった。三郎は中等科二年、敬愛した師の殉死をどう受けとめたのか。

「中学二年の時に亡くなっているのだから、受けた印象はいかに深刻であっても、少年らしく、また一面的なものであったに相違ない」（『乃木さんの思い出』）

はじめて山に登ったのは学習院中等科時代の大正2（1913）年、14歳のとき、富士山だった。「中学に入った年の夏であったか、学校友達と富士山に登った。ものの話にきいたほどの疲労もしなかったけれども、頂上のお鉢廻りをしているあいだ、腰をおろすたびに居眠りをしたのを今でも思い出す。確かに山にやられていたのに相違ない」（『アルプス記』）

いらい晩年まで富士山とのかかわりはつづく。

大正5年4月、いたずら時代の中等科を卒業、近衛秀麿や土方与志、伊集院甫一ともども高等科に進学した。近衛秀麿は五摂家筆頭の家柄、公爵篤麿の次男、のちにオーケストラの指揮者、作曲家として活躍した。土方はのちにプロレタリア演劇の旗手となる。山の仲間となる板倉勝宣も同級生だった。松方三郎が伯爵の息ならば、板倉は大名家、子爵の出、しばしば山行をともにしたが、のちに生涯の痛恨事に遭うことになる。

山の先生

　高等科時代のドイツ語教師の児島喜久雄は白樺派の同人、辛辣きわまりない美術批評家としても知られ、絵画の見方やドイツ語の手ほどきをした。

「児島さんが学習院のドイツ語の先生として来られたのは大正五、六年の頃だろうか。ぼく達はその最初から児島さんにドイツ語を習った組だと思う。（略）何でも学問のひどく出来る大した秀才ということになっていて、この点についてすでにその頃から幾つかの伝説めいた話しさえ伝わっていた」（『児島さん』）

　児島は豪のものだった。

　パリ時代、ルーヴル美術館のダ・ヴィンチの聖アンナの前にイーゼルを立て模写に専念していた。だれが一体、あんなものを持ち出して邪魔しているのかと憤慨した人もあったというが、児島は絵の研究には、ああやって模写していることにすると、絵を近々に細かく見ることが出来るから、絵の研究にはあれが一番いい方法なんだよ、と一向平気だったという。

　のちにパリで、ふたたび出会うことになる。そのおり学習院時代のおもしろい話をいろいろ聞いたそうだ。

「君はいつも復習をずべって来ながら、教室ではなかなかうまく誤魔化していたよ。教員室に残っている記録の中から自分の成績表を探し出して見たら、『性質』という所に『因循姑息』と書いてあったよ」とひどく嬉しそうだった。

板倉は窓から外ばかり見ているから、君は一体何を見ているのかと児島さんが聞かれたら、空を見ています、と答えたという話もあった。

「板倉は窓の外の蒼空を眺めながら、その空のはてに雪をいただいてつらなっているであろう山の姿を胸に描いていたのだ。とにかくこの生徒は児島さんの印象に強く残ったものらしい」

児島はのちに朝日新聞の学芸欄に美術批評の筆をとるが、毎年秋の展覧会の季節になるときびしい批評が出て、世の美術家たちの心胆を寒からしめたという。

松方三郎の「セガンチーニと彼の山」という一文に、きびしい師にきたえられた鑑賞眼の鋭さがうかがえる。

アルプスの画家といわれるジョヴァンニ・セガンティーニは1886年、ふるさとの北イタリアをはなれ家族ともどもスイスのサヴォニーノの村にうつり住む。ここでの8年間はサヴォニーノ時代といわれ、あらたな境地をきりひらく。アルプスの大気のきらめきは平地とはまるで異なる。セガンティーニは、その大気のきらめきをキャンバスにうつしとることに心をくだいた。

「セガンティーニはこの時代に海抜一千メートルの、透明で、乾燥した大気の中に営まれる、人ならびに牛や馬や羊の生活を描くことに専心し、その間に彼独特の色彩区分法ないし点描法を把握し、独自の分野を開拓した。彼の描く草木には澄み渡った空気を透して射す太陽の光だけが与える輝きがあり、その大気には氷河の上をかすめて来た空気の持つ鋭い肌ざわりがある」(『アルプス記』)

セガンティーニは後期印象派を代表する画家のひとり。印象派の技法を取り入れつつ、澄んだ空気によって明瞭に見える細部を点描法というあたらしい技法で描いた。

松本重治は「美術評論には、滅多に筆をとらなかったが、三郎の鑑賞眼は相当なものだったと思うね」と語っている。岸田劉生ら画家たちと親しくつきあい、東京・霊南坂の自宅にロートレックやマチスの婦人像をかざり、最初の麗子像「麗子五歳乃像」(国立近代美術館蔵)や「照子支那服乃像」(ひろしま美術館蔵)など多くの作品を所蔵していた。

「松方は劉生の絵を相当に持っていたように思う。松方は、劉生を若い頃から尊重していた。恐らく白樺派、特に長与善郎から劉生に対する目を開かれたのではないかと思う。劉生をだんだん深く知るようになって、他の絵にも深い関心と興味を持つようになったのではないだろうか。児島喜久雄を知り、その影響も少しは受けたのではあるまいか。ともかく、松方の美術特に西洋の絵画についての知識と識見は、そこらの美術評論家と称する連中よりも優れていたと思う」(小林勇『追憶文集』)

さらに高等科時代の三郎にとって忘れられない人物が黒木三次だった。黒木は大の山好き、15歳年上のかれは登山の手びきをした。高等科にすすむと三郎は伊集院とともにスキー部をつくり、スキーに熱をあげ、登山はごく普通の山登り、ハイキングに毛の生えたようなものだった。

高等科に進学した大正5(1916)年の夏、はじめて北アルプスに行く。燕岳から槍ヶ岳をまわり、上高地に下った。黒木の示唆だったろう。はじめての本格的な登山だった。

「朝ははやく出発、午後は早々に切り上げ明日にそなえる、寝る前に翌日の朝の準備をすっかり整えてねろ」と黒木はたたきこんだ。

そして、もうひとつ、こんなことをいわれた。

「昔の武士はその日その日を生命をかけて生きてきた。今の人間はまさか、昔のように果たし合いをすることもできまいし、諸国を武者修行して歩くこともできない。だからその代わりに山に行くのだ。人間は生命の危険の中をくぐってはじめて筋金が入る。こんなことをいっていた。（略）ぼくを山の世界に引きこんだ大恩人はこんないろいろの手ほどきをしてくれた義理の兄貴であった」

三郎は黒木を「山の先生」とよんだ。

「黒木は私の山の先生であり、その他世の中で暮して行く上の数々の心構えを教えてくれた先生であり、その上に私の仕事のコースを決めてくれた恩人でもあります」

と晩年、病床から高木八尺《やさか》あてに最後の手紙を書いている。高木は入院中の三郎にお見舞い状代わりに黒木の原稿「槍に登らざるの記」を贈った。その返事だった。

高木はアメリカ研究のパイオニア、若くして東京帝大教授となり、太平洋問題調査会常任理事などをつとめ、松本重治の師でもあったし、黒木の親友だった。

明治44（1911）年の夏、黒木をリーダーに高木をまじえた一行が白馬岳をのぼり、ついで燕から槍ヶ岳をめざしたが、常念岳に一泊の夜半から嵐となった。下山を決し、強力の頭《かしら》を先行させ上高地と連絡させ、黒木の統率のもとに氾濫まぎわの梓川ぞいに丸一日の難行軍のすえ、やっと暗夜の上高地にたどりついた。その顚末を「槍に登らざるの記」と題して書いたのだった。

大正6（1917）年、針ノ木、立山、剣、祖母谷、白馬に足をのばす。7月、16歳のとき、日本山岳会に入会、会員番号547号だった。

黒木は日露戦争のおり、第一軍司令官をつとめ勇名をはせた黒木為楨《ためもと》の長男、明治17（1884）年12月21日生まれ。学習院から一高にすすみ東京帝大を卒業、松方巌の長女、竹子と結婚した。幼いとき巌邸ですごした三郎にとっては竹子は姉のような存在だった。黒木を「義理の兄貴」といっているのは、こうした事情からであろう。

黒木夫妻は大正7（1918）年末にフランスに渡り、4年間の遊学後、帰国した。

黒木は美術愛好家だった。モネ、ピカソ、ボナール、シスレー、ロダンなどの名作を秘蔵していた。パリに滞在したおり印象派の画家モネや甘美な女性画で人気を博したアマン・ジャンと親交をむすんだ。黒木の自宅居間の床の間にはモネの睡蓮の名作が飾られていた。

黒木は音楽にも傾倒し数百枚のレコードをもっていた。三郎はそれを聴くために黒木の家に通っていた。三郎は、その人となりを世に伝えたいとの思いもあったようだ。

「松方さんは黒木さんの生涯と人物を伝える一書を、友人と相計って書き遺したいと年来考えておられましたが柳（宗悦）、長与（善郎）、児島（喜久雄）の諸氏逝き、遂に志賀さんが去られた後は、とみに寂寥を感じられたかのようでした」（高木八尺『追憶文集』）

高木八尺が「槍に登らざるの記」を贈ったのも、このためであろう。

黒木の影響は山や美術だけにとどまらなかった。

三郎が当時若者たちに強い影響を与えた内村鑑三の日曜講演に出席したのも黒木のすすめだった。

「第一に想い起こされるのは、黒木さんが松方さんと松本重治さんにも、大正七、八年ごろ東京基督教会館や大手町衛生会館で行われ始めていた内村の日曜講演に出て、その人と思想に接することを勧めたことです。想うに、これが松方さんの手紙で言われた『世の中で暮らして行く上の心構えを教えられた』ことの数々のうち最たるものではなかったでしょうか」（『追憶文集』）と高木八尺は書いている。

内村は札幌農学校を卒業、米国に留学、神学校で学び、帰国後、一高の教授となった。黒木はかれの生徒だった。内村はキリスト教徒とはいえ既成の権威は眼中になく、形式的な教会制度を受け入れず無教会運動をおこした。三郎はやがて無教会派の信者となった。「三郎が内村鑑三の弟子になったことは、彼が大正デモクラシーの典型的な若い知識人であったことを物語っている」とハル・松方も評した。

内村鑑三と無二の友人であった新渡戸稲造の影響も大きいものがあったにちがいない。

極東の小さな島国ながら日清戦争で眠れる大国・清国を打ち負かし、にわかに西欧社会の注目をあびた日本は、しかし西欧社会にとっては異質な、不可解な存在だったろう。

「日本が欧米社会にとって最早や無視できない存在であることは明かであったが、更めて眺めてみると、風俗にしても思想にしても、彼等には異質なものとして受け取られ、しばしば理解に苦しむようなことも少なくなかった」（『新渡戸さんの「武士道」』）と松方三郎は書いている。

新渡戸稲造は、あるときベルギーの法学の大家、ド・ラヴレーに問われた。

「あなたのお国の学校には宗教教育はない、とおっしゃるのですか」

「ありません」

ド・ラヴレーはおどろき、

「宗教なしで、どうして道徳教育を授けるのですか」

と聞き返した。

新渡戸稲造の夫人は米国人だった。やはり同じような問いをぶっつけていたという。

そうした欧米人の思いに答えたのが英語で著述した『武士道　日本の魂』だった。

日本には道徳教育がない、いや、とんでもない、武士の心得を小さいころからたたきこまれたではないか、これこそが道徳教育だったと幼少時代に思いをはせた。

新渡戸稲造は江戸時代の末期、南部藩勘定奉行の家に生まれた。幼少のころから武家のならいとして武士としての心得、武士道のなんたるやを教え込まれた。

義を重んじ、礼節をわきまえ、勇気・堅忍の精神を尊び、仁・惻隠の心を忘れず、名誉を重んじ、忠義の心を忘れることなかれなど、サムライ社会を律する道徳的規範だった。

明治32（1899）年、米国フィラデルフィアで出版され大きな反響をまきおこし、版をかさねた。ドイツ語、ボヘミア語、ポーランド語、ハンガリー語、ロシア語などに訳され、『武士道』は日本と欧米社会をつなぐ架け橋となった。

松方三郎は世界的古典と評し「この『武士道』が、多くの人の心の中に日本への傾倒を促したことも正しく評価されなければならない。その意味で『武士道』は明治時代の日本の生んだ数少ない世界的古典の一つなのである」とコントリビュート精神を強調している。

「先生ほど国際的な人はなかった。教養としても、日常生活においても、経歴の面でも。しかもその先生が骨の髄まで日本人であったということを知ったことは、先生から受けた、最後の、そして何ものにも替え難い有難い教育であった」（「新渡戸さんの『武士道』」）

白樺派の末社

個性ゆたかな、さまざまな師に出会いながら松方三郎が多感な青春期を送った大正時代、それは明治と昭和にはさまれ「大正ロマン」「大正デモクラシー」という甘美なことばで要約されたわずか十数年のみじかい時代にすぎなかった。

チョンマゲの時代から近代国家へと駆け足ではしりつづけ、日清戦争、日露戦争と2回も戦争を経験し、生糸や茶でわずかな外貨をかせぎながら富国強兵を推し進め、すべてはお国のためにという、忠君愛国の重苦しい国家主義にいろどられ、若者たちは「男児志を立てて郷関を出ず　学若し成る無くんば死すとも還らず」と立身出世を至上と考えたのが明治時代とすれば、大正時代はまるで様相がかわり、青年たちがそれぞれに個を生かし自由にのびのびと自らの夢や未来をえがける、しあわせな時代だった。

作家の関川夏央は、白樺派の象徴ともいえる武者小路実篤と志賀直哉の足跡をたどり、大正という時代の思いがけない豊穣な実像を『白樺たちの大正』に書いている。

「『白樺たちの大正』を書きながら私は、大正時代を生き直している気がした。それは『大正デモクラシー』『大正ロマン』などというぬるい言葉ではとてもくくれない、短いがはげしい時代だった」と、関川はふたりの作家のあしどりを追体験し、独自の史観をもって端的に大正時代を批評した。

明治政府の弾圧で消えかかった左翼思想がよみがえり、吉野作造が民本主義を説きデモクラシーをもとめる声が日ましに高まる。米の値上がりに苦しむ主婦が悲痛の声を上げ、米騒動がおきる。労働争議は大規模なものとなる。東京帝大や京都帝大に学生の社会運動の拠点となる新人会や労学会が結成され、学生たちは労働者のなかに飛び込んでゆく。武者小路実篤の「新しき村」はユートピア実現をめざし、既成の社会通念に挑戦する。

平塚らいてふは「青鞜」を発刊し「原始　女性は実に太陽であった」と宣言して女性解放の口火をきり、松井須磨子が「命短し　恋せよ乙女」と「ゴンドラの唄」を歌い、竹下夢二の叙情的な女性像がもてはやされ、洋酒「寿屋」の赤玉ポートワインの広告に上半身ながら豊満な女性のヌード写真が登場する。アナーキストの大杉栄と伊藤野枝の恋愛が世間の話題になる。中里介山の「大菩薩峠」が都新聞に連載されるなど大衆文化の花がひらく。

なにもかも革新の気分がみなぎっていた。文学にも時代の波がおしよせ、自然主義の呪縛からとき放たれた文学は、学習院出身の作家を中心とする白樺派という、あたらしい流れを生み出した。
「自然主義の小説は一般的に暗い、散漫な告白小説であり、また、硯友社の小説にあった物語り性が少なくなったため、この時の小説には美しいものがまったく消え失せたような観を呈していた」
(伊藤整『近代日本の文学史』)

自然主義文学の典型ともいえる作品が田山花袋の「蒲団」だったろう。

妻子をもつ身ながら、わが家におく若い女弟子に思いをよせる。女に恋人がいることを知り悩むが、やがて女は去り恋人と結婚する。主人公は女性が寝起きしていた萌黄唐草の敷蒲団を敷き、同じ模様の夜着に顔をうずめ心の行くばかりなつかしい女の匂いを嗅ぎ嗚咽する。

この体験を花袋はリアリズムの手法で赤裸々に書いた。世間はスキャンダルとして攻撃したが、伊藤整は「古い秩序から人間の自我を解放するロマンチシズムの衝動の作品化」と評価した。「若い作家らは旧道徳に反抗すること自体に生きる意味があることを感じた。そのために、『蒲団』の出現以後、若い作家は、反道徳的であっても、自己の本心を生かすような生活をすることと、それを率直に描くことに文士の使命を感ずるようになった」と説いている。

自己告白こそ至上、使命という文学のながれは私小説の水脈につながるが、白樺派の同人は学習院出身者が多く、公家や大名家、あるいは高級官僚の子弟たち、お坊ちゃん育ちで生活の苦労を知らず、人道主義、理想主義的傾向をもっていて、われもわれもと日常生活のおのれの醜悪を書きつらねる「蒲団」式の自然主義文学に強い反感をいだいていた。

明治43（1910）年、あたらしい時代を予言するかのように雑誌「白樺」が世に出た。

同人には志賀直哉、武者小路実篤、里見弴、木下利玄、児島喜久雄、柳宗悦、さらに有島武郎、有島生馬の兄弟、長与善郎、梅原龍三郎、津田青楓、バーナード・リーチ、高村光太郎、岸田劉生、犬養健など作家ばかりではなく、画家や陶芸家、彫刻家など多彩な顔ぶれをそろえる。作家たちの単なるサークルではなく、明治という古い衣をぬぎすてる新しい時代の到来を予感させる文化運動のひとつの拠点でもあったろう。

柳宗悦は「白樺」創刊のころ陶芸家バーナード・リーチに出会い、その影響を受け、朝鮮白磁に心をうばわれた。だれもが毎日使っている茶碗や壺といった、くらしに寄りそう生活用品にも美があるではないか、と「用の美」を見いだして民芸（民衆的工芸）運動をおこした。「美を貴族や金持の占有物から解放し、美術館や客間の壁から引きおろして、台所用具や居間の椅子テーブルの中に生かしていこうというところに民芸運動の目標はある」と、民芸運動の真髄を、のちに東京民芸協会会長をつとめた松方三郎は簡潔に解説している。

岸田劉生が「白樺」をはじめてもとめたのは明治44年、20歳のとき、第2巻第3号だった。「ルノアールのこととルノアールの作品が出ていたので興奮して買った……」（岸田麗子『父　岸田劉生』）。同じ年にゴッホ号を見てさらに驚いたという。これをきっかけに白樺派とのつきあいがはじまった。だが、無愛想で白樺派仲間では評判はよくなかった。長与善郎にとっても劉生は、はじめのころは虫の好かぬヤツだった。

「……その奔流的《ラピッド》で、しかも一作ごとにはっきり進歩といえる変動を示すことでは専吉より上わ手と思える男が現われた。それは岸田劉生で、専吉より三ツ年下のこの画家は、ひどい近視であったためもあり、柳の家の門内ですれ違っても挨拶もしない態度がいかにも傲慢に思われ、専吉は初めは好かなかった」（『わが心の遍歴』）

専吉は長与善郎の仮名である。

劉生が最初の個展をひらいたのは明治45年4月、高村光太郎が神田淡路町に開設した画廊「琅玕洞」、足を運んだ長与の批評は「ゴッホの真似のようでつまらず……」ときびしいものだった。この評言は出展した作品のなかの「自画像」(東京都現代美術館蔵)と思われる。黄色、黄褐色系の色彩を多用し荒々しいタッチで描いた、いかにもゴッホを思わせる作品だ。もっとも劉生自身も「露骨にゴッホ風の描き方をした」とのべ、模倣であることをかくさない。

その翌年の第2回フュウザン会展に自画像など19点を出品した。模倣を脱し、ゴッホやセザンヌの世界から抜け出し、時代のながれに逆らうように古典への回帰を思わせる劉生独自の写実の世界を披露した。

長与は「彼の自画像には明らかに飛躍的進歩が見られ、最早全く劉生独自の達者な画になっていた」と驚嘆のことばをのこし、それを「白樺」に書いた。画壇に登場したばかり、声価も定まっていない若者の天賦の才をいちはやく見いだした長与の眼の高さも並のものではなかったろう。飛躍する天分に羨望のまなざしを向けたにちがいない。

安倍能成は「(長与の)東西の絵画、西洋の音楽に対する感受になると、これは家庭的環境にもよることであろうが、田舎育ちの私などの到底及び得ないものを持っていたし、殊にその絵画の天賦は、素人といいながら随分卓絶していた」と『わが心の遍歴』の解説ともいうべき「書後に」のなかでしるしている。

白樺派の文人たちは志賀直哉をはじめみな絵を描いたが、中川一政も『私の履歴書』で「白樺のなかで一番めぐまれていたのは長与善郎だ」とその抜きん出た才能を評しているほどだ。長与自身にも画家になりたいという気持ちがあったという。

劉生の、この年から翌年にかけての自画像の制作は30点にのぼり「黒き帽子の自画像」などがこの時代の代表作だった。

白樺派のなかでとりわけ活動的だったのは武者小路実篤であろう。京都のお公家さんの出であった実篤は120冊発行された「白樺」で1行も書かなかったのは1冊だけといわれるほど書きつづけながら、そのいっぽうではだれもが人間らしく生きる真の理想郷をめざし宮崎県に新しき村の建設をすすめる。

松方三郎も、のちに「よき時代」と称した大正時代の子であったし、身近にあった若い才能がのびやかに腕をふるう白樺派に引きよせられる。

伊集院は『追憶文集』のなかで回想している。

「四年生になった三郎は急に大人になったということを記憶している。個室に入ってからの三郎は、いろいろな本を読むようになった。私は、時折り三郎の個室をのぞいてみることがあったが、行くたびに本が多くなっているのを見て『ずいぶん変わったものだな』と思った。『白樺派』に近づいていったのもそのころでなかったろうか。『白樺派』には親類筋に当たる長与善郎さんがいたから、三郎は長与さんを通じて『白樺派』に近づき、志賀直哉さんとも知り合う、というのが一般的な見方だが、私は、直接その機会をつくったのは、犬養健ではなかったかと思う。犬養健は、三郎や私にとって学習院では一級上だった。そして、三郎は、犬養健に兄事しているような形で、大変親しくつき合っていたのである」

追憶文集巻末の座談会「三郎の人間像」（松本重治、福岡誠一、藤島敏男、司会　殿木圭一）には、次のようなやりとりがある。

藤島　白樺派に近づいたのはどういうキッカケだろう。伊集院は、学習院で一年先輩の犬養健を通じてではないかと言っていたが……。

松本　いや、それは違うと思うな。犬養健は白樺派でもベビー・メンバーで当時まだ本物かどうかわからなかった。それよりは長与善郎を通じてだよ。長与善郎の長姉、保子は長兄松方巌の夫人だった。この人、なかなかくせのあるひとだったが、頭が切れて田舎から出てきた三郎にきびしい躾をした。（略）面白いことに、三郎は善郎のところへしげしげと通って、西洋美術、とくに文芸復興期のものや印象派の絵画、それに古典的な西洋音楽の美しさを知った。そんなところから善郎を通じて、ヒューマニズムを強調していた白樺派に近づき志賀直哉とも親しくなったというわけだ。もっとも志賀直哉と親しくなったのは、志賀と親友だった黒木三次の紹介のせいでもあるが……。

長与善郎は明治21（1888）年の生まれ、三郎よりおよそ10歳年上、よき兄でもあり、よき師でもあったにちがいない。共同通信で社会部長、総務局長、常務理事をつとめた長与道郎の叔父、犬養健は元共同通信社長の犬養康彦の尊父であり、夫人は専斎の長男、称吉の次女仲子だった。

『わが心の遍歴』のなかで長与は書いている。

「（略）姉律子夫婦には後とり《ママ》の息子がないので、実は貽ちがいの末弟である十五郎をその養子のようにその家に引きとっていた。まだ五ッか六ッの十五郎がその複雑な家庭の中で律子を養母のように育ち、早く気苦労を嘗めている姿を専吉は見たものであったが、その点十五郎は一寸豊吾の立場と似ていた。おそらく学習院、京都大学と優秀な成績で卒業し、大学生時代にはこれも大の『白樺』ファンで、専吉をも尊敬し、西洋音楽のいいレコードを幾枚か持って来て彼を感激させてくれたほか、震災前には鎌倉の家にしばしば訪ねて来たりして、その縁の深かった点では豊吾よりむしろ専吉の方が先であった」

十五郎は松方三郎であり、豊吾は善郎のすぐ上の兄、七歳のとき岩永家の養子となった岩永祐吉だが、長与は養子となってはやくから家をはなれた実兄より三郎に親近感をもっていた様子がうかがえる。

詩人の尾崎喜八は回想している。

「まだ二十四、五才、だった若い頃、ある日私は長与善郎さんに連れられて麴町元園町の武者小路実篤さんを訪ねたことがあった。その時、帰りの玄関先で初めて引き合わされたのが松方三郎君だった。彼は学習院の制服を着ていた。立派な体をして、眼のパッチリした、男らしくて、しかもまだ何処か坊っちゃん坊っちゃんしたところのある好青年だった。その彼を長与さんも武者小路さんも、彼と同行の志賀直哉さんも、みんな松方とは呼ばずに三郎と呼んでいた」（「歴程」）

喜八が24、25歳のころといえば、大正5、6年ごろ、長与善郎が住む赤坂福吉町の家に転がり込んでいた。当時三郎は17、18歳、学習院高等科に在学中だった。そのころから武者小路宅に出入りしていたことがわかるし、白樺派の中心会員たちが「三郎、三郎」と名を呼んでいたことをみても、白樺派との距離は思いのほか近かったにちがいない。志賀直哉とのつきあいは戦後にまでおよぶ。

尾崎喜八は、山と自然をテーマとした詩や散文にすぐれた作品をのこした。高村光太郎とともに詩と芸術への研鑽をかさねた。美ヶ原の美しの塔に刻まれた詩「美ヶ原熔岩台地」が知られている。戦後の7年間、長野県富士見の住まいにこもり、詩集『花咲ける孤独』を書いた。大正末期から登山をはじめ、昭和33（1958）年串田孫一らと香気にみちた山の文芸誌「アルプ」を創刊した。

京都帝大に在学していたころ、三郎は和辻哲郎の『古寺巡礼』を読み感銘をうけ「僕も和辻さんのような仕事をしてみたい」と友人にもらし、将来は文筆家として立とうという気持ちもあったようだ。

伊集院は「もっとも『白樺派』に近づいたとはいえ、三郎の場合、小説を書く気持ちはないようであった。私は、彼が小説を書いているような場面を一度も見たことがない」と書いている。長与は「大の白樺ファン」と書くが三郎自身は「とにかく、ぼくなどは、白樺の末社の末社」としるしており、同人とは言っていないもののファンの域をこえた同人意識はもっていたにちがいない。

そして、劉生と

大正４（１９１５）年10月、現代美術社主催の第1回美術展が京橋の読売新聞社でひらかれ、劉生は「赤土と草」「椿君の肖像」「春日の静かなる上水の流れ」などを出品した。これが事実上の第1回草土社展だった。三郎はこのとき、はじめて劉生の絵と出会った。中等科5年生、劉生と親しかった長与善郎にともなわれて足を運んだのであろう。

「そもそももどんな機会に、どんな状態で、最初に劉生に会ったのか、今となると実ははっきりと想い出せない。よく二階から蒲団の雨が降ったという鵠沼の松本別荘の二階建ての家を訪ねたのは、ぼくが大学に入ってからのことだが、その前に東京で会ったことがあるのは確かだ」

劉生が肺結核と診断され神奈川県鵠沼に療養のため転地したのは大正6年2月のことだった。これは医者の見立てちがいだったようで、鵠沼に引っ越すとみるみるうちに元気をとりもどし、庭に土俵をしつらえ、画家なかまの椿貞雄や中川一政などと角力をとるほどになった。

劉生が最初に移った家は「斉藤別荘」とよばれ、武者小路実篤が住んでいた。その後、洋館のある二階建ての松本別荘に移った。このころ鎌倉には長与善郎、木下利玄や梅原龍三郎も居をかまえていた。

三郎が劉生と出会ったのは大正6年以前、長与善郎につれられて武者小路宅に出入りしていたころと思われ、いらい兄弟同然のつきあいがつづいた。

『摘録　劉生日記』に次のようなくだりがある。

大正10（1921）年12月27日（火）

「（前略）これから久しぶりで長与をたずねようと蓁、麗子つれて出かける。（略）。五時頃長与へ行く。夜食していたら、松方三郎君が来て皆で話す。（略）」

蓁《しげる》は劉生の妻、麗子は長女、7歳であった。

12月28日（水）

「この頃毎晩おそくねるので朝おそい、十一時頃離床。十二時頃から、麗子の肖像にかかる。今日は大分はかどる。三時頃仕事おえて、休んでいたら、松方三郎君が来訪、松方君に写真うつしてもらい、余もその機械かりて麗子をうつしてみた。丸山も来て、松方と三人で角力とったが松方は強くてかなわなかった。尤《もっと》も今日は余も少し力が弱っていた。寝不足の故だろう。夕方松方、蓁たちと椿へ行き暗くなって帰宅。（略）」

だれもが「傲岸不遜」と評した劉生だが、自分の芸術に理解を示していた歳下の三郎を大事に思い、兄のように接していた。しばらく顔を見せないと「君には絵をやらなかったね」といって、どれか好きなのを選ってくれといろいろ見せてくれたという。親しみというよりは、やさしさであったろう。

最初にもらった大正10年の素描淡彩の「麗子像」は、その土俵のある鵠沼の家だった。この年描いた「麗子微笑（青果持テル）」（国立博物館蔵）は、数ある麗子像のなかでもとりわけ名高い作品で重要文化財に指定されている。

青いミカンを手にし、近所の農家のおばさんが紅白、黄、青の毛糸をざっくりと手編みしただんだら模様の肩掛けを羽織り、麗子が微笑をうかべる姿を描いた作品だ。

昭和46（1971）年、「麗子微笑（青果持テル）」と「切通の風景（切通之写生）」（東京国立近代美術館蔵）が重要文化財に指定され、松方三郎はその喜びを書いた。

「劉生の作品が二つ、最近重要文化財の指定をうけた。一九一五年の椎貝コレクションの『切通の風景』と一九二一年の国立博物館の『麗子微笑』とである。何れも劉生の代表作として挙げるのに、誰も躊躇しない作品だ。

重文になったからといって劉生の作品の価値が急に上ったわけでもなし、劉生の作品愛好者達がそれで羽目を外して大喜びしたわけでもない。（略）しかしながら、長い間劉生の絵を愛し、その作品に親しんできた人達からすれば、とにかくこれで、劉生も公式の、そして正当な評価を与えられたという点で、やはり嬉しいことなのであった」

「松方さんは劉生の作品となると機会がある度にというか、機会があれば、見に行かれていて、劉生作品については長い愛情の経験で、松方さんを超える研究者はいなかった」と美術評論家であり元神奈川県立美術館館長だった土方定一は、劉生への傾倒ぶりを語っている。

次女の和子は「歴程」に、父の思い出をつづった。

「私達兄弟は、物心ついた時分から、劉生の『麗子像』や、民芸の茶碗、花瓶に囲まれて育ってきました。それなのに、そういうものの価値を私が知ったのは、ずっとあとになってからでした。父は何事も一切説明してくれなかったのです」

「なぜ、前に教えておいてくれなかったの？」と責めると

「聞かれりゃ答えるけど、興味ない人にいってもね」という答えだった。

劉生は油彩ばかりでなく日本画にも手を染めはじめ、「五福祥集」（絹本墨画　東京近代美術館蔵）や、あるいは麗子をモデルにした『菊童女』（紙本淡彩　天一美術館蔵）などがあり、のちになるほど南画風（文人画）の作品が多くなる。松方三郎も文人画に関心をよせていた。とりわけ執着したのが池大雅・与謝蕪村の「十便十宜帖」。松本重治のことばによれば「大雅・蕪村の『十便十宜』という画帖などは、三郎が、好きでたまらないほど好きな絵であった」という。

明の遺臣、劇作家の李漁《りぎょ》、字は笠翁《りゅうおう》は明朝から清朝にうつった世をはかなみ世捨て人となる。俗塵をさけ廬山のふもと伊園に草ぶきの庵をむすび、閑居した。あるとき客が来て、静かであろうが、このような山中、さぞかし不便なことが多いであろうと問うた。いやいや、とんでもない、便なることも宜《よろし》きことも多々あると、それぞれ十編と十二編の詩をつくってこたえたというのが七言絶句の「伊園十便十二宜詩」だ。

その詩に想をえて明和8（1771）年、大雅が「十便帖」、蕪村が「十宜帖」を描き、合作した画帖が「十便十宜帖」、文人画の傑作といわれ、川端康成が執心し、家を買うのをあきらめてまで蒐集したという。国宝に指定され、いまは川端康成記念館に所蔵される。

ロータリー・クラブの機関誌「ロータリーの友」が昭和46（1971）年7月号から12月号の表

紙に「十便十宜帖」から選んだ池大雅の画をつかい、松方三郎が解説を執筆した。「短文ではあるが、南画そのものの枯淡の味を出し、松本重治さんは絶賛を惜しまない」と殿木圭一も書いている。「松方三郎が大雅の絵六葉について、すばらしい解説を書いているとは最近まで私も知らなかったが、その解説には晩年の三郎の心境の一端が、計らずも、吐露されているように思えてならない」と松本重治は述懐している。

十便図のひとつ「釣便図」の解説は要をえて批評の冴えを見せる。

「山住まいでさぞご不自由でしょう、という慰問をうけた笠翁が御心配は御無用、これほど便利で楽しい住いはござらぬと、便なる所以十、宜なる所以十二を挙げた詩二十二編をもって、それに応えた。成る程、大雅の逸筆が語るように、これは便利な住いだ。座敷の中から釣竿を出して魚をつろうという横着だが理想的な生活、雨着もいらず、船もいらず、糸を垂れればいつでも魚が釣れる。釣り人の天国とは正にこのことだろう」

音楽も好きだった。いつもバイオリンをかかえていた近衛秀麿の影響も大きかったにちがいない。中等科4年ごろ買い求めたコロムビアの蓄音器、銀座三丁目に店をかまえ日本初の西洋楽器をあつかった銀座十字屋から求めほうだい集めた百枚ほどの、ベートーベン、モーツァルトなどクラシック音楽のレコードを持っていた。長与善郎も「西洋音楽のいいレコードを幾枚か持ってきて彼（善郎）を感激させてくれた」と『わが心の遍歴』に書いたほどだった。のちに後藤信夫の筆名を編み出したのはムソルグスキーのオペラ曲だったことからみても、音楽の造詣もなかなかのものだったにちがいない。

愛唱歌は北海道帝国大予科の寮歌「都ぞ弥生」だった。歌詞は常套の美文調ながら当時の高校生の心にひびくロマンの香りにみちていた。

学習院の後輩だった富永惣一は、沼津にあった学習院の遊泳場の思い出を『追憶文集』にしるしている。

夏になるとここで水泳を習うことになっていて、このときは上級生も下級生もともに松林のなかのテント張りか、宿舎で寝起きするので、年上の人とも自由に話したり、トランプをしてあそぶこともあった。

寮のちかくに一軒家があり、夏のあいだだけ学生専門の氷店になる。ここでは上級生も下級生も区別なく、なにかと話がはずむ。犬養健さんや近衛秀麿さんと口を聞きはじめたのもこの氷店だったような気がする、と富永は振り返る。

近衛は、そのころからいっぱしの音楽家でバイオリンをいつも抱えていた。後年、ドイツに渡り、若輩の身であったが、ベルリン交響楽団の指揮をとったこともある。犬養健はそんな秀麿の横顔を紹介している。

「……秀麿君がはじめてバイオリンを買った時も、私を連れ出して上野駅から軽井沢の兄さんの別荘へ行く途中、ひっきりなしに三等車で初心者独特の摩擦音を立てて、隣りの席の私に歯ぐきの浮く思いをさせたものである。目白の寄宿舎から二人で夜抜けだして近所の商店街をイギリス民謡の『埴生の宿』の楽曲で門付けして歩いたこともある。考えれば馬鹿げたことをしたものだ」

店の前でバイオリンを奏でて金品を乞う。これが門付けである。若さの発露だったろう。

「『あまりヴァイオリンを弾いていたので乃木院長ににらまれてね、ある日のこと、目白駅でばったり乃木将軍に出遇うと、そのまま剣道の道場につれてゆかれ、一時間ほどこっぴどく叩かれたよ』という話を聞いたのもその氷店だった。犬養健さんは近衛さんより年上だったが、茶目振りを発揮するので、われわれ下級生にはひどく面白く、話しやすかった。

松方さんは（略）いつも明快で、男らしかった。少しの陰もなく、淡々としていてしかも、端然としている感じであった。誰もが松方さんを兄さんのように思うようになった。

海辺の松林の間を松方さんはよく散歩しながら、大声で寮歌をよく歌っていた。なかでも北大の寮歌が好きで『都ぞ弥生の雲紫に……』と思う存分高らかに歌う時の松方さんは幸福そうだったし、これがまた松林にひびく時、みな若者は耳を傾けた。その気持ちのよい歌い方に陶酔したものだ。私たちもこれにつづいて歌ったものだが、松方さんのこの歌は格別だった。胸がすくような快い調子で、澄み切った感じである。それは青年松方三郎の人柄そのもののように純潔だった。私には今でもあの声が聞こえて来るのである」

富永は松方コレクションを収蔵する西洋美術館の初代館長として、松方三郎と交渉をもつことになる。

大正３（１９１４）年7月、第一次世界大戦が勃発、日本は連合国側として参戦した。大正５年に近衛秀麿や土方与志、伊集院俉一、板倉勝宣ともども高等科に進学した

大戦は同7年11月、連合国側の勝利におわり、デモクラシーの勝利と喧伝され、日本国内でも吉野作造が民本主義を説きデモクラシーをもとめる声が日増しに強まってゆく。デモクラシー思想の普及とともに普通選挙（普選）をもとめる運動もいよいよ激しくなってきた。明治憲法下では選挙権をもてるのは満25歳以上の男子、それも年15円の国税を納められる富裕階級に限られ、45万人ほどだった。そんな制限をなくし、だれもが政治に参加できるよう国民に等しく選挙権を、という運動だった。

さらに明治政府の弾圧で消えかかった左翼思想も復活の気配をみせ、若い知識人たちは社会主義、マルクス主義に引き寄せられる。三郎も、その例外ではなかった。土方与志の影響と伊集院はみている。

「土方はそのころから左翼思想にかぶれていたから、三郎もその点で影響があったかも知れない」

土方は出自は伯爵家、学習院時代に父が自殺した事実を知り、小説や演劇に親しむようになった。

学習院卒業後、東京帝国大学にすすむが中退、演出家小山内薫に師事、私費を投じ築地小劇場を開設した。小林多喜二の「蟹工船」や久保栄の「火山灰地」などを上演、プロレタリア演劇の旗手だったが、多喜二が拷問によって死にいたるなど、官憲の弾圧がはげしく、ソ連に亡命、昭和16（1941）年、帰国、治安維持法違反で逮捕され5年の実刑をうける。学習院だけではなく華族社会の異端児とまでいわれた。

京都帝国大学経済学部教授になったばかりの河上肇は大正5年9月、大阪朝日新聞に「驚くべきは現時の文明国における多数人の貧乏である」との書き出しではじまる『貧乏物語』を連載した。

現代はいかに貧乏人が多いか、貧乏なのはなぜなのか、貧乏をなくすにはどうしたらよいか。貧乏を経済学の課題だとして真正面からとり組み、格調高い文章でつづり、多くの読者の熱烈な支持をあつめた。経済学を象牙の塔から引きずり下ろし、民衆のための経済学を講じたのだった。

当時、大阪朝日新聞の社会部長は長谷川如是閑、河上肇から送られてくる原稿に朱筆を入れていた。

「アルコール分が効きすぎていたからね」と言っていたという。

河上肇はのちにマルクス主義研究の泰斗となり、共産主義者として投獄されたが、貧乏論の論拠はしかし、貧乏なのは個人の責任ではなく、資本家や成金が贅沢をするからだという点にあって、ここには剰余価値とか搾取といった、マルキシズムの公理は顔をださず、よって立つところはヒューマニズムだった。

翌6年2月、京都の出版社、弘文堂書房から出版された『貧乏物語』は多くの青年たちを魅了した。三郎もそのひとりだった。中等科の高学年のころから、いっぱしの読書家だった。
「『善の研究』という見たところ殺風景な本が一人の友人のところからぼくのところに回って来たのは、もっぱら児島さんがそれを『日本における最初の哲学書』といって推称されたという理由によるものだった。児島さんは当時白樺の仲間の中のドイツ・エキスパートで、（略）柳さんの『ヰリアム・ブレーク』という厖大な本を訳もわからずに読んだのが、多分『善の研究』につづく読書らしい読書だった」（『読書浪人』）

松本重治は「僕が中学四年、彼が五年のときだった。僕と一緒に一生懸命読んだが、さっぱりわからなかった」と述懐している。

「そうして、こうした土台の上に、後になってクロポトキンの『青年に訴う』や河上さんの『貧乏物語』が積みかさなっていったのである」（『読書浪人』）

高等科になると、丸善あたりからふんだんに本を買っていた。

この年11月にはロシア革命がおこり、大正11年1月にはロシア・ソビエト連邦社会主義共和国が成立した。史上初の社会主義国家だった。

見栄もあったろうが背伸びして難解な哲学書を読みふける旧制高校の教養主義的な雰囲気を存分に楽しみ、大正8年3月、学習院高等科を卒業、成績優等で恩賜の銀時計を受ける。社会主義の発展に刺激され、また『貧乏物語』を読み河上肇に傾倒し、その年の9月、京都帝国大学経済学部に入学した。経済学部は法学部から独立したばかり、当時の経済学部第一学年の必修科目は、思想の右も左も入り混じる混沌とした世界だった。

河上肇が経済学第4講座を担当し「生産力ノ発展ガ社会組織、社会思想ニ対シテ有スル密接ナル関係ニツキ最モ透徹セル観察ヲナセルハマルクスノ唯物史観ナリ」とマルクス経済学を講じる、そのいっぽうでは官学アカデミズムの頂点に立つ植民政策学者のひとりといわれた山本美越乃が「資本主義による植民地領有の最大の目的は経済的利益の獲得もしくはその増進にあり」と植民地経営論を説く。

「米騒動の翌年、ロシア革命から勘定して三年目のことだから、世の中の動きはかなり激しい時代、いわば一つの『疾風怒濤時代』だ。東京ではその前年、吉野（作造）博士を中心に新人会が生れ、学生の間に新しい渦をまき起こしていたが、まだ多分に啓蒙時代的な、そして人道主義的な政治・社会運動の範囲を出ていなかった」（『回想の河上肇』）と当時の時代風潮を、松方三郎は「疾風怒濤の時代」と規定している。激しい時代ではあったが、河上肇とてもマルキシズムからはまだまだ距離をおき、ヒューマニズムの領域からは出ていなかった。

「最初から先生に師事するつもりで京都に行ったのだし、京都の三年間はほんとうに先生の膝下に暮らした。何よりも先ず学問をすることの尊厳さを先生から学んだ。そして自分の囲りの社会を如何に見るべきかを学んだ。後年先生はぼく達をおいてきぼりにして政治運動に投じ、共産党員になってしまわれた。しかしぼくは、一生涯、先生の下に学んだ幸福を忘れることはないだろう」（『わが師』）

「教室での先生は極めて印象的だった。教室は法経の一番大きな階段教室だったが、先生はいつも和服だった。黒い皮の折カバンを脇にかかえて教壇に上られると、まず袴の帯の間から時計——

『自叙伝』に出て来るベンネットの銀側時計を出して、これを机の上におき、それからおもむろに講義にとりかかられた。学生がノートをとるために、最初は先生がその講義の一区切りをゆっくり音読される。それが終るとその一節についての説明がある。説明が一段落すると再びノート、こうやって講義が進んでゆくのだった」（『回想の河上肇』）

三郎はつねに最前列の席にすわり、熱心にノートをとった。講義に触発されたのであろう。マルクス、エンゲルスの著作をよみあさり、ときにはドイツ語の原書を読んだ。

「限られた学生生活の間に、一人でもこんな先生にめぐり合うことが出来たことは、学生としては冥利のつきた話だと、わたくしは今でもその頃のことを想い出すたびに、考えるのである」と感謝している。労学会という研究会に入り労働組合の合法化やストライキ権、言論の自由などを学んでいた。

労学会は三郎の一年先輩、小林輝次らが結成した研究会だった。東では東京帝大の新人会が結成されており東西が呼応するかのように学生運動の口火を切り、この時代の空気をものがたる出来事だった。

「私は大正七年（一九一八年）九月、即ちロシヤ革命の翌年で、あの米騒動が漸く鎮圧されたばかりの時に京大に入学し、直ちに念願であった友愛会（当時のほとんど唯一の労働組合）に入り、それと共に高山義三、古市春彦の両先輩――共に数年にして運動を去った――の下に水谷長三郎君等と『労学会』を組織して、河上先生の指導を乞うこととなった」（小林輝次『回想の河上肇』所載）

戦後、水谷長三郎は西尾末広らとともに日本社会党を結成し、小林輝次は法政大学教授から大原社会問題研究所研究員となった。

「先生を繞る想い出の最も楽しいものにわたくし達の――といってもわたくしはその中での最若輩だったのだが――研究会がある。毎週日を決めて夕食の後に経済学部の研究室でマルクス学説の研究会をやった時代のことである。ほんの数人の小さい集りだった。ブーディンの『マルクスの理論的体系』などがテキストになっていたのだから、今から考えれば、まさに隔世の感がある。人の気のなくなってしまった夜の研究室の一隅で、先生を中心に静かにこんなひとときを持つことが学生であるわたくし達にどんな大きな喜びであり、どんな大きな刺激であったことか」

河上肇に傾倒するいっぽうでは、寄宿舎でいっしょだった一高出身の木暮和男（元第一銀行常務取締役）と帝国主義の刃を隠した植民政策という学問の矛盾に満ちた論議を揶揄していた。

三郎の提唱で寄宿舎に河上肇をまねき一夕、講話会をひらいたこともある。

河上肇は「社会主義的人間と自我的人間」と題し学生たちに「ミレーなどのように家族を放り出して画に専念した人もいるし、クロポトキンのように世界的地理学者なのに無政府共産の楽園をつくるために一生を捧げたような人間もいる」とかたり、そのなかで京都の施療院では氷代だけは自己負担のため、その氷代すら払えないため退院して行く人がいると話したまま、五分ほど頭をさげて絶句した。そのヒューマニズムにあふれた激情にふれた学生たちは、しばらくの間静まりかえり、その夜はおそくまで感動を話し合った、という。

こうしたエピソードが示すように当時の河上肇は「多年ドイツで幅を利かせていた似而非マルクス主義の糟粕に私一流の砂糖をふりかけたような、大甘物であった」と「自叙伝」で自己批判したように、まだまだヒューマニストであり、マルキシストの姿はうかがえなかった。

あるとき「京都に来て、ちょっとでも講義を聴いたら……」と三郎にさそわれた松本重治は、河上肇の講義を〝盗聴〟したことがあった。そのころの経済史の講義は、ちょうどイギリスのロバート・オーウェンについてだった。オーウェンはユートピア的社会主義者である。

「ヒューマニズムの意味を、白樺派の先輩から学びとった三郎君は、京都大学に行ってからは、河上肇さんの講義に傾倒していた。河上さんの学識もさることながら、彼は、そのころの河上さんのヒューマニズムに魅せられたようであった」と松本は回想しており、三郎は河上肇からマルキシズムよりは、むしろ多分にヒューマニズムを継承したのであろう。

松方三郎が三年のとき、妻子をかかえた26歳の中国人留学生が河上肇の門下生となった。王学文、日中戦争下の上海で地下活動に従事し、のちに毛沢東ら中国共産党幹部らにマルキシズムを教える理論的指導者となった人物だが、戦時下の上海でひとりの同盟通信記者を介して松方三郎と王学文の軌跡が交錯し、日中近現代史の語られざる一頁となったのも歴史の不思議なめぐり合わせだったろう。

火輪の海

大学に入学した大正8（1919）年は、労働争議がしばしばおきた年だった。松方三郎の目は学窓から外にも向けられる。7月、東京市内16新聞社印刷工が賃上げをもとめてストライキに入り、8月には東京砲兵工廠職工6000人が賃上げを要求しストライキに打って出る。9月18日、義父幸次郎が経営する神戸川崎造船所で職工1万8000人が賃上げを要求しストライキに入った。三郎は争議支援のため神戸にかけつけた。

労働者側は弾圧をさけるためサボタージュという、あたらしい巧妙な戦術を用いた。サボタージュ（怠業）には、機械など生産設備をこわす積極的な手段もある。これだと威力業務妨害や器物損壊となり刑法にふれる。もう一つは、団結していっせいに作業能率を下げてしまう方法だ。労働者たちは仕事の手を休めてしまう。造船所から鋲打ちの音が消え静まりかえる。

だが幸次郎は一枚も二枚も上手だった。思い切った手をうつ。当時の就業時間は10時間、それを8時間に短縮し、しかも賃金はこれまで通り、というものだった。争議はこうして解決する。当時は、10時間労働制があたり前だった。松方の打ち出した8時間労働制は産業界に強烈なインパクトを与え、「暴挙」とする批難も強かったが、松方は軽く受けながした。

「その方が能率が上がって、お互いの幸福になるじゃないか」

サボタージュという戦術に警察は神経を尖らせていた。当時は集会・結社・言論の自由の制限と社会・労働運動の取締りなどを目的とした治安警察法があり、第17条はストライキの誘惑・扇動を禁じていた。扇動者がいるはずと内偵をすすめ一人の新聞記者を同法違反容疑で検挙した。大阪毎日新聞記者で労働問題に深い関心を持っていた村島帰之だった。取り調べの最中に幸次郎から猛烈な抗議が入った。

「おれの会社の争議は、おれが解決する。新聞記者が独自の立場で取材するのは当然ではないか。ジャーナリズムの弾圧は文化の破壊じゃよ。検挙なんぞやめてもらいたい」（神戸新聞社『火輪の海』）

警察は手を引き、村島を釈放する。

幸次郎が川崎造船所の社長になったのは30歳のとき、いらい、まっしぐらに造船業に打ち込み、手作業で老朽船を修理する資本金200万円の川崎造船を、戦艦まで建造する資本金9000万円の大企業に発展させ、今日の川崎重工の基礎を築いた。

そのいっぽうでは実業家の顔とはまた異なる、思いもかけない一面をのぞかせる。

大正2（1913）年のことだった。中国を支配していた清朝が辛亥革命により倒れ、1912年中華民国が成立し、孫文が臨時大総統に就任した。しかし、その後大統領となった袁世凱との抗争に敗れ、日本に亡命を求めた。ときの首相は海軍大将の山本権兵衛、中国における権益をまもりたい山本は袁世凱に気をつかい「亡命、はなはだ迷惑」としてアメリカ行きを説得するよう、孫文の寄航先の台湾総督や福岡県、兵庫県などの知事に指示した。

日本を第二の故郷と思っていた孫文はどこよりも日本亡命をのぞみ、乗船した「信濃丸」から神戸の三上運輸（のちの日本通運）の社長三上豊夷《とよつね》や玄洋社の萱野長知らと無線電信や電報で連絡をとり、日本亡命を政府に働きかけてくれるよう要請した。だが、日本政府はなかなかウンとはいわない。

神戸市内は騒然たる雰囲気につつまれた。幸次郎の生涯をつづる『火輪の海』（神戸新聞社編）に当時の状況が生々しく再現されている。

「孫文の首には十万元の賞金がかかったらしい」

「聞くところによると、刺客が放たれたそうや」

「そういや、警察の姿が多いな」

孫文の乗船した「信濃丸」が目的地・神戸に近づくと、物騒な話が輪をかけて広がり、神戸新聞社には、

「（孫文は）政府に謀叛《ぼうはん》して万民を塗毒す。国を禍する民賊は、わが華僑同胞を得て之を誅し……」

と暗殺宣言が舞い込んだ。

孫文の支持者らは、水面下であわただしく動いた。東京では、犬養毅が首相山本権兵衛にかみついた。

「窮鳥が懐に入れば猟師も殺さんという。手のひらを返すようなひどい仕打ちをするとはけしからん」

政府は孫文の上陸をみとめることになった。しかし、日本に放たれたという刺客から彼をどう守るのか。

8月9日早朝、「信濃丸」は神戸港に入った。

萱野長知の指示によって孫文の同志ともいえる三上豊夷と松方幸次郎が孫文の身を案じ善後策をねっていた。どうやって刺客の手から守り、隠れ家にかくまうのか。夜陰にまぎれ孫文を上陸させ、自分たちの目のとどく隠れ家に送り込む、と決めた。

午後8時すぎ、川崎造船所の裏から一隻のランチが現れた。三上と幸次郎が息をひそめて乗っていた。エンジン音をしぼり信濃丸に接近、孫文らを乗せ造船所の岸壁にもどり、幸次郎の私邸から西北およそ200メートルはなれた諏訪山のふもとにある旅館常盤花壇山荘に迎え入れた。一階奥の六畳間にボディーガード役の警官3人が張りつき、孫文は二階にかくれ、そこで1週間起居した。

8月なかば、孫文らは頭山満の配下、菊池良一に警護されて汽船で横浜へ向かい、8月17日、横浜沖合で小船に乗りかえ、富岡海岸に上陸。車で東京へ直行して、深夜の1時、赤坂区霊南坂町の海妻猪勇彦の邸宅に入った。ここは頭山満の屋敷とは背中合わせにあった。

川崎造船所と中国との関係は深かった。外国へ輸出した艦船は27隻、そのうち17隻が中国との取引だった。孫文を救ったら中国からの受注に悪影響を及ぼしかねない、と社内に懸念の声があった。松方幸次郎は「一隻や二隻の船がなんだ。孫文を救うことが、将来のことを思えば大義である」と、とりあわなかった。

孫文は第三革命のため帰国する大正5(1916)年4月27日まで、およそ3年間ここにとどまった。

のちに孫文は「中山」と号したが、これには挿話が残されている。犬養毅の孫、康彦（のちの共同通信社長）が『血族が語る昭和巨人伝』のなかでつぎのように語っている。

「祖父さんが自筆で書いたという履歴書が一枚、わが家に残っているんですね。（略）『族籍』は『平民』。生国は『備中庭瀬町　真金吹く吉備の中山の麓に生る』としています。『真金吹く』は万葉集の吉備の枕詞です。余談になりますが、後年、孫文が中国革命に敗れて日本に亡命する。その時、彼を助けたのが祖父さんとか頭山満といった連中だった。家を一軒借りて孫文を匿《かくま》うんですが、ついては表札をどうするかということになった。そこで、祖父さんたちが相談して『中山』という表札を出すんですが、これを後に孫文が号とする。孫文の墓が『中山稜』というのも、ここからきているわけですね。実はこれは、祖父さんの故郷の山の名を取ってつけたんじゃないか、と僕は思ってるんです」

「当時の関係者は犬養木堂まず去り、古島古一念も亡く、孫文について来た萱野長知氏も故人になった。ぼくは十五年前に香港の旅舎で、この話を萱野老から聞いて感慨無量だった。いずれ機会があったら、もう少し当時の話をききたいと思っているうちに、登場人物が、一人もいなくなってしまった」と三郎は嘆いた。一文にして書き遺したいという気持ちがあったのかもしれない。

古島古一念は本名一雄、犬養毅の側近だった。

幸次郎には、神戸新聞社長という、もう一つの顔があった。

川崎正蔵が東京・築地で開いた小さな造船所が神戸に進出し、幸次郎を社長に据え株式会社になったのは明治29（1896）年10月だった。資本金200万円、幸次郎は30歳、少壮の経営者であった。

当時、兵庫県下随一の日刊紙として影響力をもっていた「神戸又新日報《ゆうしん》」がときの松方正義内閣を真っ向から批判する記事を掲載し、さらにコラム「時事漫評」で「松伯（松方伯爵）、もし下流の人ならば小金貸屋を営まん」などと揶揄した。川崎正蔵も薩摩の出身、幸次郎を社長に迎え、政府との絆を強めようとしていた矢先である。激怒した正蔵は幸次郎と養子の芳太郎と対策を練った。

「それなら又新をあっといわせる新聞をつくりましょう」

こうして明治31年2月11日、神戸新聞は創刊されたが、1年後には幸次郎に経営を託した。

「幸次郎は社長になったとはいえ、新聞社に顔を出すのは月に一、二回程度。編集内容に口をはさむことはまったくなかった」（『火輪の海』）

幸次郎の華麗な、そして波乱にみちた生涯を語る『火輪の海』が神戸新聞に連載されたのは三郎没後の平成元（1989）年9月5日から同2年3月2日まで、のちに上下2巻の単行本として発行されたのは同年7月だった。『火輪の海』の題字は松本重治の手になる。平成24年4月、全一巻の新装版が神戸新聞総合出版センターから復刻出版されている。

京都時代の松方三郎にもどろう。河上肇の膝下で勉学に励んだだけではない。

「新聞室に集まって話がはずむと彼の部屋か私の部屋に移って談笑に夜を更かした。彼の話は大部分山かスキーの話だった。彼は学習院時代の夏を必ず上高地ですごしたので、上高地をとりまく山々や嘉門次爺さんの話に時のたつのを忘れて、彼の部屋で泊まり込むことも度々だった。（略）。

彼は生涯酒も煙草も嗜まなかった大食漢で、甘いもの好きだったので、聖護院の近くにあった『福重』という汁粉屋へよく行った。そこで汁粉のあと大福餅を五つも六つも食べたし、東山を歩いては高台寺の甘酒屋へも寄ることが多かった」と木暮和男は回想している

その甘味屋は大阪の落語家だった親爺が老夫人とでやっていた。あるとき、ふたりで紺絣の筒袖すがたで店に寄ったとき「あんたがたどこの中学生さんかい」といわれたそうだ。

そのころ寺町三条のかどに「村瀬」という牛めし屋があった。牛めし一人前55銭、そこへ行くと三杯も四杯もぱくつくほどの大食いだった。

休暇で帰京しているときは、神田末広町で薬局を開いていた木暮の家をよく訪ねた。木暮の家は土蔵造りの店舗で住居も土蔵だった。お屋敷住まいの三郎はそれを大いにめずらしがった。しばらく話をしていると、すぐ汁粉を食べに行こうといって、江戸いらい有名な店だった上野広小路、松坂屋ちかくの「梅園」へ行く。その帰りには御成道広小路ちかくのうさぎやへ立ち寄り、もなかを買って帰った。

「彼は大家の坊ちゃんだったが、貧乏だった私と同じ月三十五円の学費を送って貰っていた。それも五円の郵便小為替七枚にして送って貰い、必要ごとに金にして使っていて、舎費と食物の外には丸善へ頼んでマルクス学の書物を外国から取り寄せるのに使うほどの勉強家だった」

ブレーク詩集

大正11（1922）年3月、京都帝大を卒業、東京帝大大学院の「経済地理学」というマルクス経済学とは、およそかけ離れた講座に籍をおいた。当時は大学の教授間はイデオロギーの対立がひどく、そんな対立に巻き込まれることを嫌い、経済地理の山崎直方教授を指導教授として入学手続きをすませた。「地理ってものは、おもしろいよ」と松本重治に言っていた。

はじめは南佐久間町の松方巌邸にいたが、やがて三田綱町の正義邸にうつる。三田の丘へつづく豪邸の西北隅に建つ木造二階建ての一棟に住む。ここは以前から「山の家」とよばれ、松方家の男子が順ぐり生活していたところ。そこで自由な生活を楽しみながら、自分の趣向にしたがい、書斎を営んでゆく。

ウィリアム・ブレークや岸田劉生の絵をかざり、河上肇の講義を整理したり、「共産党宣言」を翻訳して、それをきれいに大学ノートに清書していた。堺枯川（利彦）による邦訳が市販される前の年だった。

クロポトキンの「青年に訴う」やトルストイ、ドストエフスキーの英訳本、あるいは長谷川如是閑の「我等」や河上肇の「社会問題研究」を愛読していた。

イギリス・ロマン派の詩人であり画家でもあったウィリアム・ブレークとの出会いは高等科のころだった。

「……英国随一の画家で、詩人でもあるウィリアム・ブレークの名を日本にはじめて紹介した人物も、たしかにその詩人肌の純良な天性と持ち前の諧謔味《ユーモア》とのために皆から愛されたこのリーチであった」(『わが心の遍歴』)

英語が達者だった柳宗悦がさっそく詩集や画集をとりよせ白樺誌上に評伝を発表した。長与善郎もその影響をうけ、卒業論文にはブレークにするか、ホイットマンか、と悩むほどブレークに打ち込んだ。しかしホイットマンにしろブレークにしろ英文学の正統派からみれば異端の存在だった。

東京帝大英文科に在籍していた長与は卒論のテーマを探していた。だが教授のお眼鏡に叶わなければ卒業もおぼつかない。ある日たまたま電車で教授のジョン・ローレンスと乗り合わせた。この時とばかり、探りを入れてみた。ホイットマンはどう思うかと。

「ワルト・ホイットマン？　彼の詩は詩とはいえない。あれは詩の異端だ」

「ではウィリアム・ブレークは？」

「ブレーク⁉　おう！」とのけ反り「あんなものは狂気の沙汰（インセーン）だ」と吐き出すような答えだった。

そうか、それなら万事休す……（『わが心の遍歴』）。

ローレンスはロンドン大学で教鞭をとり明治39（1906）年、東京帝大の英語・英文学の教師となり、大正5（1916）年まで在籍した。

長与の目に映じたローレンスは時代遅れの教師だったのであろう。「英国古典にかけては多少名の知れた学者だったかも知れないが、二十世紀草創（明治の最末期）という新鋭の気に漲った当時のわれわれ日本青年の気持はおろか、いつの世でも文学の底流をなす『時』の世界思潮の動向といったものについて何の関心も理解もない老紳士であった」と評し、この典型的英国アカデミー学者のカビ臭い講義を欠伸をかみかみ一寸は聴いたものだった、と回想した。

「狂気の沙汰」と退けられた、そんな仔細は三郎にとってはあずかり知らないことだった。

大正3（1914）年、洛陽堂から出版された柳宗悦の著書『ヰリアム・ブレーク』を訳もわからずに読み、のちにイギリスに留学したさい大英博物館の閲覧室でブレーク夫妻が彩色をほどこした小さな詩集を見つけ、小躍りするほどブレークに惹かれていった。英国ロマン派のさきがけとなり、神秘思想にいろどられた幻想詩にのめりこんだ。

「ブレークの詩は明治二十年代に紹介されていたが、大正三年『白樺』四月号はブレークの挿絵十九葉と柳宗悦とバーナード・リーチの『ブレーク論』をのせるという特集を組んだ。ブレークの紹介・受容は『白樺』で頂点に達した、といわれる」（松島正一編『ブレーク詩集』）

宗悦はブレークの紹介につとめ、松方三郎のことばによれば「柳さんの最初の大著『ヰリアム・ブレーク』はかんかんに掛けると一キロ半もあったが……」などの労作を著述した。「かんかん」は漢字でしるせば「看貫」、西洋製のはかり、である。

「柳さんは日本で『ヰリアム・ブレーク』を最初に紹介した人だった。ブレークの詩を一つの英詩として紹介した人は前にも無いではなかったが、ブレークを画家、詩人、思想家として、つまりそれの全貌をつかまえて紹介した人は柳さんが最初のものだし、この柳さんのブレーク研究は、世界のブレーク文献の中でも最も早いものの一つになっている」（『柳さんと民芸運動』）

劉生も、いかにもブレークを思わせる作品を残している。

第2回フュウザン会展覧会の会場に飾られた油彩の装飾画（笠間日動美術館蔵）だ。「この絵の主題もいわゆる白樺的人道主義の生の苦悩ともいうべき世界を示している。と、同時に若い画家たちの希望に輝く明日を暗示させたのではないかと思われる」（酒井忠康『岸田劉生』）と評されているが、むしろブレークの影響が多分に見てとれる。

読書に明け暮れる日々だったが、山への情熱も燃えさかっていた。

日本アルプスや日光方面の、陸軍参謀本部刊行の地形図を買い求めきれいに整理していたし、槇有恒や慶応山岳部の部員たちが「山の家」にしばしばやってきた。伊集院厚一、板倉勝宣たちも訪れた。板倉と三郎の話は、いつも地図をひろげて次の山登りの計画だった。

大正10（1921）年秋、アイガー東山稜初登攀を果たした槇有恒が帰国した。

住まいは本郷区真砂町34番地、東京帝大の赤門へは歩いておよそ10分ほどのところ。後輩たちが始終おしかけ、見たこともないピッケルやアイゼン、ザイル、鉄鋲を打った登山靴など最新の登山用具をなでまわし、槇のかたる山の話に夢中になった。

松方三郎が槇を紹介されたのは、このころだった。

「私が松方君に最初に会ったのは大正十年の晩秋であった。当時スイスから帰って来た私を黒木三次さんが松方三郎、伊集院乕一、板倉勝宣の諸君に引き合わせた。みな学習院の仲間であり、黒木さんは（学習院の）先輩でもあり、松方君の義兄でもあった。（略）この頃のわが国では、まだ登山靴もなく満足なルックサックもない時であったから、アルプスでの登山を経験して帰った私のところは、若い人たちの溜り場となって、松方君などはよく徹宵して山を語り合った」

槇は明治27（1894）年2月5日仙台市で生まれた。父、槇武は奥羽日日新聞主筆だった。宮城県師範学校付属小学校、仙台第二中学から慶応義塾予科に入学、12歳のとき兄智雄と富士山にのぼる。

大正3（1914）年夏、同級生とともに徳本峠をこえ、上高地に入る。このころ上高地の宿屋は清水屋のみ、この宿で、のちに初代の日本山岳会会長をつとめる小島烏水に出会った。烏水のすすめで同年日本山岳会に入会する。

翌4年に慶応義塾山岳会を結成、同大学を卒業し米コロンビア大学に留学、大正8年から2年間ヨーロッパですごす。この間スイスに滞在、アルプス登山に熱中する。

「山登り自体も槇さんの帰朝を転機として新しい世界へ一歩踏み出した。地震の前の年の春には私自身も、トリコニーの靴を後生大事に、先輩の驥尾に付して槍から神《マ》河《マ》内へと訪れた一人であった」（『アルプス記』）と松方三郎も書いている。トリコニーは岩場専用のノコギリの歯のような鉄鋲である。

大正11年7月、板倉、伊集院とともに北鎌尾根からの槍ヶ岳初登頂にいどみ、さらに慶応大学山岳部とともにザイルパーティーを組み穂高登山中に雪渓でパーティーの1人が滑落、それに引きずられ6人がつぎつぎに滑落した。トップの三郎が幸いにも岩壁と雪渓の間の割れ目に落ち込み、あやうく全員滑落の難をまぬがれたが、三郎は胸をザイルで締めつけられ気絶した。ザイルがなければ全員6人が滑落死という惨事になるほどの、きわどい遭難だった。『日本登山史年表』(山と溪谷社)には「ザイルの有効性が実証された本邦初の事例であろう」と記録されている。

12月、近衛歩兵第一聯隊に志願兵として入隊したものの翌12年1月肋膜炎となり、東京衛戍病院に入院、2月除隊となった。病いの原因は穂高での遭難だった。父正義から「登山はお国のためにならん」と禁止された。

「事件のあと僕は三田の家で三郎と会ったんだが、三郎は初め『ちょっと滑った』と言っただけだった。相当なショックだったはずだが、それを口に出さないところが、三郎の三郎たるゆえんだろう」と松本は書いているが、この遭難は、ちょっと滑ったというほどの生やさしいものではなかった。悲劇一歩手前の事例だった。

松方三郎自身ものちに、こう振り返っている。

「穂高では私も一つ随分苦い経験をしている。筋書き通り行っていれば、まず日本の登山史上に一つの話題をのこす位いの遭難事件となっていたゞろう。それがそうならなかったのは、何びとの力によるのでもなく、実は、単なる一つの全くの偶然によるのだった。それだけに私達には山のおそろしさが身にしみて、三十年後の今日といえども、その痛棒の味を忘れることが出来ないのである」

「槇さんのところから借りてきた一本のザイルを、奪い合うようにして山にはいったのもそのころのことだ。ウィーランドの絵にあるように、ただあの綱を肩にかけて歩いてみたいというのだから、他愛のない話だが、その一本の綱を後生大事にかかえて穂高に登り、三十メートル一本に六人もつながって——無茶な話だが一本しかないのだから仕方がない——あわや全員遭難の一歩手前までいったこともあるのだから念が入っている」（『山で会った人』）

社会思想社の同人

大正デモクラシーの風は学生運動にも追い風となる。

大正7（1918）年12月、東京帝大法科の学生を中心に社会運動団体の新人会が結成された。学生だけではなく学外の労働者も会員として迎え入れた。会員たちは講演会をひらき地方を遊説し社会主義思想をひろめるとともに「ヴ・ナロード」（人民の中へ）の旗印をかかげ、工場地帯、労働者街に住み込んで啓蒙活動をつづけた。

当時の世相からみれば、およそ想像もつかないことであったろう。

松方三郎のことばによれば「社会主義といえば泥棒の兄弟分くらゐに考え、共産主義者といえば婦女子の共有を主張する無頼の徒くらゐに考える輩も絶無ではなかったその頃、又はそれほどではなくとも、左傾急進分子は大方家庭的にも恵まれない不遇な子弟か、肺病やみの不平党くらいにきめかゝっていたその頃の世の中」（「大正八・九年頃の河上先生」『回想の河上肇』所載）という時代である。

そのような時代にエリート官僚を養成する東京帝大法科の出身者が社会主義運動に乗り出したのだから世間は、びっくりしたにちがいない。それまでの社会主義者、共産主義者にまつわるウサン臭い、暗いイメージはぬぐわれ、社会主義者や社会運動家にむけられる目は一変し、マルクス・ボーイがこのころの流行語になるほどだった。

新人会からはのちに政界、学界、言論界、法曹界、労働界などで活躍する指導的人物が輩出した。大正10年11月30日、新人会は「学内の思想団体として存続する」と宣言し、OB会員を閉め出した。活動拠点をうしなった新人会OBたちは翌年、社会思想社を結成した。卒業生のなかの互いに気を許す者が急いでつくった会だったという。創立メンバーは平貞蔵、蠟山政道、三輪寿壮、田中九一、荘原達、嘉治隆一ら13人、のちに河野密、笠信太郎、松本重治らが執筆陣に加わる。思想的には社会民主主義系といわれるが、顔ぶれを見ればそうあっさりとは言い切れない。マルキシストもいれば、社会民主主義、自由主義を奉じる人々など、若手社会科学者の梁山泊といった趣だった。平貞蔵は「大正デモクラシーの洗礼を受けたもののみの団体といって良かろう」（『回想　笠信太郎』）と回顧している。

除隊後、健康をとりもどした三郎はあわてて職につく必要もなかった。嘉治隆一にさそわれ、同年4月、社会思想社の同人となった。嘉治は、明治29（1896）年8月3日、兵庫県生まれ、神戸一中、一高から東京帝大法学部を卒業し、南満州鉄道（満鉄）東亜経済調査局勤務をへて東京朝日新聞社に入社、昭和20（1945）年に論説主幹となり、天声人語で筆を振るった。

松本重治も神戸一中の先輩だった嘉治に勧誘されたひとりだった。

「私が一高の寄宿舎にいたとき、彼はきちんとした大学生の制服を着て、しばしば現れ、『マルクスやエンゲルスを読んだらどうだい。それが難しすぎれば、カウツキーでも読むがよい』などと、指導してくれた」(『上海時代』)

嘉治もマルクス・ボーイだった。昭和8(1933)年に共産党シンパとして検挙されているほどだ。松本は唯物論には一面の真理をみとめながらも唯物哲学にはついてゆけなかった、と回想している。

三郎を嘉治に引き合わせたのは松本重治で大正9(1920)年9月、東京から京都へ向かう夜行列車の中だった。嘉治は当時、東京帝大大学院に籍をおきながら満鉄東亜経済調査局につとめていた。

所用で伊丹の生家に帰る途中、たまたま洗面所で松本とばったり顔をあわせた。

「やあ、嘉治さん、妙なところで会いましたな」

「全く妙なところだが、一体、君はどこへ行くんだ」

「(松方が)東京へ帰ってきたので見送りかたがた京都までつき合うことになった」と言う。

「松方三郎という面白いヤツと一緒に集っているんだが、ちょっと会ってみる気はありませんか」

「じゃあ、会ってみるか」

正義の正妻・満佐子が大正9年9月13日に亡くなり、三郎は葬儀参列のため京都から東京にもどり、京大の寄宿舎へ帰るところだった。

「初めて見る松方三郎は、和服姿であった。小倉の袴に筒っぽというういでたちである。そのとき何を話したか忘れてしまったが、なかなか好感の持てる青年だ、という印象をうけたことだけは覚えている」

いらい、終生のつきあいとなり、ともにジャーナリズムの道をあゆむ。

「あれは多分、大正十年のことだと思うが……」と嘉治は思い出を書いている。ふたりで法隆寺から帝室博物館へまわり、ある展覧会を見ていたところ有島武郎にばったりと会った。

「これが時々お話していた松方という男です」と紹介したが、有島は三郎を多少は知っている様子だった。

また陶芸家の富本憲吉にも会ったので引き合わせたが「あの有名な松方さんですね」と言ったのには少々驚かされた、と知り合って間もない、年わかい友人のつきあいの広さにおどろいている。有島武郎も富本憲吉もともに白樺派の同人だった。

三郎は嘉治を兄のように慕っていた。実の兄は何人もいたが、歳もはなれ、兄弟としてのつき合いもうすかったせいもあろう。

「松方は京都、奈良での付き合いから、私を兄貴分のように思い始めたらしく、京都から東京へ帰って来るたびに私のところへ出入りするようになった。そのたびに私は、彼の喜びそうなところへ連れて行ってよくご馳走したものである」

大正11（1922）年4月、社会思想社の機関誌「社会思想」が発行された。

「此の一小冊子が社会運動に対して貢献する所は微々たるものであろう。しかし決して無意義でないと信ずる」と謙虚に発刊の辞をのべるが、「改造」や長谷川如是閑の「我等」とならび社会主義、共産主義研究雑誌の一翼を占めた。

その論説や評論は、日本におけるマルクス主義研究や無産政党の運動に対しても大きな影響を与え、日本の社会民主主義派の理論誌の観があった、と評されている。同人の何人かがのちに近衛文麿内閣の政策研究会である「朝飯会」のメンバーと重なる。平貞蔵、蠟山政道、笠信太郎、松本重治らだが、松方三郎も回数はすくないが参加している。社会思想社は昭和史でほとんど語られることはない。しかし、主要メンバーが日中戦争から太平洋戦争にいたる現代史のなかで近衛内閣のブレーンとしてその政策立案に関与したことを思えば無視できない存在だったろう。

嘉治隆一、蠟山政道、松方三郎の3人は事業の中軸をにない、「社会思想」にほぼ毎号、筆をとった。

三郎は後藤信夫のペンネームでしばしば寄稿し、雑用の手伝いもしていた。

「エンゲルスの遺稿(1)(2)(3)」(第1巻2号〜4号　1922年5月1日〜7月1日)

「マルクスの自叙伝」(第1巻6号　1922年9月1日)

これらの号は発売禁止となった。編集後記の「月島から」のなかで「本号掲載のマルクス自叙伝は短いが、真実の材料で珍しいものだ。羊頭狗肉ではない」と書いている。

「ロシア社会運動史上の二潮流」(第1巻8号〜9号　1922年11月1日、12月1日)

などの原稿を執筆したが、この後、しばらく休んでいる。

大正12年、松方三郎にとって災厄の年だった。

その年の正月、槇有恒、三田幸夫、板倉勝宣は富山県・立山に向かった。富山県庁から「立山・弥陀ヶ原の雪の状態を見てもらいたい」との依頼による登山行だった。富山日報(北日本新聞の前身）は「立山を踏破すべく昨日来富せる」と報じる。

冬の北アルプスはいったん吹雪けば1週間も10日間もつづく。槇は気象に細心の注意をはらう。しかし天候は急変し猛吹雪となった。吹雪のなかをさまよい歩き、1月17日午前0時すぎ板倉は力つき松尾峠付近で疲労凍死した。スキー登山初の遭難死だった。三郎も同行する予定だったが、穂高遭難の傷を陸軍病院で治療中だったので参加できなかった。

岳友の佐藤久一朗が板倉が雪の弥陀ヶ原を歩く写真ができたとき三郎にとどけた。左袖に赤十字のマークのついた白衣をきてベッドに腰掛けていた三郎は「ワンデーの影がうすい」としずかに写真を見ていたという。ワンデーは板倉のあだ名である。

佐藤は慶応大学山岳部の出身、前年の3月、松方三郎とともに槇有恒をリーダーに慶応大6人、学習院出身者3人からなる合同パーティーに参加し槍ヶ岳冬期初登頂に成功した仲間だった。

若きアルピニストの遭難は大きな話題となった。新聞の一面と三面は遭難記事で埋まり、巷では「嗚呼板倉農学士」という浪花節までつくられたという。

友人たちの悲しみは大きかった。

のちに槇有恒や三郎らの手で遺稿集が編集され、『山と雪の日記』と題し、梓書房から出版されたのは昭和5（1930）年3月、黒い表紙に銀色に描かれた一輪のエーデルヴァイスをあしらったのはアルプスに移住したいという思いを秘めていた板倉への、せめてもの供華だった。

友をうしなった松方三郎も退院したのちも体調は十全ではなく、保養のため鎌倉海浜ホテルに滞在していた。

鎌倉に住んでいた劉生もホテルを訪れている。

「大正12年（1923年）6月24日（日）曇

今日は少々風邪気味也。しかし大した事なし（略）蓁、麗子、照子ともない海辺《ママ》ホテルに行く。

ホテルで、ろくまくをやって保養に来ているという松方君に会う」（『劉生日記』）

ホテルといっても、長与専斎が結核療養のためサナトリウム「保養所海浜院」を鎌倉に設立したのが始まりで、資金難のため人手にわたり、その後ホテルに模様替えになった。外国人の客も多かった。

松本重治も二、三回見舞いに行ったが「三郎は病人らしくなく、ほとんど平常のとおり、手元にあった書物を熱心に読んでいた。だいたい経済学と山の本が興味の中心だったと思う」と書いた。

3カ月ほど静養し健康を回復し、10カ月ぶりに「マルクス説研究の立場」（第2巻8号　1923年9月1日）を執筆した。

しかし、またも災難がふりかかった。

大正12（1923）年9月1日11時58分、南関東は大地震に襲われた。

三郎は神奈川県鎌倉一ノ鳥居の松方正義別邸に滞在していた。89歳の正義は一階の一室の畳の上で横になっていた。三郎はすぐ上の二階の部屋で寝ころんでいた。マグニチュード7・9、最大級ではなかった。だが震源にもちかい。強烈な上下動に襲われた。

「二階のベッドの中にねていたが、突然ゴーッという轟音で起き上がったとたん、風が強かったので閉めていたガラス障子が一瞬ゆがんだなあと思ったきり、記憶を失った。気がついたら屋根の上に、片方の足を瓦の中につっこんだまま坐っていた。瓦の中から片足を引き抜いて屋根をはって降りたら二階の家屋は庭の地面についていた。帯で血だらけの足をしばり、その足を庭木に立てかけてねていたところをたすけられた」と、のちに木暮和男への手紙で書いている。右足の傷は意外に深かった。正義は落ちてきた梁の下敷きとなり動けなくなった。家人がノコギリで梁を切り助け出し、かすり傷だけで済んだ。

情報は錯綜していた。デマが乱れ飛び、新聞の号外も誤報の連続だった。

「松方公は鎌倉別邸に避暑中であつたが震災と同時に家屋倒潰し公は二日屋根の下敷になつて惨死して居たので三日重態の旨宮内省に届出た」（『名古屋新聞』9月4日付号外）。惨死といいながら「重態」と報じる混乱のありさまだった。

「松方老公遭難」の報に接した松方幸次郎は食料や衣料、さらに自家用車や父のための棺桶を用意し、神戸から臨時災害救助船になった備後丸に便乗し横須賀に着き、鎌倉に駆けつけた。松本重治も幸次郎のおともをして鎌倉まで歩きつづけた。三郎は松方幸次郎が同伴した県立病院の外科部長らの手で一命をとりとめた。だが出血はなはだしく、体も衰弱していて医師はその方を心配していた。輸血が必要だったが、アメリカ人の献血で助かったという。しかし生涯足に傷跡がのこった。

京都帝大時代の学友、木暮は第一銀行京都支店の預金係をしていた。新聞で大災害を知り、9月2日の夕方、京都駅を発って東京に向かった。東海道線は不通で中央線回り、寝覚ノ床あたりで夜が明け、車中で号外が配られた。見ると松方三郎、松方老公と鎌倉別荘にて圧死との記事がとびこんできた。つい、この間このワイシャツを贈ってくれたのに、ほんとのこととは思えない意外な事変だった。4日に東京に着き、神田の家の焼け跡のかたづけを終え9月の末、京都へ帰ったら、入院中の松方三郎から手紙が来ていた。松方は死ななかった、松方は生きていたと大喜びして電報を打った。

「マツカタヨ　マツカタヨ　イキテイタノカ　ヨカツタ　ヨカツタ」

劉生も日記に災厄を記録した。朝のうちから仕事にかからず、蓁と花合わせをして負けてカンシヤクをおこしていたところだった。

「十二時少し前かと思う、ドドドンという下からつきあげるような振動を感じたのでこれはいけないと立ちあがり、蓁もつづいて立って玄関から逃れようとしたときは大地がゆれてなかなか出られず蓁などは倒れてしまった由、ともかく外へ出るとつなみの不安で、松本さんの方へかけ出そうとすると照子が大地になげつけられ松の樹で眼をやられたとて蓁がかかえて血が流れている。ああ何たる事かと胸もはりさけるようである」

劉生にとっては単なる震災ではなかった。破滅への生活に陥るきっかけとなる。

三郎のメイ、ハル・松方もたまたま正義の別邸に近い父の別荘で夏休みを過ごしていた。

八つになったばかりのハルは友だちのところへ本を借りに行こうと狭い道を歩いていた。突然、石垣が崩れ落ちる。あわてて広い通りに出るが大きな地割れができ、家に帰ろうにも倒れた家屋が道をふさいで歩けない。やっとの思いで海岸に出る。家が見えるところまで来た。父が走って来てハルの手を摑むなり山の方に駈けだした。白い歯をむき出した波が海岸に襲いかかり、必死で逃げる父娘の背に迫る。ハルは背中に冷たい水の感触を感じたが、無事逃げおおせた。由比ヶ浜では津波に襲われ300人余りが行方不明となった、と記録されている。
松方三郎はしばらく療養生活にはいるが、休む間もなく精力的に原稿を書いている。
「普選問題と其の前途」「米合衆国無産階級と政治問題」(第3巻2号　1924年3月1日)
「編輯言」には「後藤は内外の病気に攻められたが今はもうい、。そして東海道の一寒村に静養して居る。お見舞いを下さった人達にお礼を申し上げる」と紹介されている。
「日米問題」(第3巻3号　1924年4月1日)
「新刊紹介　西雅雄著『英国労働党発達史』」(第3巻7号　1924年9月1日)
「米国帝国主義と排日　マックス・ベダハト」(第3巻7号)
「我国資本主義の研究の傾向に就いて」(第3巻8号　1924年10月1日)
「マルクスの告白」(第3巻8号)
「独逸社会運動の沿革と現状」(第3巻9号　1924年11月1日)
「新刊紹介　高橋正男訳述『サン・シモンの生涯と其思想体系』」(第3巻10号　1924年12月1日)
マルキシズムの文献研究が主たるものだったが、選挙制度を論ずるなど、その活動領域はひろく、「社会思想」の終わりのころは編集長格で、編集後記(編輯言)を書いていた。
松方三郎は社会思想社の同人になってから後藤信夫というペンネームを使いはじめた。
「何しろ、父親の正義氏は大正六年に内大臣となり、十一年には公爵になっていたのだから、いくら三郎の心臓が強くても本名でそんな雑誌に参加するわけにはいかない。そこで『後藤信夫』なるペンネームをひねり出したのだが、これは、ロシア・オペラの代表的作品とされているムソルグスキー作曲の『ボリス・ゴドノフ』から取ったという話であった」（嘉治隆一『追憶文集』）
ゴドノフは帝政ロシアの皇帝、歌曲のあらすじはゴドノフが皇位継承者である幼帝を殺害し皇位を簒奪、悔恨のうちに死にいたるという終幕でおわる。

欧州留学

傷が癒えた松方三郎は大正13（1924）年11月、日本郵船榛名丸で欧州留学の途につく。「社会思想」（第3巻10号　1924年12月1日）「編輯室から」で三輪寿壮が「後藤は11月9日神戸発スイスに向かった」と紹介した。

到着したロンドンでまず訪ねたのがハイゲイト墓地にあるマルクスの墓だった。下宿は何度か変わったが、もっとも長く世話になったのはJ・H・ロングフォードの未亡人の家だった。

ロンドンでの生活を松本重治は次のように書いている。

「ロングフォードは若いころ、長崎で領事をしていて日本語に巧みで、日本史にも造詣があり、晩年はケンブリッジ大学で、日本語と日本史を講じていたという人であった。（略）。三郎のランド・レディーたるロングフォード夫人は、夫君とともに親日家であり、外交官夫人としての身のこなし方と学者夫人としての教養を兼ねそなえた、あかるい気持ちのいい人であった。三郎は、この老婦人の家に逗留したことを非常に幸福だといっていた」

この家の十畳ほどの部屋にベッドのほか、大きな机、かけ易い椅子二脚、書棚にはロンドンで買い求めた本がぎっしり並んでいた。

「何を、読んでいるのかね」

「最近は、ゴドウィンを読んでいるよ。なかなか、いいものだよ」

と言って、ゴドウィンの『政治的正義論』を書棚から取り出して見せる。アダム・スミスの『国富論』を読み直したり、マルサスやJ・S・ミルも読んでいて、

「どうも当時の三郎の学問的関心は、英国社会経済史という方面にあったものと私には推測された」

マルサスの『人口論』、ミルの『自由論』と思われる。

「ロングフォード夫人の家の部屋もいいが、昼間は何処へ行って勉強するんだね？」

「まず、いちばんいいところは大英博物館だよ」

ロンドン・スクール・オブ・エコノミックスに籍をおいたもののあまり出席せず、マルクスがもっぱら執筆の場とした大英博物館の、大きな丸天井のある閲覧室で存分に読書をたのしんだ。

「見回して見ると丸天井の下の大ホールの何百かの机には大学者小学者が静まりかえっている。マルクスが生まれ代わって来たかと思うようなひげの先生が喘息持ちのように息をはずませながらカタログを漁っていたり、西洋の桃水和尚といったような、よれよれ背広の老人が来る日も来る日も、何の本か山のように積み上げて勉強していたり、そこにただよっている風格たるや相当なものである」

この図書館に付属したノース・ライブラリーという別室があった。限定版や稀覯書のたぐいは書庫が別になっている。カタログでウィリアム・ブレークの名を見つけ、借り出しを申し出るとノー

ス・ライブラリーに行けという。

閲覧室に座っているとブレークの詩集のほんものが目の前に置かれた。

ブレークが自分で画き、自分で印刷し、自分で綴じたという、ちいさな本である。「夫婦で二人がかりで色彩をほどこしたという、その可愛らしい詩集の、何と宝石の如く光り輝いていたことか」と感激のことばを残した。至福の時間をすごしたにちがいない。

当時の「ザ・タイムズ（ロンドン・タイムズ）」の第一ページは投書や論戦、広告でいっぱいだった。それを愛読し「英国人かたぎを知るには、この頁を読むに越したことはない」と松本重治に語っていた。

「マルクスが生涯を通じ、ブリティッシュ・ミューゼアムを自分の勉強場として入りびたっていたということは有名な話だが、彼の『資本論』も、彼の数多くの時事評論も、この図書館の豊富な資料と、利用者に対する無類の寛容さがなくしては、生まれ得なかったか、あるいは生まれ得たとしても、マルクスは何層倍かの苦労を余儀なくされたことだろう」（『読書浪人』）

松本重治の言によれば

「三郎のロンドンでの時間の一半は大英博物館のほか、いろんなギャラリー訪問に費したようであった。ギャラリーといえば、パリのルーヴルはじめ、数多くのミュゼにも足を運んでいた。いよいよ、遊学の文字がぴったりするような三郎の生活のスタイルとなっていったのである」

酒も煙草もたしなまなかった三郎の生涯のたのしみは食べることだった。

「京都にはじまり、ロンドンで発展してゆき、後年北京、上海で完成した」と松本重治は言う。

ロンドンでは、スモークド・サーモンで有名なスコットや、ロースト・ビーフやロースト・ラムのシモンズをはじめ、生牡蠣、生蛤のうまい料理屋など、何軒となく、探検し、発見して、ロンドンに来た友人たちを案内するのをたのしみにしていた。

セイント・ジェイムス・スクェアーから西に入るキング・ストリートという小さな横丁がある。その横丁に小さな酒屋《ママ》があった。酒場の奥に小さなテーブルを三つ四つ置けるくらいの小部屋があって、そこで、シーズンになると生の牡蠣を食べさせる。店は小さいが宮廷御出入りの店……。「それに牡蠣の他に出すものはトマトのスープとレスター・チーズとコーヒーだけで、降っても照ってもこれ以外のものは何も出さないのだから変わっている。しかもその牡蠣とチーズがずばぬけて美味い。だから、酒が飲めぬので勢い肩身の狭い思いをしながらも下戸がまかり出るのである」

(『ロンドンの店』)

欧州滞在中も海外から「社会思想」に原稿をよせ、短信だけではなく「戦後に於ける英国炭鉱争議の変遷(1)」(第5巻8号　1926年8月1日)など論文も執筆した。

大正14(1925)年、嘉治隆一との共著『マルクスとエンゲルス』を弘文堂書房から出版した。河上肇のすすめもあった。原稿は留学前に完成していたが、さまざまな事情がかさなり出版がのびのびとなっていた。

嘉治がマルクスを、松方三郎はエンゲルスを受けもった。これには種本があり、カハン・コーツというイギリス人が書いた小さな本だが、種本を翻訳しただけの安易なものではなく、マルクスやエンゲルスの自叙伝、著作を参照し、マルキシズムの巨人たちの軌跡をつづった。

ドイツ・ライン地方で紡績工場を経営する、富裕階級の家に生まれたエンゲルスは1842（天保13）年、21歳のとき、父の命でイギリス・マンチェスターにわたる。工場経営を学ぶためだった。当時のイギリスは資本主義経済の最先端を走っていた。とりわけマンチェスターは産業革命の中心地だった。産業革命は文明の発展をうながしたが、そのいっぽうでは労働者は安い賃金で長時間働かされる。エンゲルスはおよそ2年間、貧困のなかで暮らす人々の生活の中に入りこみ、取材と調査をすすめ、都市の人口やその状態の詳細などを考察した報告を執筆した。

のちに『1844年に於けるイギリスの労働者階級の状態』として出版され、マルクスは労働者階級に関する歴史的な文献として高く評価した。

エンゲルスを書きしるす松方三郎の筆致はまことに熱っぽい。

「之こそは科学的社会主義の最初の文献として初めて明瞭に唯物史観を社会批判の上に適用すると同時に労働階級の将来向ふべき所を鮮明したものであった。（略）彼は資本主義的生産の本体其物を鋭く見抜いたのだ。如何にしてブルジョア階級が興って来たか、又将来如何にして没落して行くかを洞察し、又プロレタリア階級の悲境を見ると同時に、如何にせばその悲境から救い出すべきかをも明瞭に理解して居たのだ。産業革命以来の大工業の発展は近世労働階級を造り出すと同時に彼等労働者から人間性を奪って智的にも道徳的にも野獣同然の状態に陥れたのみならず、彼等の肉体までをすっかり役に立たなくさせてしまふ」

資本主義にしいたげられた労働者階級に救いはあるのだろうか。

「然らば如何にせば英国の労働者階級が支配者迄に向上する事が出来ようか。エンゲルスは之に答へて云う、そは今日の労働運動が社会主義と合体すると云う事が唯一の道であると」

若き経済学徒の調子は高く、エンゲルスへの傾倒ぶりが、はっきりと見てとれる。

「彼の死後、既に三十年経た今日始めて、この拙いながらも稍詳細なる彼の伝記を書き上げることの出来た私は、為すべきことの一つをなしたといふ心安さを覚えざるを得ないのである」と結語をしるした。

弘文堂書房は、河上肇の『貧乏物語』を出版しており、松方三郎の文章も『貧乏物語』に似ているのは、恩師の影響もあったにちがいない。

英国留学の3年間、松方三郎の登山歴がもっとも充実した期間だった。

松方三郎がはじめてスイスに入ったのは大正14年1月、留学してまもなくのこと、グリンデルワルトを訪れ、槇有恒の定宿でもあり、日本からの登山者がかならず足をとどめたホテル・アドラーに投宿した。

ホテルで人生の転機ともなったといえる人物との出会いがあった。別宮貞俊、日本山岳会会員で31歳、東京帝大を出て当時は逓信省電気試験場技師として水力発電調査のためヨーロッパ出張中だった。別宮は1月23日、ガイドのサミュエル・ブラヴァントとともにスキーで3000《メートル》級の山々を走破し、同26日グリンデルワルトに戻るスキー登山を敢行した。松方三郎が、雪焼けで真っ黒になった別宮と出会ったのは26日夜のことだった。

すぐ、おれの部屋に来いということで、ついて行ったら、小さなコッヘル（携帯用炊事用具）が出ている。メタ（固形アルコール燃料）で湯をわかして、お茶になる。その晩はおそくまで山の話になる。松方三郎は兵隊で体をこわし除隊してから山には登っていない。正義からは「山登りは、お国のためにならん」と禁じられている。本気になってアルプスに登ろうか、どうしようかと思案しているころだった。別宮はけしかけた。

「君、考えて見給え、月給取りの休暇は年に十日か二週間だろ。その二週間で登れる山はたかが知れている。だから一生かかって登れる山の数は知れたものじゃないか。ところが日本には山は無数にあるんだから」

「この時、別宮さんにめぐり合っていなかったら、スイスに行っても、あんなに山には登っていなかったかも知れない。少くとも別宮さんに大いに激励されたというか、別宮さんをみて発奮したというか、大いに感心したことは争えない」

その年の夏7月15日、ブラヴァントを案内にヴェッターホルンに登ったのが、アルプス最初の登山となる。

ブラヴァントは4年前の1921年9月、槇有恒ら4人でパーティーを組み、未踏のアイガー東山稜の初登頂に成功した若手有数のガイド、長身の凛々しい、村でも有名な美青年だった。

「槇さんがスイスの山を歩いていた頃、彼ザミ（ブラヴァントの名サミュエルの愛称）は漸くポーター修行をおえて一人前の山案内になるところだった。ザミの山案内手帳の第一頁は多分槇さんが書いている。私達が世話になっていた頃は、それから五年ばかりあとのことで、彼はもう一流どころの山案内となりつつあった」

いらい3年間、アイガー、マッターホルンなど4000メートル級のスイス・アルプスの高峰を三十数回踏破し、浦松佐美太郎とともにアイガー東山稜の未踏部分の初登攀を果たした。その実績を評価され世界の山岳会のなかで伝統と権威をほこるアルパイン・クラブ（英山岳会）の会員となった。

山の自慢話は口にしなかったが、会員になったことは、よほどうれしかったにちがいない。

「アルパイン・クラブの会員になっているが、このことは内心大いに自慢だったようだね。（略）僕があるとき『アルパイン・クラブの会員は少ないそうだね』って聞いたら『日本では槇さんと浦松佐美太郎と僕の三人だよ。三人しか資格がないんだ』と言って大いに威張られちゃったよ」（福岡誠一『追憶文集』）

大正15年、たいへんな問題が持ち上がった。

オックスフォード大学に留学中の秩父宮がアルプスの山に登りたいというのだ。それもヨーロッパへ行ったらマッターホルン（4478メートル）に登るというのが、日本出発前から殿下のプログラムに入っていたらしい、と松方三郎はしるしている。

秩父宮は23歳、体も大きく、馬力もあって、なかなかのガンバリ屋だった。皇位継承順位は第二位、皇后から「山だけは登らないように」と一本釘をさされている。

頭をかかえたのが、英国大使から秩父宮御用掛に転じたばかりの林権助だった。林はアルパイン・クラブに相談を持ちかけると、「日本に長くいたウェストンに相談したら」と助け舟を出してくれた。ウェストンは、今ちょうど槇有恒がヨーロッパに来ているから、彼に万事采配をまかせたらということに決まった。槇はロンドンにもどっていた松方三郎とともに準備にとりかかった。

装備をそろえ一流のガイドを手配した。問題は登山計画だった。いくら宮様でも、山は手抜きをしてくれない。山のきびしさは万人に等しくふりかかる。真夏とはいえ雪も降る。落石、雷も油断ならない。雪崩も容赦はしない。槇は3年前、冬の立山・松尾峠で痛恨の遭難を経験しているだけに計画は周到をきわめた。

「一九二六年の秩父宮を中心としたアルプス登山について一言なからずべからずであろう。大名行列とよくいうが、大名でもあんな山登りはそう出来まいと思う程それは用意周到なものであり、好天に恵まれた幸運な山登りであり、愉快この上もない山登りだった。第一、アマッテル、フリッツ、エミールの三人のシュトイリ、ブラヴァント、こんなに山案内の一流所を列べただけで人は目をみはるのである。これにグスタードからフーレル（カナダ・アルバータ遠征の時の第一ガイド）が馳せ参じ、ツェルマットでは岩登りの神様ヨーゼフ・クヌーベルが加わったのだから、それは壮観の極みだった」（『アルプスと人』）

　登山の段取りは「イロハ……」から始めた。まず、アイガー周辺のやさしい山々をのぼり、それをこなしたらマッターホルンという順序をきめた。「イロハ……」とはいえ、岩稜をのぼり、岩壁をよじのぼる、本格的な登山だった。それをこなし、いよいよマッターホルンである。

　8月30日午後、出発、ベルベーデルヒュッテ（3300《メートル》）で一泊し、翌31日午前3時、ヒュッテを出発、6時40分ソルベーヒュッテに着く。夜が明ける。急峻な岩場にはザイルが固定されていて登攀を助けてくれる。8時35分登頂。風もなく静かな日和だった。おりしも天長節、秩父宮にとっては父大正天皇の誕生日だ。

　山頂での喜びのご馳走はヨウカンだった。秩父宮は虎屋のヨウカンが大好物。

登山準備のとき、公使献上の虎屋のヨウカン、それも日持ちのする外国向けの缶詰のヨウカンで、秩父宮は「石のようにおもいやつをリュックに入れようか、いれまいか」と思案する。だれだって重い荷物はかつぎたくない。

「だがそれをみていて私が担ぎましょうと申出る忠臣はいない。そんな重いものは、といって断然阻止するわけでもない。山の上であれを食べたらうまかろうという気がしているからだ。そして結局ようかんは殿下のリュックにはいって、マッターホルンの頂上まで担ぎ上げられることになる。頂上での分配はもちろん平等。山の上のしきたりだから致し方ないのである」(『山で会った人』)

昭和2(1927)年8月、松方三郎は東京商大(一橋大学)を卒業しスイスにやってきた浦松佐美太郎とともにグリンデルワルトを訪れた。アイガーの東山稜の完登が目的だった。東山稜は槇有恒らが初登頂を果たしている。しかし、これは東山稜の上半分からの登頂だった。延々とのびる東山稜をふもとから登り切ったものはいない。それを果たそうという計画だった。

8月6日、三郎と浦松佐美太郎はガイドのザミ・ブラヴァント、エミール・シュトイリとともに出発した。途中アルプスでも滅多にない難所があった。4人が登り切るのに4時間もついやしてしまった。絶壁の上に登り着いたころから天気が崩れミゾレが降り出し、雷まで鳴る。ミッテルレギーの小屋に着いたときは、上から下までズブ濡れになってしまった。翌朝、気持ちの悪い思いをしながら濡れた衣服を着て、頂上をあきらめ山を下った。

未踏の東半分だけではあったが、念願の宿題を果たした。9日には欧州最高峰のユングフラウ、14日には4度目の、そして最後のマッターホルンに登る。季節はずれの寒気に悩みながらも登頂した。

昭和11年、スイスのオレル・フュスリ社が山案内人30人の回想をまとめた『SCWAIZER BERG HÜHRER ERZÄHLEN』(「スイス山案内人の回想」邦訳『スイスの山々』岡澤祐吉訳)を出版した。著名なガイドであったエミール・シュトイリは松方三郎らに讃辞を贈っている。

「われわれが知り合いとなった日本人は、信頼できる友だち、親しい仲間、強靱な忍耐強い登山客であった。秩父宮、槇有恒、松方、浦松と彼ら皆の呼び方がどうであれ、彼らは幾度も私の同行者になった。情熱も行動欲も十分、それに氷、山稜、急峻な壁への愛着に奮い立ち、それればかりか、恐らくある種の名誉心に駆られ、この日本人たちは多くの危険に満ちた山行をおこなった。私は案内人としてその時彼らに同伴した。われわれは同じ理想を持ち、私欲のない友情で助け合い、尾根を越え嵐を抜けた」

浦松佐美太郎との山行を最後に翌昭和3年春早々、およそ3年3カ月にわたる欧州留学をおえ、シベリア鉄道経由で帰国した。浦松はロンドンのリバプール停車場に松方三郎を見送った。トルストイやクロポトキンのロシアの冬の風光や習俗を窓外にながめつつ、ソ連の社会の一端を瞥見することを意図したとも考えられる、と松本重治は『追憶文集』にしるしている。アルプスで登山をたのしみ「溌剌たる若き思い出が生涯に残されたことはいうまでもない」と殿木も書く。アルプスでの体験はのちに『アルプス記』としてまとめられ、昭和12年6月、龍星閣から出版された。

「昭和のはじめから山登りをはじめた私にとっては、優れた教科書でもあったし、山への情熱をかき立てる危険な本でもあった」(串田孫一)

串田は東京外語大の教授をつとめ、『山のパンセ』など多くの著書を著し、尾崎喜八と山の文芸誌「アルプ」の編集を手がけている。

「『アルプス記』を読んだら面白くて、それから私の本棚には山に関する本が殖えていった」（草野心平）

久しく絶版となっており、古書市場では愛蔵版は十数万円もの高値をよぶ。平成9（1997）年平凡社から新装版（平凡社ライブラリー）となって復刊された。

帰国後、さだめた住まいは東京市本郷区元町1ノ5の文化アパート、高級アパートのはしりだった。お茶の水から水道橋にくだる神田川沿いのこの一帯は眺望がよく、富士山がよく見え、ことに日没時の富士山のシルエットは絶景だった。

かずかずの山岳書の出版を手がけた梓書房の創設者、岡茂雄は著書『炉辺山話』のなかで回想する。

岡は仕事場が駿河台にあったので、よくこのアパートに立ち寄った。作家のきだ・みのるや民族学者の東京帝大教授・鳥居竜蔵も住んでいた。

「窮屈じゃない？」

「実に気楽でいい、日本人はアパートのよさを知らないから、皆そんなことをいうんだよ」

と問答をかわした。

「ある夕方、その部屋を出ようとしたところ、『わしも飯に行く』といい、鍵をかけて追うようにして出て来られた。『何処へ？』『本郷の三丁目近くに美味いおでん屋があるんだ』という。なるほど気さくだ、松方さんらしいと思った」

岡は長野県人、明治27（1894）年の生まれ、陸軍士官学校をへて軍隊に身を置いたが、中尉で軍籍を離れ、鳥居竜蔵に師事し人類学をまなび、大正9（1920）年、民族学や考古学の専門書を手がける岡書院を立ち上げ、同14年に梓書房を創立した。司馬遼太郎が『街道をゆく』シリーズの「神田界隈」のなかで岩波茂雄、反町茂雄とともに「三人の茂雄」と題し取りあげた人物だ。反町茂雄は古書鑑定の第一人者で古書肆「弘文荘」を創立、新潟日報文化賞を受賞している。

「三人の茂雄」はそれぞれが独自の使命感をもって出版事業に打ち込み、かたくななまでに、その姿勢を崩さなかったところに共通点があった。

マルクス・エンゲルス全集

帰国後、職につこうと考えたが、あまり時間がとられることもなく、趣味にも打ち込める時間もとりたい、そんな希望もあり、黒木三次の世話で昭和3（1928）年4月、満鉄東亜経済調査局につとめることになった。

東亜経済調査局は満鉄の調査機関の一部門、今風にいえばシンクタンクだ。事務所は本社のある大連ではなく、満鉄東京支社に置かれていた。

「国運が急展開を遂げるときには既存の官僚機構では手におえず、それを補填するためのシンクタンクが必要とされてきた。日露戦争後の満州では日・欧・米・露など各国の利権がこの地に錯綜したために調査部なくしては満鉄は生きられなかった。ロシア革命後は社会主義研究や社会問題研究といった分野で新たな調査活動が必要になった。満鉄調査部のソ連研究への傾斜や、一九一九年の大原社会問題研究所の誕生がそれである」（小林英夫『満鉄調査部』）

最初に引き受けた調査のテーマは「ソ連の財政計画」だった。

史上初の社会主義国家であるソ連はどのような経済政策で国家財政の再建に努めたのか。「新経済政策《ネップ》」や「ゴスプラン」（国家計画委員会）がどのように実行されたかを財政面からとらえる調査だった。

ソ連経済は第一次世界大戦や内戦のため疲労しきっていた。工業生産は戦前の13％に落ちこみ、穀物生産は革命前の7400万トンから3000万トンに激減した。経済立て直しのためレーニンは思いきった手をうつ。

1921（大正10）年、新経済政策を採用し、経済計画の作成を任務としたゴスプランを創設した。

農民は生産した穀物を税金としておさめ、残りの穀物を自由市場で売ることができる。小企業も自由に営業できるし、労働者の雇用、商取引がみとめられた。市場経済の導入だった。部分的ではあったにしても社会主義の原理原則をはずれた政策だった。背に腹はかえられない、という政策だったが、経済は息を吹き返し、財政も安定してきた。ネップは1928年まで継承され、レーニンの死後、権力を握ったスターリンのもとでソ連はネップにかわり5カ年計画を採用し社会主義経済建設に向かうことになる。

こうしたソ連の動向は満州経営のインフラをになう満鉄にとっては最優先の研究課題だった。

このため満鉄は有能な人材をもとめ、調査能力の拡大をはかる。それまでは上海の東亜同文書院や東京外国語学校など語学系の出身者が多かったが、帝大系の人材がぞくぞく入社し、東大新人会のメンバーも名をつらね、調査部は当時のエリート集団で松方三郎もそうした人材のひとりだった。

満鉄調査部はロシア語の資料や文献はそろっていたが、松方三郎はロシア語は不得手だった。おもに英語やドイツ語の文献にたよるが「相当難航している」といくたびも松本重治にもらしていた。

とはいえ、この上もない職場だった。午後数時間、勤務するだけ。空いた時間は書店めぐりや美術館を訪れたり、気ままな毎日だった。嘉治の述懐によれば、勤めぶりはいたって呑気なもので、昼間は山仲間と会ったり、展覧会めぐりをしたり、あれこれと動きまわり、夕方、満鉄の事務所に顔を出し、夜の八時、九時まで仕事をつづける、というようなことだった。そのうえ調査局には波多野鼎、嘉治隆一、田中九一、伊藤武雄、笠信太郎、松本重治など社会思想社の同人たちの顔がそろい、気のおけない職場だった。

満鉄調査部で優雅なサラリーマン生活をたのしんでいたが、窓の外では共産党弾圧の嵐が吹きあれていた。昭和4年3月15日、共産党員が根こそぎに検挙され、野坂参三、徳田球一、滋賀義雄、福本和夫ら483人が起訴された。

つづいて4月10日、労働農民党、日本労働組合評議会、全日本無産青年同盟に解散命令、さらに17日東京帝大新人会、翌18日には京都帝大社会科学研究会に解散命令が出され、河上肇教授が辞職する事態となった。

京都帝大の経済学部教授会は、共産党弾圧という時勢に便乗するかのように河上肇教授に辞職勧告を突きつけた。

一、『マルクス主義講座』の広告用の冊子中にある教授の短文に不穏当な個所がある。
二、香川県に於いて選挙の際教授のした演説に不穏当な個所があった。
三、河上肇教授が主宰する社会科学研究会員のうちから治安を紊乱するものが出た。

との理由だった。

三箇条の理由は理不尽なものだった。松方三郎はさっそく、「社会思想」誌上に「教授の辞職強要問題」（第7巻5号　1928年5月1日）と題し、批判の筆をとり恩師を擁護する。

「云ふ迄もなく第一、第二に挙げられたものは既に已に過去の事実に属し之が大学教授の本分からしてなすべからざる事であると考へたならば、京大経済学部は、なにも今日まで、荏苒《ジンゼン》（筆者注・「ぐずぐずするさま」の意）として決議を延ばす必要はない。かねてから教授の言動に反対の意を含んでは居たが、其を公然と教授会議に於て決議するのを遠慮して居たのであるが、此の機会に於て之を決行したのであるならば之は此の際左傾教授を一掃せんとした政府当路者の主張と偶然の一致した火事場泥棒的筆法を持ったものと解釈するより仕方がない。大学教授として誠に風上に置けない代物である」

第三の理由については、こう反論する。

「教授は学生が、国粋会の領袖となろうと、共産党の幹部になろうと、其を何ともしうべからざる立場にあると同時に、其等学生の行動に対して第三者は、単純に教授の責任を問ひ得る立場にない。（略）大学は寺子屋ではない。大学生の行動に対して教授の責任を問ふと云う事は、大学生を思惟判断の能力なき者と看做して、大学はその材料を以て教授々々によって編み出された一定の型にはめこんで大学卒業生なる、角砂糖同様の商品を大量生産する工場にすぎないと看做すからである」

大学生は充分に自己の責任をとりうる一個の人格である。「大学生が借金の踏み倒しをしたり、芸者と心中してもいまだ曾て教授がその責任を問はれた事を聞かない」。

「要するに共産党員検挙なる大芝居で人目を眩惑せしめ、そのどさくさまぎれに兼て睨んで居た人間を槍玉に上げんとしたのであって、全然火事場泥棒的筆法である」と時流に便乗する教授会の情けない態度を糾弾する。

「——然らば、教授会がかかる圧迫に対して唯々諾々と屈従して、今日まで黙認してきた事実を、掌を返すが如く不当なりとして、河上教授に辞職を勧告したとするならば、それは何等自己の判断に対する確信と主張とを持たない案山子か腰抜けの集まりにすぎないといわれても仕方がない」

「最後に一言したい」と批判の筆は新聞にも向けられる。

「それはこの問題について新聞の持った態度である。この問題について新聞の大部分が政府の太鼓をたたいて、しきりに問題を三面記事化していたことは余りにも不見識ではあるまいか。何の大学では誰と誰が問題とせられているとか、何処では何人睨まれている等と、知ったかぶりでか、一部人士の宣伝の手先になって書き立てたということが新聞としての体面の上から、またそれが社会において占めている地位の上から不謹慎の嫌いなきやを思わしむるものがあった」

これは松方三郎の特徴だが、のちの満州事変批判の論説でも示したように批判は事件の当事者だけではなく、つねに新聞に向けられているのは興味深い。

当時、法学部教授だった瀧川幸辰も注目すべき見解をのべている。

「経済学部教授会の行動は河上先生に対していかにも残酷であった。先生が退職後、共産党に入党し階級闘争の第一線に立たれるやうになったことは、先生の個人的な考へ方によることでもあろうが、私は経済学部教授会が先生を共産党に追込んだといふ見方をとってゐる。先生は当時既に年が年で、もはや階級闘争の戦線に立つには生理的に不適当であった」（『回想の河上肇』）

河上肇は京都帝大新聞（昭和3年4月21日号）に「大学を辞するに臨みて」と題して決別の辞を執筆した。

「階級闘争が激烈になればなるほど、如何に多くの有力な学者が知らず識らずのうちに、権力階級に向って媚《こび》を呈するに至ったかは、外国の学史が明白にわれわれに教えているところである」

辞職を知った学生たちも緊急の学生大会開催を計画したが、無届け集会だとして禁止された。5月12日、「河上博士送別謝恩会」を開催し、「河上博士に対する追慕の情は決して消ゆるものではない。否河上博士が異常な熱を以て説かれた真理が今真理なるが故を以て権力に蹂躙されていることを牢固として確信するに到った」との声明を出した。

河上肇が身をひそめていた家で入党通知をうけたのは昭和7年9月、53歳のとき、「たうたうおれも党員になることが出来たのか」と感慨をもらし、一首を詠んだ。

「たどりつき　ふりかへりみれば　やまかはを　こえてはこえて　きつるものかな」

昭和のはじめは円本ブームの時代だった。定価1円という破格の値段をつけた本が飛ぶように売れ、出版社は競いあって円本を出版していた。

関東大震災で出版社はおおきな打撃を受け、改造社は倒産寸前だった。本を出すにも資金はない。社長の山本実彦は思い切った手を打つ。定価は1円の廉価版、全巻予約金制で「現代日本文学全集」63巻の出版に打って出た。予約制だから資金はあつまる。これを元手に本を出す。自転車操業の見本みたいなものだが、昭和元（1926）年12月、第1巻「尾崎紅葉集」を出版した。これが成功し、改造社は息を吹き返した。

他の出版社も、だまってはいない。「世界文学全集」(新潮社57巻)、「世界大思想全集」(春秋社60巻)、「明治大正文学全集」(春陽堂60巻)、「現代大衆文学全集」(平凡社40巻)などが後を追う。

さらに左翼思想の流行もあり、左翼関係の書も好調な売れ行きをしめしていた。改造社が昭和3年、『資本論』を出版したところ売れ行きは好調だった。山本実彦は予想外の企画を打ち出した。

円本ブーム、左翼思想の流行にのる廉価版の『マルクス・エンゲルス全集』、世界で唯一の『マルクス・エンゲルス全集』だった。昭和6年6月、全集の刊行がはじまり、昭和8年に全31巻が完結した。責任編集委員は向坂逸郎、大森義太郎、猪俣津南雄、石濱知行、嘉治隆一、蠟山政道、河野密、山川均ら社会思想社の元メンバーが顔をそろえた。松方三郎は後藤信夫の名で参加、以下の項目を担当した。

第1巻　マルクス「図書出版の検閲に関する普魯西国の最新訓令に就いて」
第3巻　エンゲルス「××××(共産主義)原則」
第4巻　マルクス「ドイツに於ける×××(共産党)の諸要求」
第7巻ノ3　マルクス「アムステルダムの民衆大会に於ける演説」
第11巻　マルクス「剰余価値学説史第3巻」林要、榎本謙輔と共訳
第12巻　エンゲルス「ブレイの牧師」など

ところが対抗馬が出現した。

岩波書店、同人社、『貧乏物語』を手がけた京都の弘文堂書房、日本共産党の出版部である希望

閣、叢文閣の5社が手をむすんで企画した聯盟版『マルクス・エンゲルス全集』である。

改造社のライバル、岩波茂雄が河上肇の書簡をもって大原社会問題研究所所長の高野岩三郎を訪ね、聯盟版『マルクス・エンゲルス全集』の企画を紹介し、協力をもとめた。改造社版は拙速、不完全だとの理由からだった。河上肇や櫛田民蔵などマルクス経済学の権威が企画に賛同し、大原社会問題研究所が編集・監修にあたることになった。

共産党にたいする弾圧がきびしい時代に、複数の『マルクス・エンゲルス全集』が同時に企画されるのは異例といってよい。当時の青年層がいかに左翼思想に傾斜していたかを物語っていよう。だが左翼思想が時代の風潮だとはいえ購読者の数も限られる。ともに派手な宣伝をくりひろげ、地方紙にまで大々的な広告を出し、立て看板を立て、宣伝ビラをまき、予約購読者を募集した。

はげしい宣伝合戦に小泉信三は眉をひそめた。

「愉快な馬鹿げた光景を演出するだろうと思われたが、果たして予想の通りで、新聞広告、張り紙、立て看板、宣伝ビラの競争は日を追うて激甚となり、互いにケチを附け合い小汚く当てこすり合う」と「三田文学」の昭和3年8月号に寄稿したほどだった。小泉は当時慶応大学教授、マルクス経済学の批判者だった。

だが、これは改造社対岩波書店という出版社の単なる販売合戦ではなかった。社会主義運動における当時の国際動向が反映していた。

大正8(1919)年に成立した社会主義インターナショナル(コミンテルン)は、プロレタリア独裁をかかげ、社会民主主義をファシズム同然とみて、社会民主主義者との統一行動を否定する。

社会思想社の同人は必ずしも社会民主主義者ばかりでなくマルキシストも所属していたが、コミンテルンの指導下にあった日本共産党は社会民主主義者の集団とみなしていたのであろう。『マルクス・エンゲルス全集』はマルクス・レーニン主義の正統の継承者と任じるコミンテルンや日本共産党にとっては「聖典」だったにちがいないし、それを異教徒集団の手に委ねてしまうのは、許されざる行為であったろう。

日本共産党は行動をおこした。

「2つの日本語版『マルクス・エンゲルス全集』の企画（1928年）」（大村泉　東北大学大学院経済学研究科教授　国際マルクス／エンゲルス財団編集委員　大原社会問題研究所雑誌NO617／2010・3）に詳細な研究が記載されている。

それによればコミンテルン・モスクワ本部駐在の日本共産党関係者がモスクワ・マルクス・エンゲルス研究所の所長のD・リャザーノフにあてた書簡のなかで、思想社の若手同人はカウツキー主義者であり、河野密は日本労農党の指導者、蠟山政道は反共主義者、山川均は党を離れた精算主義者と断じ、翻訳権を聯盟版に与え、改造社の要求を拒否するよう要請した。

カール・カウツキーはマルクス主義理論の正統的な後継者ではあったが、ソヴィエト社会主義政権を一党独裁であると非難し、民主主義による社会主義の実現を主張した。レーニンはその著書『プロレタリア革命と背教者カウツキー』で彼を「背教者」や「ユダ」などとはげしく攻撃した。

いっぽう国内では、どのように工作したのだろうか。

岩波茂雄が河上肇の書簡をたずさえ、高野をおとずれた背後に日本共産党の動きがあったのか、どうか。共産党の示唆や工作があったと見るのが至当だろうが、河上肇はこの当時共産党には入党していない。河上肇の自発的な行動だったのか。

聯盟版の出版はさまざまな理由から破綻する。

ひとつには、昭和4年3月15日の共産党の全国的な大弾圧だった。企画の大黒柱であった河上肇は京都帝大を追われ、九州帝大の向坂逸郎、佐々弘雄、石浜知行、東京帝大の大森義太郎らも辞職した。大原社研も捜索を受け、所長高野岩三郎は3月24日、河上肇に研究所は全集から手を引くことを告げた。

さらに5社共同という寄り合い所帯、そのうえ訳語の統一や厳密な校訂をやるため12人の編集責任者全員がそれぞれ原稿に朱筆を入れるということで、作業ははかどらず、7月10日の第1巻発売予定日になっても原稿がそろわない。こんなありさまでは先行する改造社版には、とうてい太刀打ちできない。企画の中心をになっていた岩波書店は手を引き、聯盟版計画は敗れ去った。

改造社版にも、いろいろ欠陥が指摘されている。誤訳がある、訳語が統一されていない、それになによりも収録文献に科学的な検討がなされていない、「全集」と銘打っているが「文献集」にすぎない、といった批判もあった。

しかし山本実彦の商売第一という、マルキシズムとは無縁の背景があったとはいえ、マルクス・エンゲルスを学ぶ手近な書として、ながらくその命脈を保ってきた点も見逃すことはできないだろう。上海の内山書店の書棚にも並び日中左翼陣営の要にこたえ、日本共産党の書記局長、議長をつとめた不破哲三は「夢中で読みふけった」と若き日をしのんだ。

「なかでも、戦前の『マルクス・エンゲルス全集』は古典の宝庫で、戦後数年のあいだに全巻で三十冊にのぼるものの大部分を何とか探しあてたものでした。とくに第十二巻は九百ページをこえる分厚い大冊に『反デューリング論』『空想から科学へ』『家族、私有財産および国家の起源』『フォイエルバッハ論』『住宅問題』『国際問題』をはじめ大小二十数編にのぼるエンゲルスの著作を密集してつめこんだ待望のもので、手に入れたその日から内容を理解できようとできまいと、とにかく夢中で読みふけったものでした」（『古典への招待』新日本出版社）

全集発刊から80年以上もすぎた平成29年11月、朝日新聞のインタビューのなかで不破は「世界初の『マルクス・エンゲルス全集』は戦前の日本で出ました。その遺産は生きています」と答えている（朝日新聞2017年11月17付朝刊『ロシア革命100年』）。

日本共産党が唾棄した全集が今なお生きているというのは歴史の気まぐれか、アイロニーなのであろうか。

改造社と岩波書店の対決は河上肇と岩波茂雄の絶交という意外な余波をまきおこした。岩波は円本ブームを苦々しく思っていた。安価なのは結構、だが「安かろう、悪かろう」だろうが売れれば手当たり次第に本を出す。そこには出版人としての気概も理念もないではないか。ライバルの改造社には「単なる便宜主義だ」とのことばを投げつけている。

しかし、手をこまぬいているわけにもゆかない。対抗の手立てを考え、思いついたのが、東西の古典を集成するドイツのレクラム文庫を手本とする文庫本の発刊だった。

昭和2（1927）年7月、岩波文庫を創刊した。第1回配本は、夏目漱石『こころ』、樋口一葉『にごりえ・たけくらべ』、プラトン『ソクラテスの弁明・クリトン』、カントの『実践理性批判』など全23冊、定価をしるさず、☆印で値段を表し☆一つ20銭の廉価版だった。刊行されると読者から熱烈な支持をうけた。

岩波は企画当初からマルクスの『資本論』を入れたいと念願し、三木清に相談した。三木は京都帝大出身の哲学者、当時は法政大教授だった。三木は河上肇を推挙し、河上も承諾、和歌山高商教授の宮川実の協力を得て『資本論』は全34冊刊行の予定で始まった。

「吾人は久しきに亘る熱切なる企図のこゝに実現されて此訳書を現代の日本に提供する事に最大の欣びを感ずる」と岩波は「刊行の辞」をしるした。『資本論』刊行にかける思いが迫る言葉だった。河上肇も資本論が岩波文庫に入って大衆の中に持ち込まれることを大変喜び、「これだけは自分の情熱をかけてやってみたい」と宮川実に語っていたという（『回想の河上肇』所載の「学者としての河上先生」）。

河上肇の熱意の一端を末川博が『自叙伝』巻末の「河上と自叙伝」のなかで書いている。

「……一字一句の表現にもよほど心をくだいていたようで、たとえば、『資本論』の翻訳や解説をしていたときなど、一つのドイツ語をどのように訳しどのようにいいあらわしたらよいかというので、数日間考えあぐんだあげく、専門外の私などにもいろいろ意見を求めたようなこともあった」

しかし事態は暗転する。

『資本論』は第1巻第1分冊は昭和2年10月6日に刊行され、同4年6月5日発行の第5分冊まで刊行されたが、印税をめぐる問題などあり、以後、翻訳作業は滞ってしまう。しかも河上肇は岩波文庫版『資本論』を改造社の『マルクス・エンゲルス全集』に収録することに合意し、ライバルに寝返ってしまう意外な事態にまで発展した。岩波にとっては背信以外のなにものでもなく「今後貴下との間に交渉をつづける事を欲せず」との絶縁状を送った。『資本論』刊行は出版人としての岩波の生涯をかけた事業だった。それが、もろくも崩れさる。痛恨の思いだったろう。

河上肇がなぜ手をひいたのか。『自叙伝』ではその間の事情にもふれず、したがって弁解のことばもみあたらない。ことばを尽くしても弁解にならないことは十分わかっていたであろうが、事情を示唆するくだりがある。

大学を辞める前後は多忙をきわめていた。月1回ずつ刊行していた『社会問題研究』も一時はすっかり途切れ、廃刊やむなしとまで思いつめた。だが退官すれば『資本論』の翻訳、『資本論入門』の執筆、『社会問題研究』の刊行はできるだろうと一応の予定を見立て、櫛田民蔵あてに「荷をおろし峠の茶屋に告天子《ひばり》きく」との一句を書き送っている。急坂をあえぎながら登りつめ峠茶屋の縁台に腰をおろし、ホッと息をつく旅人のすがたをわが身にかさね合わせた。「ところが、私はその峠の茶屋で長く休息することが出来なかったばかりではなく、『資本論』の翻訳も、『資本論入門』の分冊続刊も、『社会問題研究』を私設の講座として継続して行くということも、いずれもみな、当時の私が予定していたようには、とても運びはしなかった」と告白している。

世の情勢が許さなかった。昭和3年、3・15の共産党員一斉検挙、4月には東京帝大新人会や京都帝大社会科学研究会に解散命令が出る。河上肇のところには謄写版刷りの非合法文書がときどき舞い込んでくる。東京からは『無産者新聞』の基金募集に人がやって来る。12月共産党の後継となる新党組織準備会が東京で開かれ、委員長に大山郁夫、書記長に細迫兼光があたり、新党結成大会を開くことになった。安閑として書斎ですごすわけにはいかない。マルキシストとしての使命感がふつふつと沸く。

「……この時が、私の静かな書斎生活のいよいよ終りを告げる劃期的の時機であった。私はこの大会に出席することによって、広く世間に向って自分の態度を表明したようなものであった」

上京を決意した。和服に黒い絹地の袴をつけ、二重回しの外套をまとい、東京での定宿・神田淡路町の関根旅館に泊まり、本所公会堂で開いた大会に出席する。「よく出掛けられておいでになりましたね」と労農党代議士の山本宣治が声をかけてくる。山本宣治が右翼テロで倒れたのは、その2カ月後だった。ふたりが立ち話をするのを見かけた大原社会問題研究所の細川嘉六がやってくる。大会は3日間にわたるが、最終日に所轄署の署長が演壇にかけのぼり解散を宣言した。弁士室に控えていた河上肇も検束され、留置場に放り込まれたが、その日のうちに釈放された。

こうした社会主義運動への献身が退官後の計画をいっさい反故にする。「——大学を退いた当座の私は、残生を主として『資本論』の翻訳に献げたいと思って見たけれど、それは遂に一時の夢に終わった」と嘆じた。

しかし岩波にとっては河上肇個人の事情はあずかり知らぬこと。その怒りは激しく、河上がたずさわった書物をすべて書店から回収し、裁断し焼却した。まさに焚書の怒りだったろう。絶縁は20年ちかくつづくが、戦後、河上が没したのちに、その仲を修復したのは松方三郎、岩波が死を迎える幾月かの前のこと、泉下の和解だった。

日本の生命線

国内にファシズムの波が押し寄せるなかで、国外でも軍部の野望が渦巻いていた。

昭和3（1928）年6月4日、中国東北軍閥の長、張作霖が乗る列車が北京から奉天に向かう途中で爆破されて死亡する事件が突発した。関東軍による謀略だった。ときの田中義一内閣は「満州某重大事件」と称し真相をおおい隠した。

当時、東北三省（満州）を支配していたのは張作霖であり、中国本土を統治していたのが蒋介石だった。田中内閣の対中政策の基本方針は、その現実をみとめ、両政権と交渉しながら日本の権益をまもる「等距離外交」だった。満州と内蒙古を領有したいと考える関東軍にとっては「等距離外交」はじゃまものだった。張作霖爆殺によって等距離外交は破綻し、その後の歴史は関東軍の思惑どおりにすすんで行く。

このころから松方三郎の関心は国際問題に向かう。

昭和4年10月、京都・都ホテルで開かれた太平洋問題調査会（IPR）の第3回太平洋会議に松本重治、浦松佐美太郎とともに会議をとりしきるセクレタリー（書記）として参加した。英国代表団の一員には当時、40歳の歴史家アーノルド・トインビーの名もあった。

この会議は松本重治や松方三郎の将来の方向を定めるきっかけともなった。

新聞聯合通信社の専務理事・岩永祐吉も会議に参加していた。武力解決は避けるべきだと主張しながら、そのいっぽうでは、長春駅付近の並木は全部おれが植えたのだ、あれがぶっつぶされてたまるものかと威勢のいい議論を吐いていた、と松本は振り返っている。岩永は京都帝大卒業後、満鉄に入り長春駅の駅長をつとめたこともある。

「京都の太平洋会議がなかったならば、また、その会議中での非公式日中懇談会がなかったならば、私は上海に行かず、またジャーナリストにもならなかったかも知れぬと思う。歴史にも人生にも、奇縁というものが、少なからずあるものと、私は、今ながら、つくづくと思わざるを得ない」（『上海時代』）

太平洋問題調査会はアジア・太平洋地域内の民間レベルでの相互理解・文化交流の促進を目的として1925年ホノルルに設立された。太平洋を取り巻く国々の政治・経済・社会など諸問題の共同研究を通じ各国の学術専門家たちの国際交流をはかることが目的であり、その理念は太平洋地域の平和維持だったので、当然のことながら、満州問題が焦点となった。

満州をめぐり日中代表の一騎打ちともいうべき論戦が展開された。

日本代表の満鉄副総裁、松岡洋右は満蒙（満州と内蒙古）は、日本人の生命と金で購いえた特殊権益であって、現在、将来においても日本の生命線である、と熱弁を振るった。

日露戦争の結果、ロシアがもっていた満州のさまざまな権利と利益を日本が引きついだ。これが特殊権益で、旅順を含む遼東半島の一部の租借と南満州鉄道の経営権、鉄道守備兵の駐屯権、撫順炭鉱の採掘権、鞍山および本渓湖の鉄鉱採掘合弁権が主要なものだった。日露戦争で日本は10万の将兵の血を流し、戦費をふくめ、満州経営には20億円もの国費をつぎ込んだ。「日本人の血と金で贖いえた」とは、このことである。

「生命線」という言葉は本来、手相学の用語、それを地政学的な発想に援用したところに松岡のみごとな政治的感覚がうかがえる。

本国を防衛するためには、それを取り巻く防衛外郭線をもうける必要がある。城でいえば、外堀のようなものだ。当時の仮想敵国はソ連だったから、ソ連と接する満州国境はフロント・ラインで、防衛にあたる関東軍は最盛時には70数万の兵力を数えた。さらに経済的な側面もあった。日本の国土は狭い。そこに6500万人の人口がひしめき、年々90万人も増え続けている。それを受け入れてくれるのが満州だ、というわけだった。

満州に進出した最初の開拓団は関東軍から支給された小銃、機関銃、迫撃砲で武装していたほど治安状態は悪かった。土地を安く買いたたかれ、食い詰めた中国人や満州人らが抗日ゲリラとなって抵抗した現実をまるで無視しフロント・ラインと主張するのは、いかにも手前勝手の論理だが、それを生命線という言葉に置き換え、説得力のあるプロパガンダとして当時の日本人の心をゆさぶった。

これに対し中国代表、徐淑希・燕京大学教授（国際法、外交史の専門家）が反論した。松本重治の表現をかりれば「冷静に学者的姿勢をくずさずに、しかし徹底的に、松岡さんの所論を反駁したのである」

徐教授は、昔から満州は日本のものであったことはない、満州は終始中国の一部であって、日本側が主張する満州における条約上の権益は、期限つきで条約ないし協定そのものの多くが無効なのである、という論理を展開した。

「あまり議論が激しかったので、私はまだ三十歳の若さだったから、これで会議が決裂するのかと心配したほどであった。（略）松岡洋右と徐淑希との白熱的な一騎討ちの討論には、満鉄に席を置く身である三郎は、浦松や私など以上に、息をこらして、一言一句に耳を傾けたことであったに違いない」と松本重治は述懐している。

その直後のことだった。三郎と松本が大食堂でランチを食べているとき、ふと見ると松岡と徐とがニコニコしながら会食していた。

「重ちゃん、あの二人とも、大した役者だね」

「ほんとにそうだな。さっきは大喧嘩をしておいて、すぐ一緒にめしを喰うなんて、おどろいたね」

「あれが、国際会議のよさなんだね」

三郎が岩波書店の創業者、岩波茂雄の知己を得たのはこのころだった。

三郎は岩波を「おじさん」とよんでいた。岩波の番頭だった小林勇はそれをきいて奇異な感じを受けていたという。

松方三郎がはじめて岩波に行ったのは、大島亮吉の遺著『山　研究と随想』の出版についての相談だった。

大正11（1922）年3月、槇有恒をリーダーとする慶応大学6人、学習院3人からなる合同パーティーが槍ヶ岳冬期初登に成功した。大島亮吉は松方三郎とともに参加した岳友だった。

大島は昭和3（1928）年3月25日、前穂高Ⅳ峰を登攀中滝沢に墜死し、28歳の生涯を終えた。夭逝を惜しんだ友人たちが、その遺稿集の出版を岩波に持ち込んだ。

「その原稿を持って岩波をたずねて来たのが、松方ともう一人の誰かであったという。その時松方は紺絣の着物に袴をつけていたということで、岩波がその時の松方に対する印象は、亡友を懐う好青年というものであったらしい」（小林勇『追憶文集』）

大島の著作が出版されたのは昭和5年3月、岩波書店では数すくない山岳書だった。

昭和4年7月、張作霖爆殺事件の責を負い田中義一内閣が総辞職し浜口雄幸が首相に就任した。議会の壇上で獅子吼する、そのすがたからライオン首相のあだ名がついていた。

浜口内閣の政策理念は緊縮財政だった。

第一次世界大戦で一時は戦争景気に沸き返ったものの、その後は不況がつづき、社会不安が増すばかりだった。そこで浜口内閣は軍拡から軍縮に転換し、それで余った金を財源にして、国民の負担を軽くする施策を示した。明治以来、軍備拡張があたり前の空気があるなかで、軍拡より軍縮へ、積極財政から緊縮財政へという政治家の信念をつらぬいた。

同年12月、「社会思想」が停刊する。

停刊前に三郎は、「イギリス労働組合に於ける統制機関の発達（序編）」「マルクスとイギリス労働階級」「イギリス労働組合運動に於ける統制機関の発達」「社会主義と平等主義　ヴォルギンの一論文の紹介」「サヴェート聯邦の対外関係（ルイコフ）松方訳」など論文、訳述を執筆した。

社会思想社同人は活発な言論戦を展開したものの極左陣営からはサロン・マルキシストとそしられた。同社のリーダーであった平貞蔵は「勇気に欠けていた」とつぎのように総括した。

「大正デモクラシーの時代からマルクス主義の理論全盛時代に移行する過渡期に、各国の運動や思想の流れを、広くかつ正確に伝える役割をはたしたといえよう。（略）かえりみて残念に思うのは、理論的研究を深める努力、同人の協力を強める工夫、実践運動に処しての勇気に欠ける点のあったことである」（『回想　笠信太郎』）

如是閑とともに

岸田劉生が満鉄招聘の満州旅行から帰る途上、昭和4（1929）年12月20日、山口県徳山の画商・田島一郎の別邸で死去した。享年38、あまりにもはやすぎる死だった。

その年、元旦の日記に「昨夜の大晦日は実に働いた。麗子に生まれて初めて日本髪（桃われ）を結はせ、これを油絵ではじめ、夜は半切四枚棋道の表紙、色紙などかいてヘトヘトになった。ラヂオは寄席の夕で面白かったが、三代目小さん（先代）がうどんやをやったが、頭が、悪くなっているためチグハグになり何だかあわれであった（略）」としるした。

安政4（1857）年生まれの三代目小さんは71歳、漱石が与次郎の口をかりて「小さんは天才である。あんな芸術家は滅多に出るものじゃない」（『三四郎』）と評した名人芸は、十八番の「うどんや」を演じても、もはや老境の衰えを隠せなかったのであろう。

麗子は数え16の歳、いかにも娘らしく成長し桃われを結った愛娘へのまなざしはほほえましく、死の予兆は、なにもなかった。しかし、小さんよりは早く死を迎えた。小さんの死去はあくる年の昭和5年11月19日だった。

関東大震災で家が半壊し、一時、名古屋の知人宅に身をよせた劉生は大正12（1923）年10月、京都南禅寺草川町に居を移した。『白樺』も廃刊となり、同人とのつきあいも間遠くなった。京都時代は2年ほど、だが、たわむれに「海鯛《カイタイ》先生」（買いたい）と自称するほど、中国宋元画や肉筆浮世絵の蒐集に熱をあげ、いいものを見たらたまらなく欲しくなり家の経済をかえりみない。茶屋酒をおぼえ遊蕩の日々をおくる。ふたたび鎌倉にもどるも酒におぼれ、大杯を傾ける生活はつづく。借金はかさみ、督促の手紙がくる。骨董屋や取り巻き連中の出入りがはげしくなる。写生に出ることも少なくなった。

「訪問者はいよいよ多く、それが大体は劉生が『俗人』と軽蔑してやまなかった種類の客なのだからたまらない。しかも劉生は、自分で日記に一再ならず書いているように、その俗人達に取巻かれて酒にひたり、夜をふかしていたのだから、そうした状態が無際限に続くわけがない。画作、ことに身を入れた油絵の制作が数において著しく減ったことも、こうした生活から来たものであろう」と、のちに松方三郎は書いているが、破滅への傾斜をつよめ荒んでいった劉生に救いの手をさしのべる。

昭和4年夏のある日、松方三郎は鎌倉の劉生宅を訪ねた。大仏様につづく長谷の大通りからちょっと横に入った閑静なたたずまい、家は古いが水屋や茶室をしつらえる。鍋島男爵から譲りうけたものだという。八畳間に緋毛氈を敷き劉生は日本画を描いていた。麗子はその日のことをしるした。「夏松方氏がみえて、八畳の座敷で話しておられるのを覚えている。父は自慢の唐画を床に掛け、松方氏と母と三人で愉快そうに笑っていた光景が今でもはっきり目に残っている。多分その時満州へ行く話の打ち合せに見えたのではなかったろうか」（『父　岸田劉生』）

劉生は8月29日、神戸から船出した。しかしふたたび鎌倉にもどることはなかった。

土方定一（元神奈川県立近代美術館館長）が「歴程」にそのいきさつを書いている。

「晩年の岸田劉生の流連荒亡の生活から、なんらかの離脱の契機となろうと考えた松方さんは、満鉄からの招聘をアレンジし、岸田劉生は、昭和四年八月、二度と帰ることのなかった鎌倉を離れて、大連に赴いている。だが、大連でははじめに計画されたような肖像画の注文もなく、作品の売却も思うにまかせなかった。帰途、山口県徳山で同行の田島一郎にすすめられて滞在し、画会を開いて若干の経済的な所得を考えたが、画会は成功せず、そのうえ京都、鎌倉時代につづく自己否定的ともみえる陥没のなかで、昭和四年十二月二十日、糖尿病の悪化のため急死している。これは松方さんの意図が裏目にでたような結果となり、恐らく松方さんにとっては大きな衝撃と痛憤となったにちがいない」

三郎の劉生への追慕の思いはつよく、のちに『劉生絵日記』3巻（龍星閣、昭和27－28年）を編集し解説を執筆している。麗子は「父の失ったものの一つは友情であった。父の日記を詳細に読んでみるとそのことの動かしがたい事実であることがわかる」と悲痛の思いを残すが、三郎は終生友情を失うことはなかった。

喪に服する間もなく昭和5（1930）年3月、蠟山政道、松本重治、浦松佐美太郎、市村今朝蔵らとともに東京政治経済研究所設立に参加した。設立は、キナ臭くなってきた満州問題がキッカケだった。

「この太平洋会議の結果、蠟山さんと松方君、浦松（佐美太郎）君、それに嘉治隆一さんや市村今朝蔵君、山中篤太郎君、荘原達君などと語らい合って、何か、研究と発表を通じて国内の啓蒙をやらなければ、満州問題はいよいよ戦争になる可能性があり、何とか回避したいということで、東京政治経済研究所を虎の門の不二屋ビルに設立した」(『上海時代』)

不二屋ビルは現在の地下鉄銀座線虎ノ門駅のすぐわきにあった。研究所の資金は松本重治と三郎の兄岩本義行が負担した。

長谷川如是閑が主宰する雑誌「我等」がこの年の5月、「批判」と改題された。如是閑は吉野作造、大山郁夫とともに、大正デモクラシーを代表するジャーナリストだった。

大正7(1918)年8月、米の値上がりに苦しむ富山県の主婦200人が米を県外に出さないで「安く売れ」と米屋に押しかけた。米騒動である。騒ぎはまたたくまに広がり9月中旬には1道3府32県におよんだ。ときの寺内内閣は、米騒動に関する記事差し止めを命令した。

露骨な報道弾圧だった。報道各社はいっせいに立ち上がる。8月25日「関西新聞社通信社大会」を開き「内閣弾劾」を決議した。大会を報じた大阪朝日新聞の記事のなかに「白虹日を貫けり」の文言があった。日は天子を、白虹は凶器を暗示し、内乱が起こる兆候を指す故事成語だ。弾圧の機会をねらっていた寺内内閣は、この一句が君主にたいする乱を意味して社会不安をあおるとして即日発禁処分にし、新聞紙法違反に問い、同年12月、記者らが有罪となり、編集幹部が退社に追い込まれた。

「白虹事件」である。

社会部長だった如是閑は朝日新聞社を去り、政教社から雑誌でもやらないかと言われ大正8年2

月、大山郁夫や櫛田民蔵らと雑誌「我等」を創刊した。
「河上肇が同情してくれてね、自分も同人になるといってね……」（「別冊新聞研究」第1号）
如是閑は大阪を引き揚げ、東京・東中野にすまいを定めた。その家の路地に貸し家があり、佐野学が借りていた。佐野は当時、満鉄東亜経済調査局につとめていたが、まもなく早稲田大商学部の講師となり転居し、空いた家に河上肇の直弟子であり、また批判者でもあった櫛田民蔵が住み編集作業をする。途中から東京帝大新人会の若い連中が手伝いにきた。蠟山政道、金子鋭、福岡誠一といった顔ぶれで、殿木圭一は新人会ではなかったが、仲間に入る。

殿木は当時は帝大新聞の編集員、原稿執筆を頼みに行き、如是閑の知己を得た。いらい「私が如是閑のお宅の門をくぐった回数は何百回にも上る」というほど傾倒する。「我等」の編集会議はすこぶる型破り、如是閑が方針を述べ、それについて意見を交わすといったものではなく、それぞれがみな勝手なことを言う。「話があらぬ方に行って、雑誌など忘却のかなたに崩《ママ》り去られるようなこともあった。（略）これをしも《ママ》会議というなら、こんな面白い会議はなかった」と殿木は振り返っている。

昭和5年5月、如是閑と大山郁夫の意見対立から大山は去り「我等」は「批判」と改題された。
「ところがそのうち、私自身原稿を頼まれることが多くなってね。――私もそれで生活をしないと『我等』じゃ原稿料は出ないからね――そこで『我等』に原稿を書く暇がなくなってしまった。あべこべになってしまったわけだ。また大山（郁夫）君や河上（肇）君も実行運動にはいってしまったので『我等』には書けない。結局僕一人ではやりきれないのでやめることにした」（同書）

前年の昭和4年、大山郁夫は労農党の委員長となった。このとき大山は「きみも過去を清算し実践運動に乗り出したらどうか」と如是閑に言った。「そうはゆかない」と如是閑は答える。論壇で戦うべきか、それとも実践で戦うべきか、という意見の対立だった。

如是閑に心酔していた三郎は「批判」の編集に加わり、後藤信夫の名で数多くの評論を執筆した。松本重治の執筆ぶりもめざましく、のちに同盟通信外信部長となった福岡誠一はしばしば中国問題を論評していたし、朝日新聞論説主幹となる笠信太郎も論文をよせている。殿木圭一が松方三郎と知りあったのは、このころだった。毎月如是閑の東中野の家で開かれる編集会議では、福岡誠一とも、よく顔を合わせたという。

「批判」（第2巻第9号　昭和6年10月1日）をみると「日本の二枚舌」と題し如是閑が巻頭言を書き、荘原達が春木昌夫のペンネームで「選挙闘争と無産政党」を、福岡誠一は深尾嘉一の筆名で「満州事変と今後の展開」、嘉治隆一は「株屋に倒された労働内閣」、笠信太郎が「嵐の中のイギリス金本位――金本位停止とマクミラン委員会」を、松方三郎は「満洲事変と無産政党」（筆者注・「洲」が常用漢字でないため、一般的に「満州国」の表記が使われるが、以下、引用文献の「満洲」は原文の表記通りとした）を執筆している。

「長谷川さんは明治八年深川の生まれ、生粋（きっすい）の江戸っ子である。ジャーナリストとしての振り出しは明治三十五年『日本新聞』であった。それから『日本及日本人』『朝日新聞』と変わり、大正七年の筆禍事件で『朝日』を去ってから『我等』を創刊、ここで月給生活とは縁が切れた。しかしジャーナリストとしての生活はさらに続いた。勘定してみると前後六十年におよぶ。そして今日なお続いているのだ」（『如是閑翁』）

如是閑は「おきな」と呼ばれていた。

「私たち大正中期から後に長谷川さんの周囲に集まった者の間ではもちろん初めから『おきな』で通っていた。それでもそのころの長谷川さんは、考えてみるとまだ四十代のぱりぱりだったわけだ」と三郎はしるしている。

如是閑は日本山岳会の会員でもあった。「批判」の同人仲間でしばしば旅行し、松方三郎は一文をのこす。

「……如是閑、砕花両大人を擁して、古い仲間を語らって同じ鬼怒沼から尾瀬へ尾根がけしたのも、今にして思えば楽しい旅だった。そのころは八丁ノ湯にはもうささやかながら宿屋がたち、鬼怒沼への登りも道が出来て隔世の観があったが、登りはやはり登りで、ことに西沢から八丁へゆくのに、何とも算盤に合わない滅茶苦茶な峠を二つも越さなければならないことは昔とかわらなかった。まんまと謀略にかけられたといって、湯沢の噴泉塔の側にねころんでしまったのは仲間のSだったが、怒って見ても、先にゆくにも後に帰るにも、また少くとも一つはその峠をこさなければならないので、とうとう彼も尾瀬まで歩かされてしまった。もっともそれ以来山にさそっても警戒して乗ってこない。

それから勘定して十五年あまりになる。不思議なことにはそのSも、当時一行の宰領格だったKも、そして私も、いつの間にかそれぞれに新聞の社会にまぎれ込んで今日におよんでいる。やっぱりわれわれにはやぶくぐりが性に合っているのかも知れない」（『遠き近き』）

Kは嘉治隆一、Sは嘉治の弟、真三で、のちに東京大学社会科学研究所教授をつとめた。

富田砕花は岩手県盛岡市の出身、石川啄木の影響をうけ、与謝野鉄幹ら主宰の新詩社に参加し「明星」に短歌を発表した。のちに社会主義に傾斜し、民衆詩派の詩人と目された。

社会思想社が創立以来の宿案として取り組んだ日本最初の『社会科学大辞典』が改造社から発行されたのは昭和5（1930）年5月15日、1100頁の大冊だった。編集委員は嘉治隆一、蠟山政道、松方三郎、波多野鼎、石濱知行、林要ら11人。

執筆陣には高野岩三郎、美濃部達吉、長谷川万次郎（如是閑）、高木八尺、吉野作造、大内兵衛、堺利彦、末広厳太郎、横田喜三郎、福岡誠一、谷川徹三、大森義太郎、河合栄治郎、櫛田民蔵、向坂逸郎、高柳賢三、宮沢俊義、三輪寿壮、矢内原忠雄、山川菊枝、山川均、笠信太郎、我妻栄、石原純など、当代一流の顔ぶれがならぶ。

全項目およそ2500、このうち松方三郎は「アダム・スミス」「エンゲルス」「デンマーク社会運動史」など最多の139項目を執筆し、松本重治は45項目、嘉治隆一は74項目を担当した。「類書のなかでは群を抜く詳細さで、社会思想社とその周辺の知的水準の高さを示すものとなった」（法政大学大原社会問題研究所兼任研究員　梅田俊英）と評されている。

満鉄東亜経済調査局につとめるかたわら改造社の『マルクス・エンゲルス全集』の編集・執筆に携わる、いそがしい日々であったが、日本山岳会の再建という大仕事にも乗り出した。

イギリスの登山文化を象徴するアルパイン・クラブ（英山岳会）を目にしてきた松方三郎にとって当時の日本山岳会の現状は体をなしていなかった。機関誌「山岳」は出ている。しかし、会員がつどうクラブルームもなければ、図書室もない。運営の責任者もはっきりしていないありさまだった。松方三郎はアルパイン・クラブを範にした日本山岳会をつくろうと考え、浦松佐美太郎らと協力し再建に手をつける。

虎ノ門交差点のすぐわきの不二屋ビルの一室を借り、昭和4年11月、図書室を開設した。最初は3坪、6畳ほどの出立だった。その後、二室になり、「山岳」の編集部や事務所が移り、ささやかだが、クラブの体裁は整った。

「会は創立二十三年にして、はじめて会の部屋を会員のために持ったのだから、これは会の歴史の上で特筆大書すべき事実なのである」（『日本山岳会のこと』）

「山日記」の発行も忘れられない業績だった。

昭和の初めごろ、登山人口はまだまだ少なかった。それでも山での遭難や山が荒らされるのが世間で問題となっていた。なんとかしなくては、と梓書房の岡茂雄は対策を考え、結局は山の知識の足りなさが原因のひとつではないかと思った。

「それで山の気象、地質、動物、植物などから入山の心得、装備、地図の読み方、小屋の状態など、あらゆる要目を盛った権威あるハンドブックを作って、山行者が常に携えるようにしたらどうだろう」と大阪朝日新聞につとめていた藤木九三に話したところ「そういうことは松方（三郎）さんに相談するのがよい」という返事をもらった。藤木は神戸で結成された第一次RCC（ロック・クライミング・クラブ）の中心会員だった。さっそく松方三郎に相談すると「そりゃいい、皆と話してみよう」ということで刊行の企画が具体化した。

書名について松方三郎から「皆と話したんだが、『山日記』として日記欄も作った方がよくはないか」といわれ、なるほどそれなら否応なく毎日ひらくことになるから、日記の発案趣旨からいっても、願ってもないことと岡は即座に同意した。

こうした、さまざまな努力を日本山岳会理事であり、日本山書の会代表幹事の水野勉は高く評価した。

「松方はロンドンにおいてアルパイン・クラブの伝統を学んだ。それは単に登山の技術を学んだのではない。登山を文化として学んだのである。イギリスの文化的雰囲気の中で、アルパイン・クラブやジォグラフィカル・ソサイティやブリティッシュ・ミューゼァムを通じて、ヨーロッパ文化の一部として、登山を把えたのである」(『アルプス記』解説)

昭和5年5月、山岳専門誌「山と溪谷」が川崎吉蔵によって創刊された。

川崎は黒田正夫の紹介状をもらい、執筆依頼のため松方三郎を訪れた。当時31歳、日本山岳会の幹事であり図書の係りを担当していた。川崎は早稲田大学を卒業したばかり、22歳の編集発行人だった。黒田は三郎と学習院初等科時代からのつきあいだった。

「さすが名門の出身だけあって、初対面の挨拶を述べた時、ピーンと反り身になって見下ろされ、駆け出しの自分はドギマギした」(覆刻選集『山と溪谷』)

第2号(昭和5年7月1日発行)に「フエーンもよい。」と題し、一文を寄せた。

松方は、昭和6年4月、佐藤星野と結婚、三田台町2ノ14に転居、そのあと品川区北品川6ノ351、通称御殿山に新築し引っ越した。

新婚早々、三田台の新居に槇有恒や藤島敏男、それに山のなかま四、五人を招待した。門はあっても小さな家、往来から入ると、いきなり玄関がある。戸をガラッとあけたら割烹着を着用した松方三郎が出てきた。「お料理を一生懸命自分でやってるところだ」と言う。

「三郎が大変立派なご馳走をつくってくれた。大きな皿に盛ってそれを真ん中に出して、みんな呑んべだから、お酒もあった。自分で買って来たらしい。（略）それにしても新婚早々、ダンナが割ぽう着を着ているようじゃ、カミさんも、たまらないね（笑）」

と『松方三郎』の巻末の座談会で藤島敏男が回想した。

藤島は明治29（1896）年生まれ、日本銀行につとめる。大正8（1919）年日本山岳会に入り、『山に忘れたパイプ』などの著書があり、エッセイストとして知られた。長男の泰輔は作家、今上天皇や学友たちをモデルにした『孤独の人』で世に出た。

福岡誠一も「そこへ僕と嘉治君とオキナ（長谷川如是閑）の三人が呼ばれてご馳走になった。非常に質素なご馳走だったが、それが披露の代わりというわけだった」と書いている。

社会思想社は昭和7（1932）年解散した。嘉治隆一も松方三郎も終刊まで筆を執った。

解散したとはいえ社会思想社は我等社、プロレタリア科学研究所、大原社会問題研究所などの研究者たちとともに急速にファシズム化をすすめる国家にたいして批判的な、大きな知的共同体の形成に向かって歩をすすめるのであった、と大原社会問題研究所兼任研究員の梅田俊英は評している。

「満洲論感想」

昭和6(1931)年9月18日、満州事変が勃発した。

中国東北三省(満州)を中国から切りはなし、満州国を建国し王道楽土のユメをえがき植民地化をもくろむ関東軍は奉天郊外の柳条湖で南満州鉄道の線路を爆破、中国軍のしわざだとしてただちに軍を動かし奉天を占領した。

関東軍参謀の石原莞爾らによって周到に準備された作戦であり、蔣介石の国民党軍や張作霖の東北軍が手薄になった時期を見計らい一気に満州を占領しようとする軍事作戦だった。

ときの若槻礼次郎内閣は事件の不拡大、現地解決の方針を打ち出したが、中国はただちに国際連盟に提訴した。連盟の動きもはやい。事件4日後の22日には緊急理事会をひらき、事変拡大防止のため日華紛争解決勧告案を決議し、10月24日には日本への期限付き撤兵勧告案を13対1で可決した。だが陸軍はどこ吹く風のありさま。12月1日、他国の干渉絶対拒否を声明する。

理事会は同月10日、調査団を派遣することを決定、イギリスのリットン卿を団長とする委員会(リットン委員会)の設置をきめた。内外のあわただしい動きに東京政治経済研究所の松本重治らの危機感はつのる。

「われわれの悲願などを完全に無視しつつ、関東軍は、翌一九三一年の九月十八日には満州事変を惹き起こした。そして、国際連盟はリットン・コミッションを満州の現地に送ってきた。そこで、研究所は、リットン卿らの報告が出る前に、日本側の公正な解決案を研究して、発表した」（『上海時代』）

「満州問題解決案」は満州国を独立国家として日本が正式承認することには反対するとともに、満州の宗主権を中国にみとめながら、満州を高度の自治国家とすることを提案したものだった。英連邦のカナダのような位置づけで、日中双方の顔を立てる現実的な折衷案であったにしても満州国肯定論だった。

いっぽう少数ながら満州国を否定する論客も批判の声をあげる。

東京帝大法学部教授・横田喜三郎は国際法の観点から自衛権の範囲をいちじるしく逸脱していると声をあげ、満州事変を「中国側が仕掛けたものであり、自衛権の行使である」とする政府の主張に、いちはやく疑問を呈した。「関東軍の謀略ではないのか」と事変の真相を見破っており、10月5日付『帝国大学新聞』に「満洲事変と国際連盟　寧ろ当然の干渉」という論文を発表した。

「僅数メートル鉄道が破壊されたと伝えられる事件をきっかけとして、ほとんど南満州の要地が日本の軍隊によって占領され、さらに軍部の独断で、朝鮮から国境を越えて出兵するというまでに事件が拡大した。（略）。

軍部は、最初から、全く自衛のため止むを得ない行為であると主張した。しかし、厳正に公平に見て果して軍部一切の行動が自衛権として説明され得るであろうか。（略）鉄道の破壊に基づく衝突から、僅に六時間内外のうちに、四百キロも北方の寛城子を占領し、二百キロも南の営口を占領したことまで、はたして自衛の止むを得ない行為であったといいうるであろうか」

自衛権のいちじるしい逸脱であり、国際連盟が解決に乗り出すことに賛成した。

これにたいし右翼団体や右翼新聞「日本」は激しい非難、攻撃をあびせかける。

「国内における紛争は一切水に流して、挙国一致を以て此の空前の大困難に当らねばならぬのであるにも拘わらず、国立帝大教授ともあろう公人が浅薄なる根拠と、明らかに不達の意図に立ってわが皇軍の行動へ奇怪なる云為を及ぼす事は許し難い反逆の大罪である」

新聞の論調も軍部支持に終始した。

東京日日新聞（毎日新聞の前身）の社説はつぎの通り、まさに軍部のスポークスマンだった。

9月20日　「満洲に交戦状態―日本は正当防衛」と題し、二段組みの社説を組む。

関東軍の行為を「迅速なる措置に対し、満腔の謝意を表し、（略）出先き軍隊の応酬を以てむしろ支那のためにも大なる教訓であろうと信ずる」と関東軍の肩をもつ。

23日　「満洲事変の本質――誤れる支那の抗議」

10月1日　「強硬あるのみ――対支折衝の基調」

13日　「第三者の容喙に惑うなかれ――正義の立場」

国際連盟の理事会開催について「第三者の干渉」と難じて「日本はいささかも領土的野心を持ってはいない。日本国民は断じて正義に拠り、自主的精神をもって誤まれる国外の容喙に惑わされてはならない。我が国民は実に国家生命線の確保か否かの危機にいま直面しているのである」と主張した。

23日「撤兵は容易に出来ない」

見出しを見ただけでも、満州事変に対する東京日日新聞の姿勢がうかがえよう。関東軍の代弁者にすぎず、社内では「毎日新聞後援・関東軍主催・満州事変」と自嘲する声もあったという。

そのいっぽうでは注目すべき記事を掲載している。

9月23日の社説下に「満洲事変、米国への反響」との見出しをかかげ「米国の輿論を代表するのみならず官辺の意向を背景とするもので注目に値する」としてニューヨーク特電を次のように報じた。

「世界列国が各自国の政治的、経済的困難に手足を縛られ呆然自失せる折柄日本軍は歯のないケロッグ不戦条約を蹂躪し支那保全に関するワシントン太平洋九カ国条約を一片の反故にして満州を占領した。日本側は支那兵が最初に発砲したと主張しているがこの主張は米国政府に入った情報と符合しない。（略）軍事行動は自発的に行われたものか、或は支那兵の攻撃に誘発されたものであるかワシントン政府の有能なる観察者はにらむべきところをにらんでいるのだ。記者（シモンズ）の関知するところによると日本軍の行動は事前の慎重なる計画の下に行われたという多くの証拠があるとのことである」

スクリップス・ハワード系新聞社の外報部長フィリップ・シモンズがニューヨーク・ワールド・テレグラム紙に書いた記事を転電したものだが、事変が勃発してから数日たらずにもかかわらず事態を正確にとらえている。しかし「米国記者、例の僻見」と切り捨てた。

朝日新聞は当初、事変反対の論陣を張ったが、はやばや膝を屈した。『朝日新聞血風録』（稲垣武、文藝春秋社）によれば、事変勃発の1カ月後の10月12日、役員会を開き事変支持の方針をきめた。当時の憲兵司令官が参謀次長あてに送った秘密報告書には「大阪朝日新聞社ハ今後ノ方針トシテ軍備ノ縮小ヲ強調ヲスルハ従来ノ如クナルモ国家重大事ニ処シ日本国民トシテ軍部ヲ支持シ国論ノ統一ヲ図ルハ当然の事ニシテ現在ノ軍部及軍事行動ニ対シテハ絶対批難批判ヲ下サズ極力之ヲ支持スベキコトヲ決定……」とあるという。

「朝日新聞が社論や報道姿勢を転換せざるを得なくなった要因は、内務省警保局の検閲というより、在郷軍人会を中心に展開された不買運動であった」と稲垣は書いている。

挙国一致の世論のあらしのなかで、反対意見を表明するのは勇気のいることだったにちがいない。横田教授のほか批判論をのべたのは、吉野作造や石橋湛山など、ごく少数だった。

当時は、1929年のニューヨーク・ウォール街の株式大暴落に端を発した世界恐慌のまっただなか、日本の絹や綿製品の輸出は激減し、物価はあがり、不景気のどん底だった。そうした中にあって満州の広大な土地や資源は、日本にとっては魅力的なユメであったろう。軍部は「満州にゆけば、諸君らは5町歩の地主になれる」と宣伝した。

「僕も行くから　君も行け　狭い日本にゃ　住み飽いた　海の彼方にゃ　支那がある　支那にゃ四億の民が待つ」と王道楽土のユメをもとめ最終的には百数十万人の人びとが満州にわたった。

のちに外相となった南満州鉄道副総裁、松岡洋右は太平洋会議で「満蒙は日本の生命線である」

と声を大にした。「生命線」という言葉は、満州と蒙古は日本にとって、生きるためには、かけがえのない土地なんだな、と思わせた。

「満洲事変勃発後に、さまざまなメディアによる報道が、国民の熱狂的な支持を創り出していったことは、よく知られている。新聞の報道合戦に始まり、ラジオ、おびただしい出版物、レコード（軍国歌謡）、映画などの媒体を通じて、国民は事変を同時代の歴史的出来事として体験したのである。

このような国民的熱狂に方向性を与える上で、キーワードとして最も効果的に機能したスローガンが『生命線』であった」（有馬学『帝国の昭和』）

狂騒ともいえる、時代のながれを吉野作造は「渇しても盗泉の水を飲むなかれ」の句をひき、いくら不景気とはいえ他人の土地を奪っていいものか、と満州事変を自衛の域をこえた帝国主義と批判した。

東洋経済主筆の石橋湛山は「近来の世相はただならず」と軍部の暴走を批判し、満蒙放棄論をとなえ、また節操もなくただ軍部にシッポをふるばかりの新聞、学者、ジャーナリストの姿勢を糾弾した。

横田喜三郎の論文にたいして、東京帝大法学部教授の神川彦松（国際政治学）は10月26日付帝国大学新聞に「満洲問題は何處へ行く　委任統治制の採用」と題し横田論文に反駁する論文を寄せた。

事変をただ単に法律的形式的観察でとらえるだけでは、なんら解決策には結びつかないと横田論文をやんわり批判し、満州をめぐる歴史、政治、経済、文化、民族などの多くの面から考察しなければ、ことは解決しないと主張した。

歴史や地理的な面をみれば満州に権力を確立すべき地位にあるのが第一にロシアであることを、だれもが認めざるをえない、と説いた。日露戦争によってロシアの南下をはばみ朝鮮を併合し、南満州に勢力を築いた日本は、その大陸政策をつづけるかぎり他の勢力を排斥し自己の勢力を確立するのは必然の勢いであって、満州に進出すべき第二の勢力は日本であることは当然だと主張する。

しかしロシア対日本という単純な対立の図式ではなく、米国が投資、市場価値があるとみて、この地に進出を試み、こうして満州は日本、ロシア、米国の権力闘争の舞台となった。さらに民族的な面から見ると満州人、中国人、朝鮮人、ロシア人、日本人の生存競争の場面であり、経済面から見れば、日ロ、中国の利害がぶつかりあう闘争地域だとする。

各国の利害が衝突し、民族が生存競争を繰り広げるこの地を統治する力がもはや中国にない以上、別の方策を考えなければならない。それには神川教授がかねてから主張する国際主義的解決の「委任統治」こそが名案だという。統治の責任国は日本であることは、もちろんである、と日本による委任統治を主張した。

松方三郎も批判の筆をとる。当時32歳、少壮・気鋭の論客だった。後藤信夫の名で11月9日付けの帝国大学新聞に「満洲論感想　横田神川両教授の論調」と題し、評論を執筆した。

「『事変』突発と同時に新聞といふ新聞が『挙国一致』進軍らっぱに歩調を合せたといふことは、いづれにしても近頃殊更に眼覚ましき光景であった。資本主義社会においては新聞は一つの立派な営利事業であり、それの読者範囲の拡大のためには如何なる手段をも選ばないといふことは当然のことであるが『挙国一致』を振りかざして第二師団の営区はいふまでもなく、この際とばかりに田舎から田舎へとグラフいりの特別号で思ふ存分販路を拡張したなどと聞いては、張学良も飛んでもない功徳を施したものであると感心せざるを得ない。ともあれ新聞といふ新聞がこうやって『ヒズ・マスタース・ヴォイス』の中継放送をやっている時節に、満洲事変そのものに対する批判らしきものが全くその紙面の上に頭を現すことの出来ないといふことは已むを得ない事柄であろうが、日頃は一かどの自由主義を振まはした新聞が、今日のように一たまりもなく雪崩にさらわれてしまふといふ事実は——当然とはいひながら——注目すべき事柄でなければならないであろう」

満洲論感想
横田神川両教授の論調
後藤信夫

帝国大学新聞（1931年11月9日付）所載の松方三郎（後藤信夫）の評論

軍部や政府にシッポをふり、その走狗となって、戦争を部数拡大の道具とみなした、なさけない新聞を皮肉たっぷりに批判しながら評論ははじまる。伏字を補った。

ついで「横田教授の議論は日本軍の行動が××（自衛）の範囲を出でたるものであるといふ所に根底を据えて打ちたてるといふ所に弱みがありその故に反駁を招致したものと考えられる。（略）。

かかる国際的紛争を法律的にのみ解釈しやうといふ時、何にしてもその重点が××（自衛）か然らざるかといふやうな現象だけの解釈にとらわれ易いことは争へられない結果であると思われる。しかしこの事は問題を一層混乱に導く可能性をこそ存するが、これを明快に処理する上には寄与する事は少ないと考へられる」

横田教授の所論が「自衛権」だけに立脚するのは、論旨としては弱く、だからこそ批判を招くのであって、ほかの要件を考えにいれなければと主張し、国際連盟が調査に乗り出すことに賛成する教授の所論に「筆者は結論を共にする」と書いている。

いっぽう神川教授の委任統治論に対しては「羊の皮をかぶった帝国主義」ときびしく論難した。新聞の変節を皮肉り、自衛権のいちじるしい逸脱と主張する横田教授を支持し、神川教授の所論を羊の皮をかぶった帝国主義と断じる評論を執筆するのは、たとえペンネームであったにしろ勇気のいることだった、にちがいない。松方三郎は如是閑の皮肉たっぷりな文章に心酔していたという。「筆つきも如是閑のようになったのかと思う」と嘉治はしるしている。

この論戦の仕掛け人は、帝大新聞の編集長、殿木圭一だった。

「別冊新聞研究」（第31号）につぎのような問答がのっている。質問者は東大新聞研究所所長の内川芳美。

――そういえば、満州事変に対する国際連盟の干渉をめぐって横田喜三郎先生が、国際連盟を支持するような論文をお書きになったり……（略）

（殿木）あなたは、「大学新聞」を一方的とお思いになるかもしれないけども、ちゃんと神川彦松も取っているんですよ。神川彦松、横田喜三郎……。

素人は、これ両方バランスにかけて考えるだろうからというんで、もう一つ行司役を取って松方三郎に書かしているんだ。

殿木が松方三郎と知りあったのは昭和4（1929）年のことだった。「松方さんが独身で本郷元町の文化アパートに住んでいるころに知己を得、長谷川如是閑翁を中心とするグループで親交を深め、その後共に長い通信社生活を送った」と書いている。

殿木は生まれも育ちも日本橋、家は小舟町1丁目2番地。江戸時代から3代つづいた砂糖問屋だった。

明治42（1909）年7月28日の生まれ、昭和4年、東京帝大経済学部に入学、すぐさま帝大新聞の部員となり、大学院時代は2年間、編集長をつとめた根っからの新聞人、東京高等学校時代に「東高時報」を創刊し、大学に入ってからは、もっぱら新聞の編集に熱中した。「この東大時代、殿木さんは東大に入学したのか、大学新聞に入社したのかわからないほど大学新聞の編集に身も心も入れあげたらしい」といわれた。

のちに週刊朝日の名編集長とうたわれた扇谷正造が帝大新聞編集部に入ったのは昭和7年のことだった。

「……私は東大文学部一年生であった。食堂でみた編集部員募集が縁で私は大学新聞の同人となった。編集長はその年、経済学部を出た殿木圭一氏（元東大新聞研究所長）であった。五月初めのある日、殿木さんは、それが癖の、右手で小ビンの毛をいじりながら『扇谷、これ読んでみないか、新聞のことを体系的に書いてある。いい本だよ』といって一冊の布製本をわたしてくれた」（『現代ビジネス金言集』　PHP研究所）

杉村楚人冠の『最近新聞紙学』（大正4〈1915〉年刊）だった。表紙はボロボロ、歴代のトロッコ（新聞キシャの卵）たちに読み継ぎされてきたにちがいなかった。だが読みすすむうちに、私はグングンひきこまれた、と扇谷は述懐している。

翌8年には、雑誌「暮しの手帖」の編集長をつとめる花森安治、作家となる田宮虎彦、朝日新聞に入る泉毅一、岡倉天心の孫、岡倉古志郎らが入ってきた。

松方三郎が「満洲論感想」に「思う存分販路を拡張した」と書いたように新聞の発行部数は戦争を契機に飛躍的にのびた。

満州事変がはじまる昭和6年には朝日143万5000部、毎日243万2000部、読売57万7000部だったのが日中戦争開始時の昭和12年に朝日224万4000部、毎日347万4000部、読売88万5000部とのばす。

松方三郎は帝国大学新聞だけではなく、「批判」にも「満洲事変と無産政党」（第2巻9号　昭和6年10月1日）と題し「ブルジョア新聞が根こそぎ愛国主義者の笛に踊り狂って了ふ『国家危急』の際にこそ、無産政党の態度は、急速に、明瞭に、発表せられなければならない。之は無産政党がその存在を強く主張しうる絶好の機会でもある筈である」と無産政党の動きの鈍さを論難した。

満州事変に対し国際世論も沸騰した。

第一次世界大戦は史上かつてないほどの惨禍を英仏を中心とする連合国とドイツを盟主とする同盟国にもたらした。軍人と民間人あわせ犠牲者は3600万人といわれる。莫大な戦費のため財政負担は巨額になり国民経済は疲れはてる。現代の戦争は戦場で軍人同士が鉄砲を撃ちあうだけではない。国民経済あげての総力戦となり、その後遺症は計り知れないものになる。そうした反省から戦争は政治の延長といった主権国家の権利とみなす戦争観は、戦争は違法とする認識に変わってきた。戦争観をめぐるパラダイム・シフトだった。それをはじめて端的に示したのが国際連盟規約であろう。

大正8（1919）年6月28日、第一次世界大戦の戦後処理の柱となったヴェルサイユ条約が締結され国際連盟規約が講和会議総会で調印された。

前文で「締約国は戦争に訴えないという義務を受けいれ（略）この国際連盟規約を協定する」と宣言し、第16条（制裁）で「戦争に訴えた連盟加盟国は、当然他のすべての連盟加盟国に対して戦争行為を行ったものとみなされる。他のすべての連盟加盟国は、その国とのいっさいの通商上または金融上の関係の断絶、自国民とその違約国国民との間のいっさいの交通の禁止をただちに行う」と集団安全保障を規定した。

さらに大正11年2月のワシントン会議では「中国の主権尊重・領土保全の原則を各国が承認する」という「中国に関する9カ国条約」がむすばれ、昭和3年8月には「国際紛争解決のため、および国策遂行の手段としての戦争を放棄すること」を誓うブリアン＝ケロッグ不戦条約が調印され、日本も批准し、戦争禁止の実定法化の枠組みはでき上がった。

日本は国際連盟の創立に最初から参加し、イギリス、フランス、イタリアとともに常任理事国をつとめ、新渡戸稲造が1920（大正9）年から26年まで、国際連盟事務局次長の要職にあった。その日本が満州を植民地とする野望をむきだしにし武力に訴えたのだから国際連盟をはじめ、各国がいっせいに批判、非難をしたのは当然だった。

若槻礼次郎首相は「わが兵のとった態度は正当防衛の手段に外ならなかったと私は思っている」と言うばかりで適切な対応を打ち出せない。理不尽な行為を正当化する論理はあるはずはなく、あくまで「自衛のため」と強弁するしかなかった。

不戦条約締結のさい、米国は「自衛権の制限を意味してはいない」との付帯条件をつけた。これを援用したわけだが、逃げ口上にすぎなかった。各国が納得するはずはない。内閣は適切な対応策を打ち出せず右往左往するばかり。軍部は好機到来とみて満州問題を一気に解決するために挙国一致超然内閣を樹立せよと宣伝し海軍大将山本権兵衛や陸軍の長老で元帥の上原勇作などを首相候補にあげ、倒閣運動をはじめる。与党も野党もともに協力し、軍の意のままになる内閣を組織し、ことに当たろうというわけだった。

その内幕を暴露したのが仙台に本拠をかまえる河北新報だった。

『河北新報の七十年』によると「河北ではこの混濁きわまる奇怪な政界の裏舞台を暴露し、国民の公正な世論を起こすため」6年10月14、15日の紙面で「挙国一致内閣の正体」と題し前後2回、匿名の企画記事を掲載した。

前編で「秋風を立てられたこのごろの若槻内閣」と題し、

「陸軍を制止し切れない首相の無能ぶりが外国の新聞あたりから笑われはじめた。政府もだらしないが、野党の政友会も無力、無能というかまるで仮死状態だ。そうしたところに挙国一致内閣説が出てきた。この挙国一致内閣の実体は軍閥が中心となって、これに政党が参加せよというのだ。事変以来軍閥は気をよくしている。見給え、三宅坂（陸軍のこと）が日本の国家を代表しているではないかないか。名は政党内閣でも実質は軍閥内閣である」と軍部の画策を非難した。

後編の「百鬼昼行の顔ぶれ、無力優柔不断の野党」では「後任首相を夢見る山本、上原、伊東、平沼いずれを見ても時代錯誤の骨とう品だ。こんなサル芝居内閣ならむしろバラックでも政党内閣の方がはるかにましだ」と容赦しない。

権力を恐れずジャーナリズムの気概を内外に示した、歯切れのよい論調だった。

軍部は激怒した。仙台連隊司令官が県特高課員、憲兵をつれ河北新報本社にのりこみ社長の一力次郎を取りかこみ「軍を誹謗するものだ。筆者を明らかにせよ」と迫り、「河北新報」の不買運動を行う、と脅しをかけた。

一力次郎は河北新報創業者である父健治郎の死によって昭和4年、社長の座に就いたばかり、38歳の若い社長であり、編集局長は実弟の五郎だった。

不買運動は新聞社にとっては泣きどころだ。この脅し文句には弱い。だが、権力におもねるブザマなまねは決して見せなかった。編集局長の五郎は「記事の責任はすべて私にある」と要求をはねのける。一瞬、その場に殺気が流れた。だが冷静、的確な対応に一行はなすすべなく引き揚げたという。このあと南陸軍大臣あてに確認書を提出した。

「社屋は貧弱だが、言論機関の城郭である。もし外部から暴力あらば四百人の社員一丸となって言論の自由を死守する。しかも、大元帥陛下の御命令とあれば、いつ砲撃されても苦しからず」と。

「そういうことありましたね。なんかぼくは憲兵隊によばれて、いろんなことを言われたことがある」と一力は語っている（「別冊新聞研究　第7号」）。

記事は「東京支局・A記者」と匿名だったが『河北新報の七十年』で一力次郎は「これは例の四社聯盟（日本新聞聯盟）の原稿なんですよ。A記者というのは荒木武行なんだけど……」と筆者の名を明らかにした。

四社聯盟は北海タイムス、河北新報、新愛知、福岡日日の4紙が手をたずさえ、一つの広告を4社で載せたり、小説・物語を共同で掲載する、いわば通信社兼広告代理店といった趣の組織だった。荒木は福島県出身、福島民友新聞の記者をつとめ上京し中央各紙で政治記者として活躍し4社聯盟に入った。

一力次郎は河北新報社創業者である一力健治郎の次男。大正8（1919）年、京都帝大法学部を卒業しているから松方三郎の先輩でもあった。コロンビア大学、オックスフォード大学に留学し法律学、新聞学を専攻。帰国後、東京で弁護士を開業する。大正13年、河北新報社入社。副社長として、父を補佐した。

なんら手を打つことなく若槻内閣は昭和6（1931）年12月11日、総辞職し、憲政の神様といわれた政友会総裁の犬養毅が後を引きつぐ。犬養内閣の政治課題は当然のことながら満州問題だった。孫文の辛亥革命を支持し、中国に知己をもつ犬養首相の登場は平和裏にことを解決しようという政治意志の表れだったろう。翌7年2月の衆院総選挙で政友会は301議席を獲得し、147議席の民政党を圧倒した。首相の姿勢は、満州国の形式的領有権は中国にあることをみとめつつながら、実際は満州国を日本の経済的支配下に置くというものだった。

しかし関東軍は既成事実づくりを急ぐ。

同年3月1日、満州国建国宣言が出され、ラスト・エンペラーといわれた清朝最後の皇帝、溥儀が執政に就任した。元号は大同、首都を新京とさだめる。リットン調査団が東京入りしたのは2月29日、その翌日に建国宣言を発し、鉄道爆破からわずか半年で関東軍が思いのままあやつるカイライ国家が誕生した。

犬養首相は満州国の承認を迫る軍部の要求を拒否し、中国国民党との間の独自のパイプを使って外交交渉で解決しようとしていた。

「中国国民党の要人にも知人が多い。したがって満州事変の収拾についても、犬養にはある程度の成算があったものと思われる」(『帝国の昭和』)

こうした政府の意向は無視され、関東軍の軍事行動は拡大するいっぽうだった。同年1月3日には張学良の東北軍の拠点である錦州に進撃しこれを占領、さらに万里の長城の起点となる要衝・山海関に手をのばし、中国本土をうかがう。満州事変に対しては慎重な態度をみせていた米国も黙ってはいない。同月7日満州の新事態不承認を日中両国に通達した。国際連盟に参加していなかった米国の外交政策が変わり、イギリスやフランスと手をたずさえる兆しだった。

1月末、上海で日蓮宗僧侶が殺害される事件がきっかけとなり海軍陸戦隊と中国第19路軍との交戦が始まるが、精強を誇る第19路軍を相手に苦戦を強いられ、つぎつぎに増援部隊を派遣した。上海は国際都市、列強の出先機関が並び、各国の利害が錯綜する都市である。ここでの戦闘はイギリスやフランスの権益をおびやかし、国際的な影響は無視できないものがあった。

国内では内外の情勢にいらだった陸海軍将校18人は5月15日夕、首相官邸などを襲撃、満州国をみとめない犬養首相は身に銃弾を受けた。拳銃を構えて官邸に乱入した青年将校に「話せばわかる」と諭すが、銃弾は発射され、同日深夜、ついに死にいたった。

「首相遂に凶手に倒る」と新聞は報じた。五・一五事件である。

5月19日犬養首相の葬儀が行われた。ファシズムを絶えず批判していた俳優のチャップリンは「憂国の大宰相・犬養毅閣下の永眠を謹んで哀悼す」と弔電を寄せた。

リットン調査団は3月から6月まで、現地の柳条湖をはじめとして日本、満州、中国各地で調査にあたり、10月2日に報告書を世界に公表した。報告書は「満州事変は日本の侵略行為であり、自衛のためとはいえない」としながらも満州における日本の権益はみとめ、そこに日本と協力する自治的な政権成立をみとめるというものだった。日本軍に対しては満州から撤退すべきであるが、南満州鉄道沿線については除外された。

日本にとって決して不利な裁定ではなかったが、政府は10月には満州へ武装移民団を送り込んだ。全国132の新聞社は12月19日、「いやしくも満州国の厳然たる存立を危うくするがごとき解決策は、たといいかなる背景においても提起されるを問わず、断じて受諾すべきものにあらざることを日本言論機関の名においてここに明確に声明するものである」と満州国独立支持の共同宣言を発表する。

国際連盟はリットン報告書を受け、日本の侵略行為だとして満州からの撤兵を勧告する決議案が、翌昭和8（1933）年2月24日の国際連盟総会で採択された。反対は日本1国のみ、シャム（のちのタイ）が棄権、他の42カ国がすべて賛成し、日本の国際連盟代表団松岡洋右は「聯盟協力は限界に達せり」と演説し総会会場から引き上げた。日本政府は3月27日に国際連盟脱退を通告、日本は国際的孤立の道をあゆむことになる。

「国通」誕生の神話

満州事変はあたらしい通信社誕生のきっかけとなった。

事変には各国の報道機関が注目し、記者がはせ参じ報道合戦を繰りひろげた。「その各々がそれぞれの臆測や観測をまき散らし、こと〝満州〟に関する報道は収拾すべからざる混乱に陥ってしまった」（今井幸彦『通信社』）という状況だった。頭をかかえた関東軍司令部は打開策に苦慮していた。

新聞聯合通信社奉天支局長の辞令を受けた佐々木健児が新任あいさつのため、関東軍の司令部に顔を出したのは、そのような時だった。

満州国通信社（国通）創立のいきさつを当事者が記録した「国通の神話を語る」（『国通十年史』所載）と題した佐々木の手記を引用する。時代のながれに共鳴する通信社記者の気分がみなぎり、当時の知識人の典型的な姿勢でもあったろう。

「当時として最も憂へられたのは、取りも直さず、事変の真相に対する認識不足による、国際的対日悪空気であった。この国際的認識不足と不諒解が如何程事変の遂行を阻碍したことか、今にして回顧するだに切歯の至りである。

事変の真の姿を正確、敏速に世界に知らせねばならぬ。如何にすればそれが出来るか、といふことは報道、宣伝の当の責任者たる関東軍参謀部第四課（現在の報道部に相当する）に与えられた重大な課題でなければならない」

そんな思いをいだいて、何はともあれ軍に連絡をということで東拓ビルの関東軍司令部に飛び込んだ。

「昭和六年十一月十七日の午後三時であった。私は関東軍司令部の三階の一角をベニヤ板で囲った急拵えの応接室で参謀部第四課長、松井久太郎中佐（現中将）、参謀臼田寛三少佐（予備役大佐）、満鉄派遣社員の里見甫囑託（初代国通主幹）の三氏と対して居た。

対内宣伝は概ね順調だが、残念ながら対外宣伝がうまく行って居ない。事変の真相を正しく世界に知らせる方法はないかと松井中佐からの相談である。私は即座に新聞聯合社の有つ世界通信聯盟の通信網を利用する以外に途なしと信ずるまゝを申述べたところ、よし、それで行こう、早速聯合本社に所要の連絡を取ってくれ、といふことになり、同時にこれに要する経費は概ね月五万円程度とし、軍に於て調弁すること、第四課としての対外宣伝業務は里見囑託の担当とし、里見と佐々木は密接に連絡を保ち業務を遂行すること等も決まった。

万事はあっといふ間の決定である。音に聴く関東軍の神速果敢振りをまざまざと体験して私は異常なる興奮を覚えた。これこそ国通創立の動機の瞬間であり、神話のはじまりの瞬間であったのだ。

私は早速古野総支配人（現同盟通信社長）に暗号電報を以て事の次第を報告した。

古野さんからは軍の意図を万事承知した、聯合は軍の要望なくとも、対外宣伝に最善を尽す責務を有するもので、現にこれを行いつつあるが、今後は一層努力して期待に添う覚悟である、軍に於て費用を負担されるといふ御好意は感激に堪へぬが、目下のところその御心配は無要である、尚軍の意のあるところがはっきりわかったから根本且恒久的対策を考へることとする。概ね右様の趣旨の返電があった。私がこれを松井中佐に報告したのは勿論のことである」

古野総支配人とは古野伊之助。岩永裕吉とともに国際通信から聯合通信、同盟通信という通信社の流れを築いた人物だ。ロイターやAP通信など欧米の通信社が支配する世界に参入し、みずから集めたニュースを発信する通信社を育て上げた。イガ栗頭、チョビ髭をたくわえ、いかにも村夫子《そんぷうし》然とした風貌だったが、新聞通信界の大物の地位を保ちつづけていた。

松方三郎は古野に敬愛の念をいだいていた。

「古野さんはぼくの仕事の上の先生である。日本の通信事業の独立のために生涯を献げたこの熱烈な愛国者は、ぼくなどとは正反対の苦学力行の士であり、どんなことでも人の何倍もできる人であり、そして無欲無私なる点でも無類、全く始末のわるい、おそるべき人物だった」（『わが師』）と評している。

古野は明治24（1891）年11月13日の生まれ、5歳のとき、父を亡くし高等小学校を卒業した年に上京。洋品店の小僧、株屋の店員として働きながら神田の国民英学校へ通った。明治42年からAP通信東京支局で給仕として働き、大正元年に東京支局の正社員として採用されたが翌年に辞め、大正3（1914）年、渋沢栄一が設立した国際通信社に入社した。北京支局、ロンドン支局を歴任し「国際」と東方通信社が合併し、大正12（1923）年日本新聞聯合社が創設されると専務理

古野伊之助

岩永裕吉

事の岩永裕吉を支え、昭和6（1931）年に総支配人となった。

岩永裕吉は名門の出身だった。

長与専斎の4男として明治16年に生まれ、7歳のとき母方の叔父にあたる岩永省一（日本郵船専務）の養子となる。一高をへて京都帝大を卒業し、専斎の部下だった後藤新平の推挙で南満州鉄道に就職、若くして新京駅駅長をつとめた。四頭立ての馬車で通勤していたという。大正6年に鉄道院へ移り後藤新平総裁の秘書官、次いで同院参事・文書課長となる。翌年、寺内内閣が総辞職すると鉄道院を退官して渡米、さらに新渡戸稲造や鶴見祐輔らとヨーロッパを訪問する。

帰国後の大正9年に個人事務所を開き国際交流を目的とした「岩永通信」を発行し、翌年には財界の大立者、渋沢栄一らが設立した国際通信社に迎えられ専務理事となる。

国際通信社は東方通信社と合併し「日本新聞聯合社」となり、岩永はそのまま専務理事をつとめた。

古野の言う「根本的且恒久的対策」を文書化したのが岩永裕吉の意見書「満蒙通信社論」だった。昭和6年12月、関東軍に提出した。

意見書の主旨は、日本が指導的立場に立つ満州国の建国をみとめた上で、政府の統制のもとに強力な国家的通信社を設立し、満蒙に出入りするニュースを一手にあつかい、またそのニュースを統制する、ソ連のタス通信社にならい国立機関とし、その経営は日本人を主体にする、というものだった。岩永のAP通信社を範とした新聞組合主義による通信社の理念とは、かけはなれたものだった。満蒙通信社論は、のちに誕生した同盟通信に先行する、国策通信社のひな形であったろうし、また通信社と戦争が密接に結びついていた、なによりの証左であり、軍部の意向に沿うものであった。

「岩永はこの満州国通信創立に当って、多年の国策通信論を長文の論策として当局に訴えたが、これは若い軍人の間に大好評で直ちに受入れられると共に、外務省の代弁者として冷遇されていた古野達の、軍人に接近する機縁ともなった」(御手洗辰雄『新聞太平記』)

関東軍は意見書をもとに準備をすすめ、翌7年12月1日、新京で国通が発足、里見甫《はじめ》が社長にあたる初代主幹に就任した。創立式典には関東軍の参謀、大使館からは書記官、満州国からは総務庁長らが出席している。

里見は東亜同文書院を卒業し、天津の邦字紙、京津日日新聞の記者、北京の北京新聞主幹などをつとめ、国通発足当時は関東軍司令部第四課の嘱託で、甘粕正彦と共に諜報・宣伝・宣撫活動を担当していた。

東亜同文書院は明治34（1901）年東亜同文会（近衛篤麿会長）が中国で活躍する人材育成のため上海に設立した高等教育機関、佐々木健児も同校の出身者だった。

社員は「電通」と「聯合」の在満職員から転じてきたが、100人にも満たない。機構は総務部、通信部、連絡部、露文部、庶務部と簡素なもの。社屋もなかなか見つからず、市内の太子堂を一時借りうけ、急場をしのぐありさま。仏像を白布で仕切り、その前で里見主幹をはじめ全員がザコ寝をする。仕事場は広土間だ。毎朝、あかつきの真っ暗いうちから白布一枚へだてただけの仏壇の前でお坊さんたちが唱和する読経の声が聞こえてくる、創業神話を地で行く風景だった。

だが、里見の時局をみる目は確かなものがあった。

当時、満州を含めた中国大陸は世界通信連盟の中心的有力社だったロイターの活動領域だった。ロイターとの通信契約がなければ通信社の機能は発揮しえない。国を代表する通信社をめざすからにはロイターとの通信提携契約が、なんとしても欲しい、と里見は考えた。

「里見君は、『国通』の最高責任者として、ロイテル（筆者注・ロイター）が諸外国の通信社をリードしながら永年かかってつくりあげた『世界通信網』に、『国通』が何とかして参加することによって、世界のニューズを集めると同時に、『国通』とロイテルを通じて、満州国を世界に知らしめようと考えたのである」（『上海時代』）

昭和8（1933）年5月、里見は聯合通信上海支局長の松本重治にロイター通信極東支配人のクリストファー・チャンセラーとの交渉斡旋の依頼の手紙を書いた。松本とチャンセラーは懇意のあいだがらだった。昭和6年秋に上海で開かれた第4回太平洋会議で友人となり、松本の上海支局長時代は、いっぽうでは協力しながらも、ときにはライバルとして競いあい、お互いに「君子の争い」と考え、正々堂々とわたりあった仲だという。

松本はチャンセラーとともに上海から海路をたどり、大連に行き里見の出迎えをうけ、列車で新京に行きヤマトホテルで交渉がはじまった。

ロイターは全世界のニュースをカバーする巨象、いっぽう国通は発足したばかり満州国を領域とする子ネズミである。お互いにやりとりするニュースの量は比較にならず、当然のことながら国通はロイターに莫大な料金を支払わなければならない。

「松本君、万事、君にまかせるよ」

多少のやりとりはあったが、満州国総務庁次長阪谷希一の立ち会いのもとで2時間ばかりで交渉はおわり通信提携契約が成立した。国通は満州国のニュースを世界に向け発信するチャンネルを手にしたが、松本の力添えが大きいものだったにちがいない。

千葉大大学院助教の高光佳絵（外交史・国際関係論）は契約書のなかに通信領域として「満州国」という文言を入れることによって満州国を国際的にもみとめさせる高度の政治的な意味合いがあった、とする論考を発表している。

「岩永は、通信社『連合』の専務理事として、ロイターとの対等契約締結をめざして、APに長年積極的に働きかけていたが、その人脈を駆使して、1933年5月、満州国通信社（国通）とロイター、APとの契約を橋渡しした。この契約書において通信領域として『満州国』という文言を入れることで、ロイター、APによる満州国『承認』を獲得しようとしたのである」（千葉大学「人文社会科学研究」2014年9月)。

民間による「満州国認知」の外交的努力だったろうし、また同時に政治は政治、ビジネスはビジネスと割り切るロイターのしたたかな経営戦略も見える。

こうして誕生した国通は「その性格は日本の在来の通信社と異なり、完全な国策通信社であった」と『通信社史』は書いているが、その法的根拠は時局の推移にともない、いくたびか変わっている。

はじめは財団法人が最適との案があったが、これが実現する前に「国通」の監督指導は日本政府の手から満州国政府に移された。満州国は昭和9年3月1日、帝政を実施し、執政と称した溥儀が皇帝となり、元号を康徳とあらためた。日本の庇護から抜け出し、一人前の国家としての存在を内外に示す姿勢であり、「国通」の移管もその一環だった。

昭和10年秋、満州国を訪れた古野は、満州における通信社と新聞社をコントロールする新しい組織を設立し、報道の効率化をめざす「満洲弘報協会結成要綱案」を日満当局に提出した。新聞社間の無駄な重複取材や無意味な競争をさけ、そのためには通信社を極力強化するというのがねらいだった。

関東軍報道部を中心に「要綱案」を検討し、翌11年9月、満洲弘報協会が設立され、退役陸軍中将で、マンチュリア・デイリー・ニュース紙社長の高柳保太郎を理事長にすえ、特殊法人として出発した。「国通」は協会の「通信部」となった。協会の一部門という形とはなったが、その権限はむしろ強化され、政府の重要ニュースの発表を一手に引き受け、記者も政府の広報要員同様の待遇を受けることとなった。

しかし「広報要員同様の待遇」が、いわばぬるま湯となったのであろう。「(通信社の)生命である敏速果敢な機動力の発揮にははなはだ遺憾を感ずるに至った」(『通信社史』)という事態となり、12年7月、協会から分離し、資本金50万円の株式会社として独立し、社長は弘報協会の理事長・森田久が兼務した。発足時の理事のひとりに甘粕正彦(後述)が就任しており、のちに松方三郎とも交渉をもつことになる。

株式会社「国通」の発足時の陣容は448人に増え、出版や広告などの事業にも手をのばし、勢力は拡大した。

昭和13年11月、新京中央通り、日露戦争の英雄・児玉源太郎大将の銅像が建つ児玉公園前に鉄筋コンクリート4階建ての新社屋が完成した。

ビルには国通だけではなくドイツのDNB通信社、トランスツェアン通信社、満洲弘報協会、大同報社、満州日日新聞支社、同盟通信支社、満州国記者養成所、外事クラブが入り、のちには満州新聞協会、満州出版協会、康徳新聞社などが事務所を置き、満州におけるニュース・センターの観があった。

秘密諜報員

報道の統制機関として出発した国通に秘密諜報員が在籍していたことは、ほとんど知られていないが、引揚者団体全国連合会がWｅｂに公開した文書に、その事実が明らかにされている。「海外引揚者の語り継ぐ労苦」と題し岩手県出身の佐藤千代治が満州での諜報活動の実態を記録した。国通に関する文献は少なく、佐藤の証言はその点でも貴重なものと言えよう。

「海外雄飛の野望に燃えて内地の官界を捨て、満州国三江省に渡ったのは昭和十五年八月であった」

三江省は満州の東北端にあり、北は黒龍江、東はウスリー江（烏蘇里江）をへだててソ連と接し、松花江が省の真ん中を流れ、ソ連の港湾都市ウラジオストクやハバロフスクにも近い。

省都の佳木斯《チャムス》は人口13万、師団司令部が置かれ、満州屈指の軍都だった。昭和7（1932）年9月、満蒙移民のテストケースとして「拓務省第1次武装移民団」492人がこの地を踏んだ。関東軍から機関銃、迫撃砲、小銃を支給され、匪賊とよばれていた反満抗日ゲリラと戦いながら開拓しようとしたわけである。入植地は、佳木斯から南に50キロほど下がった永豊鎮という村だった。

「日本政府（関東軍）は『満州国』建国の当初から、この地に開拓団を入植させる目的で、農民の土地家屋を二束三文の値段で強制的に買収していた。土地を追われ住家を失った農民はこれに憤激し、多くの抗日義勇軍を結成して有名な土龍山事件を起すなど、各地で県公署、警察署、その他の植民地統治機関を襲撃し反抗していた。このようなわけで三江省一帯は、建国の当初からもっとも治安の悪い所とされていた」（島村三郎『中国から帰った戦犯』）

佐藤は日本でいえば県庁にあたる三江省公署に入り官房総務課から広報室に移り、省政のスポークスマンとして報道関係者との折衝にあたったり、各種の情報収集に努めていた。渡満してまもなくみつ江と結婚したが、薄給なのでみつ江は幼稚園の保母や和裁の内職で共かせぎをした。昭和17年3月長男が誕生した喜びもつかの間、佐藤は病気になり、一時帰国し静養したのち帰任する。しかし国境の村への転勤命令が待っていた。すぐに辞表を出し、職をはなれると通信報道関係社から競って声をかけられた。

「世界の八大通信社の一つである同盟通信社（満州国通信社）佳木斯支局次長として再就職を果たすことができた。就職程なくして満州公安《ママ》局の要請あって諜報要員としてアジトに出入し二重給料を支給される身となった」と佐藤は書いている。

みつ江も「ジャム《ママ》スから二人の子と」と題して振り返る。

「夫は満州国通信社（同盟通信）佳木斯支局次長に。次いで公安《ママ》局から諜報関係の秘密職員を委嘱され、日給が従来の三倍も手にすることができました。郷里に毎月百円ずつ送金しました。小学校長の月給が九十七円の時代です」

佐藤は岩手県花泉町（現一関市）の出身で大正4（1915）年の生まれ。地元の実業専修学校を卒業し、青年たちに国粋主義と勤労精神を吹き込む県立六原道場で3年間学ぶ。

国通に入ったのは昭和17年の初夏、松方三郎が理事長に着任してまもなくのころだった。佐藤は26歳だが、入社そうそう次長の地位につく。しかも保安局から破格の手当をもらっていた。諜報員就任は国通の了解の下でおこなわれた人事か、どうか。これを語る資料はない。「秘密職員」とみつ江が書いている点をみると国通は関知していなかったとも考えられる。

満州国の治安状況は楽観できなかった。軍閥の残党や抗日パルチザンが襲撃をくりかえし、ソ連、中国国民党、中国共産党の地下組織が活動していた。関東憲兵隊や警察が取り締まりにあたるが、事態は良くならない。昭和12（1937）年12月、中央政府は保安局を新設し対策を強化した。

「これはソ連との国境地区の保安機能の整備と防諜組織の確立、そして諜報業務を担当する実質的な秘密組織で、各省の地方保安局・分室のトップも『日系』警察関係者が兼務した」（岡部牧夫編『中国侵略の証言者たち』）

ベルリン自由大学がＷｅｂに公開した「Japanische Selbstzeugnisse」（日本人戦犯の告白）は「（保安局は）実際には関東軍参謀部や特務機関の外郭機関であり、その手足だった」と書き、活動ぶりを次のようにしるしている。

「国境の主な所には高い望楼を立て、双眼鏡で朝から晩まで、立ちづくしでシベリヤ鉄道を通過する列車の種別、車両数、積載貨物の状況、飛行機の演習状況やその種別、部隊の移動、巡察兵の種別、爆破や音響の種別、方向、距離、人や馬の状況から建設、耕地等々に至るまで、ちょっとしたことでも見逃さず報告させた」

さらに先鋭化する地下組織の活動を摘発するため保安局は「特別偵諜班（特諜班）」という秘密組織を設けた。

島村三郎が三江省警務庁特務課長として赴任した昭和14年1月ごろは抗日軍の討伐が一段落し、打撃を受けた抗日軍が小部隊にわかれ山岳地帯にこもり、ときおり県公署や警察を襲い、また地下組織の再建に専念している時期だった。島村は表向きは特務課長だが、秘密の役職を担っていた。地下組織を摘発する地方保安局理事官である。赴任後、さっそく地下組織をさぐる遠座工作班と防諜を担当する広野工作班とよばれる特諜班を設けた。

遠座工作班のキャップは撫遠県国境警察隊特務警察官の遠座健児という人物、宗教的結社「在家裡」の会員だった。佳木斯市中央大街の一角に「興隆公司」の看板をかかげ土木請負事業を偽装し、反満抗日組織の摘発にあたる。

「在家裡」は会員相互の扶助、結婚・葬祭の扶助、貧困者や病人の救済などを目的としており、会員以外のものには親兄弟であっても結社の内容については語らないといった秘密保持の堅い結束で結ばれていた。

上海を拠点とする秘密結社「青幇」と同じ流れに属するといわれ、ベルリン自由大学の文書によれば、日本のヤクザみたいなもので「義理堅く」先代には絶対服従で、かれらは香をたき、鉢の水をすりあって誓いを固めた〝邪教〟である、としている。おそらくは地下情報に通じていたであろうし、遠座班の密偵は在家裡が多かったという。

遠座の下におよそ30人の密偵が配置され、うち5人が専属の密偵で、あとは情報を持ってくると謝礼を払う密偵だった。

いっぽう広野班はおよそ50人の密偵を使い、専用の留置室や取調室を持っていた。「また私は在任期間中、三江省（公署）の所在地である佳木斯に『三島化学研究所』という秘密収容所を作った」（『中国から帰った戦犯』）と島村は書いている。

佐藤がアジトと称したのは「興隆公司」のことだろうか。それとも「三島化学研究所」なのか。破格の手当を支給されていたこと、妻のみつ江が秘密職員と書いている点から見ても重要な役割を担っていたと思われ、松方三郎が理事長だった期間中も秘密諜報要員として働いていた。

島村は松方三郎の後輩だった。高知県の出身、家は半小作農でくらし向きは豊かではなかった。小学校を卒業しても中学校には行けず農作業を手伝い、15歳のとき大阪・東成のガラス工場の職工となる。大正14年4月、高知県立城北中学3年に編入したときには18歳になっていた。朝晩、牛乳配達をしながら学費をかせぎ、高知高校から京都帝大経済学部に入学、昭和9年3月卒業した。卒業後、満州に渡り、満州国の官吏養成機関である大同学院に入り満州国官吏となった。

満州国瓦解のときソ連軍の捕虜となり、戦犯として中国に引き渡された。昭和31（1956）年7月20日、最高人民法院特別軍事法廷で禁固15年の判決が下ったが、同34年12月に釈放され帰国した。満州での行為の懺悔録ともいうべき『中国から帰った戦犯』を日中出版社から上梓した。

また「国通」が中国共産党の情報傍受をやっていた事実も知られていない。国通の記者だった山田一郎（後述）がその実態を「別冊新聞研究」（第33号）で明らかにしている。

「国通」には編集局と通信局があり、通信局は通信第一部と第二部とにわかれていて、第二部は

「同盟通信」から送られてくる無線放送のほかに関東軍と国務院総務庁弘報処の要請でアメリカの対外放送を傍受していた。若手の優秀なオペレーターがいて、関東軍はその技量に目を付けたのであろう。中共軍の情報が欲しくて延安放送の傍受を要請してきた。成功したら100円の賞金を出す、ということだった。しかし、なかなかキャッチできない。昭和19（1944）年の4月か5月のある日、延安放送のコールサイン「XNCR」のキャッチに成功した。

中国共産党の通信社の歴史は昭和11年にさかのぼる。江西省瑞金で紅色中華通訊社を創設、同12年、延安で新華通訊社と名を変え、15年ラジオ放送局の新華広播電台を併設し16年から英語による対外放送をはじめた。

国通第二通信部は4階の鳩舎の奥の方にあって、関東軍報道部の部員が毎日来ていた。最後には憲兵がやって来て人の出入りを見張っていたという。

山田はオペレーターの直話として記録しているが、松方三郎はこの間の事情は承知していたであろうか。

松本重治、上海へ

だれもが、満州事変に端を発した激動の時代への予感をおそらくは抱いていたであろう。松本重治は渡米する新渡戸稲造を横浜港で見送り、東京へ帰ろうとしたところ聯合通信専務理事の岩永裕吉に呼び止められた。昭和7（1932）年4月のことだった。

「東京へ帰るなら、僕の車に同乗してくれないかね」

「お伴しましょう」

川崎あたりを走っていたころ、岩永が突然、切り出した。

「君、ひとつ、僕のやっている聯合通信に入って、上海に行ってもらえないかね」

『上海時代』によると、こんなやりとりで聯合への入社がきまった。

岩永裕吉は、太平洋会議でセクレタリーとして松本重治の会議をとりしきる水際だった手腕を忘れてはいなかった。

聯合の外信部長は福岡誠一、松本とは大学同期の友人、ともに「社会思想」の同人であり、長谷川如是閑の主宰する「批判」の編集を手がけた仲間だった。

「岩永さんや古野さんから聞いて私の入社の事情を知っていた彼は、温かく私を迎えてくれた」

（『上海時代』）

当時の外電はスケルトン、つまり骸骨だが、極端に簡略化された電文だ。海底電線の電信料が高く、語数節約が至上命令で外電を翻訳するには語学力のほか、レベルの高い知識が要求された。

「ちょっとこれを読んでみてくれ給え」と福岡が二、三通のスケルトンを見せた。松本は試験かなあ、と思いながらも、推測力を働かせ、とにかく解読した。

外信部でスケルトンを読みこなせたのは「福岡部長と左右両大臣席の地位に座席を陣取っていた事実上の副部長格の長谷川才次（のちに、最近まで二十数年間時事通信社の社長を務めた人、横を縦にするスピードでは日本一といわれた人）と白尾干城の両君ぐらいであった。この二人を顧みて、福岡君は『松本君は稽古せずにスケルトンが読めるじゃないか』といった」（『上海時代』）

スケルトンはこなしたが、記者経験もない松本を激動の中国に送り出した岩永や古野には、別の意図も秘められていた。

「上海支局長になってもらいたいのだが、同時にプレス・ユニオンの専務理事になってもらいたいんだ」

福岡にうながされ古野総支配人に会ったとき、意外なことをいわれ、松本は驚いた。

「プレス・ユニオンというのは、いったい何ですか」

満州事変いらい中国国内の反日感情は高まるいっぽうで、排日デモ、日本商品のボイコットが燃えさかり、上海はその中心地の感さえあった。そうした情況に油をそそぐような事件が起きた。

昭和7年1月18日、上海の共同租界で日本人の日蓮宗系の僧侶が中国人に襲撃されて死亡する事件がおき、日本海軍陸戦隊が出動し、中国軍と衝突した。中国軍は頑強に抵抗、日本軍は陸軍部隊を増強し、3月に中国軍を上海から撤退させ、5月5日に停戦協定が成立した。上海は国際都市である。列強の有力銀行の支店や商社が軒をつらねていた。市街のなかの戦闘で上海市街は大きな被害を受け、反日感情は高まるいっぽうだった。中国側の反日宣伝が猛烈となる。誤報やデマと思われるニュースも多い。

そこで日本大使館や海軍、陸軍の広報関係者、上海在留の大会社の支店長など官民有志が出資し、鉄道官僚で当時は上海に駐在していた金井清が中心になり、プレス・ユニオンという英文ニュースを発信する団体をつくり、日本側の情報を英訳して、毎日在留外国人や外国新聞記者などに配布した。

事変が決着すると民間側の熱が冷め、活動は停止した。しかし中国側の反日宣伝は止みそうにもない。海軍と大使館が熱心にプレス・ユニオンの復活を主張し、その中心となるにふさわしい人物を探し、岩永と古野に相談をもちかけた。そこで目をつけられたのが松本重治だった。

松本はあっさりウンとは言わない。

「政府や軍の宣伝工作だけをやるために行くつもりはありません」と答え、ふたつの条件を出した。

ひとつはプレス・ユニオンの専務理事が上海支局長をつとめるのではなく、上海支局長がプレス・ユニオンの専務理事を兼ねること。ふたつめは「聯合」の英文サービスをプレス・ユニオンの活動の主体にすること。

政府や軍のプロパガンダになることを拒否し、権力の介入を排除し「聯合」の編集権確立を宣明する条件だった。古野は承諾した。さらに古野に記者としての心得を尋ねた。

「なあに、たいしたことはないよ。（略）僕の体験から得た要領をお話ししよう。取材に当って第一に心得べきことはギヴ・エンド・テイクだ。取材したい当の相手とインタヴューする場合には、何かニューズはありませんかなどと物欲しそうな顔をして行っては絶対駄目だ。逆に、相手が知りたいと思われるニューズをまず与えよだ」（『上海時代』）

松本重治が上海にむけ東京駅を出発したのは昭和7年12月12日、高木八尺、古野伊之助、福岡誠一ら30人ほどが見送った。松本はひとりではなかった。荘原達がいっしょだった。

荘原は「東大卒業後、農民運動に身を投じ、新潟県の有名な農民運動を指揮したことがあり、当時、感ずるところがあって、静かに、社会思想社の仕事を手伝っていた。純情そのものの人柄でありながら、大局を見る眼は鋭いという人であった」（『上海時代』）と松本が評した人物だ。

松本は荘原に揺るぎない信頼感をいだいていた。戦後、松本が設立した民報社の社長を公職追放で離れたさい、その席を託している。荘原はその後、左派社会党の総務部長をつとめた。

「ひとりでは寂しいから話し相手がほしい、といって、荘原を連れて行った」という。荘原は1年ほどでひとりで帰って来た、殿木がどうして？　と尋ねると「いや、これ以上いると松本とは喧嘩になりそうだから……」と、こんな調子だったという。

聯合通信上海支局はフランス租界、愛多亜路の大北電信公司ビルの4階。4階のフロアはロイターがすべて借りきり、その一室を又借りした。部屋の広さは25坪ほどというから決して広くはない。5階の一室にAPが入っていた。当時、上海の日本の新聞記者たちは松本が記者経験がまったくないので、電報なんて打てっこない、外国人とめしを食うためにやってきたんだろう、とささやきあっていた。はじめの半年間は競争相手の電通に抜かれっぱなしだった。

「……上海支局長として赴任した私は、全く駆出しの新米記者であった。その私は、ニューズの渦中に投げ込まれたようなもので、朝な夕なに、多種、雑多なニューズや噂話に、一つ一つ対決していかなければならなかった」（『上海時代』）

しかし地道に、国民政府要人や各国公使らと接触し古野の「ギヴ・エンド・テイク」を忠実にまもり取材源を開拓していった。

昭和8（1933）年。この年、内外の情勢は激しく揺れうごいていた。

1月、ドイツでヒトラー内閣が成立し「惑星ヒッ《ママ》トラー氏　遂に政権を掌握す」と報じられた。

2月、中国大陸で日本軍は熱河侵攻作戦を開始、国際連盟総会は満州国の不承認を決議し、日本代表・松岡洋右は「連盟協力は限界に達する」と演説して退場、日本は連盟を脱退した。国内では東京・築地署でプロレタリア作家の小林多喜二が拷問死し、鳩山一郎文相が京都帝大・滝川幸辰教授の刑法学説を赤化思想として休職を発令するなど不穏な情勢がつづいていた。

8月、カナダのバンフで第5回太平洋会議が開かれた。テーマは「太平洋地域に於ける経済上の軋轢とその統制」であり、満州問題に議論が集中することは明らかであった。

国際的にも信頼の篤い新渡戸稲造が団長となり、米国政治史の高木八尺、国際法の横田喜三郎らの顔ぶれをそろえ、松方三郎も新鋭の一人として参加した。帝大新聞で満州事変批判の論陣を張った横田、松方のふたりが顔をそろえた。米国代表団の一員にはオウエン・ラティモアの名も見えた。前年の昭和7年『Manchuria: Cradle of conflict』（満州　紛争の揺籃地）を著しており、中国研究の気鋭だった。

「三郎は、水を得た魚のように泳ぎ回ったといっては、いいすぎかも知れぬが、自由闊達に活動し、少なからざる友人をつくった。今は蒙古研究で世界的に有名なオウエン・ラティモアなども、バンフではアメリカ代表の若手の一人として出席し、三郎は彼とも親交を深めた。三郎の有力な推薦によってラティモアはI・P・Rからの研究助成金を獲得して、その後の蒙古民族の実地研究に打ち込み得たのであった」（松本重治『追憶文集』）

「共産党員だとか何だとかいわれて、上院の委員会に引っぱり出され、ひところ新聞の上で騒がれたオウエン・ラティモアに初めて会ったのは、もう二十年も前のことだ。あとでは蒙古研究家として押しも押されぬ大家になったし、極東問題の専門家としても、アメリカでは一家をなした彼ではあるが、二十年前には本国のアメリカでも彼の名を知る人はほとんどなかった。（略）それから二十年もの間に、北京、東京、ニューヨークなどと、いろいろのところで、いろいろの機会に出合い、語り合ったが、私からすれば、やはりその最初に会った時に見た、原形のラティモアが懐かしいのである」と松方三郎は当時をしのんでいる。

昭和46（1971）年の春、ラティモアが東京にやって来て国際文化会館に泊まっていた。館長は松本重治だ。

「四十年以上の友人だね、お互いに」と松本が言う。

「京都の太平洋会議で有名になった『三銃士』に会いたいね。みんな達者かね」

三銃士とは松本、松方三郎、浦松佐美太郎である。

「お安いご用だ。みな元気だよ」

ラティモアが日本に初めて立ち寄ったのは昭和4（1929）年の初秋だった。蒙古民族の文化人類学的な現地調査のため蒙古に向かう途中、東京に寄る。葵坂町の華族会館（現霞ヶ関ビル）で松本、松方、浦松とランチをともにした。松本が同盟通信上海支局時代には支局に二、三度立ち寄ったこともある。

「今はヴァージニアに建てた家にひとりで住んでいるんだよ。これを見てくれ。日本風の家だと思わないか」と、書庫付きの新邸の写真を誇らしげに見せてくれた、と松本は回顧した。

バンフ会議はしかし、このような〝仲良しクラブ〟ではなかった。国際連盟を脱退し世界の孤児になった日本が国際舞台で、みずからの主張を発言できる唯一の場であり、民間レベルの外交の場だった。

一行はバンクーバーから列車をのりつぎバンフに向かうが、新渡戸は激しい腹痛に見舞われる。今や崩れ去らんとしている太平洋のかけ橋を支えなければとの使命感から病苦をおして演説した。

「やがて感情ではなく理性が、利己ではなく正義が、人類ならびに国家の裁定者になる日がくるであろうと期待するのは、あまりに多くを望みすぎるのでしょうか」

新渡戸の最後の言葉は届かなかった。会議では「太平洋の平和機構再建設に関する若干の考察」と題し、国際連盟に代わる太平洋の安全保障機構の構想を提案したが会議の反応は冷たいものだった。

松方三郎は会議後、ニューヨークに数ヵ月間滞在したが、高木八尺も「アメリカ大学における日本研究」の調査のため、しばらくは同地で過ごし、ときどき松方三郎とともにハーバード大学やプリンストン大学で講演した。

満州問題で日本への風当たりは厳しいものがあったろうが「松方さんの水際だった応答ぶりに私は感嘆するのみでした。満州事変をめぐる時局問題の難しい討議に処する君の度胸のよさに私は感銘を受けました」（『追憶文集』）と高木は書いている。

会議後、新渡戸稲造の病はいよいよ篤く、高木八尺がニューヨークから駆けつけた。

「病床の先生は筧の水の音が聞きたいといわれて、馬尻《ばけつ》に水をくんできて先生の耳下で、その水をすくっては流したという話をバンクーヴァーで仮葬儀をすませて帰って来た高木さんから聞いた」と松方三郎はしるしている。あくまで日本人に徹した新渡戸への共感だった。

昭和8年10月15日、死去した。行年71歳、終焉の地は西海岸ヴィクトリアだった。

昭和9年2月「批判」が終刊した。

「財政能力の欠如であって、批判の欠如ではない。それどころか満州事変以来の情勢は常に批判の材料をばつづけさまに提供し、また時には批判の材料の提供を拒んだこともあった。『批判』を焚せしこともあった」と終刊の辞を宣した。「財政能力の欠如」が終刊の背景ということだが、殿木は「別冊新聞研究」（第31号）のなかで語っている。

「……時局はまさに右側に急旋回しつつある時期で、みんな手弁当で長谷川さんを支援したが力及ばず、昭和八年ころから『批判』の編集部がだれもいなくなっちゃったんです。それでしようがない、『批判』の末期には末輩の僕が大学新聞の仕事のあい間をみては中野へ行って、編集・校正はもとより、原稿依頼の手紙を書いたり、毎号一つや二つ原稿も書いたり、最後は、とにかく『編集だより』を書いてたんだから。（略）僕が『編集だより』を書いて版を降ろすというような状態で、結局、昭和九年には、心ならずも休刊ということになってしまった。長谷川さんの本が発禁になったり、本人が召喚されたり、いろいろあっての結末なんだな」

活躍の場を失った松方三郎は岩永裕吉のすすめで同月、聯合通信社に入社し外信部に所属した。松本重治はすでに上海支局長の要職に就いていたが、松方三郎は、ひらの外信部員だった。毎日、新聞を広げ、聯合と競走社の電通が流した外信記事のうち何新聞はどっちを何行使っている、というような掲載率を調べていた。外信部長だった福岡は「もっぱら別働隊的な仕事でしたね」と語っている。しかし「入社そうそう彼の長い外国生活と研鑽からくる広い知識と円満な人となりは、忽ち彼を外信部の人気者としてしまったようである」（福岡誠一『追憶文集』）

殿木圭一も同年9月、朝日新聞編集局長だった緒方竹虎の紹介で入社した。殿木の志望は朝日新聞だった。緒方竹虎に希望を伝えると、ことしは東京本社は試験をやらない、大阪はどうだ、という。殿木は、大阪はゴメンだと答える。緒方は給料は朝日より安いが、同盟はどうかね、と紹介状を書いてくれた。

だが、社内では三郎や殿木らの途中入社組を快く迎えたわけではなかった。当時外信部のデスクだった長谷川才次は、福岡にあからさまに不満をぶっつけていた。

福岡は、左様な尻の穴の小さいことをいっていたのでは新興の聯合は大をなしえないから我慢しなければ、となだめたという。

同盟通信、発足

昭和11(1936)年1月、熾烈な競争をつづけていた聯合通信と電通が政府のなかだちによって合併し、社団法人同盟通信社が発足した。強力な通信社を欲していた政府の思惑であった。

この合併にたいし地方紙は猛烈に反発した。

前年の5月16日、東京丸の内会館で全国51紙の代表が集まり反対を決議し、翌17日、代表らは広田弘毅外相、床次竹二郎逓信相に「通信社統一は国家の文化政策として、これを採らず。二社合併に絶対反対」との決議文を手渡した。反対の名分は、言論の自由を妨げるという点にあった。会議のなかで北海タイムスの代表が「通信というものは国家権力を背景にすればもう通信の価値はない」と発言している。同盟通信の軌跡をふりかえれば、まさに正論だった。だが、正論も国家権力には太刀打ちできず事態は地方紙の反対を押し切り進む。

聯合時代の施設に加え、電通の長大な通信線や新鋭通信施設が統合され、いちやく国家代表通信社としての体裁をととのえた。加盟新聞社も55社から191社と飛躍的に増加した。

同盟通信は日中戦争が拡大するなかで、国家から財政支援を受けながら成長をつづけた。

「日華事変に直面し、それが空前の大動乱に発展していく過程において、目覚ましい活躍を演じた。

それは、かつて国際通信社が創業直後に第一次世界大戦にあい、発展の基礎を築いたのと同じであった」と『通信社史』は書き「日華事変の報道こそは、『同盟』がそのあらゆる人的・物的能力を傾倒《ママ》したものであった」と戦争と通信社の深い関係を記述している。

社長に岩永裕吉が就任し、松方三郎は初代調査部長となった。

発足して間もない同盟通信に中屋健一が入社したのは昭和11年2月だった。

「昭和十一年二月のなかばのことである。私は当時虎ノ門にあった日本山岳会のルームで松方三郎さんに呼び止められた」と中屋健一は「日本記者クラブ会報」（１９８３年、１５６号）に「かけだし記者誕生記」と題し、松方三郎との出会いを書いた。以下、要約する。

中屋は、当時は日本山岳会に入ったばかりの新入会員、松方三郎は山岳会の理事だった。ルームは虎ノ門交差点のすぐわきの不二屋ビルの一室、山岳会の図書室兼集会室である。

「この時山登りの大先輩は、仕事が忙しくて駄目だから、君が代わりに自分の友人たちを霧ヶ峰にスキーに連れて行ってやってくれないかと言った」

中屋は東京帝大大学院の高木八尺のもとで勉強していた。与えられた机は3年前まで松本重治が使っていたもので、仕事も松本がやり残したカードの整理だった。高木研究室には岩永裕吉がときどき顔を見せ満州事変いらい激しくゆれ動く、日本をとりまく国際情勢について高木教授と意見を交わしていた。

大学院生活も終わりにちかづき、これから何をしようかと迷っていたときでもあり、スキーも悪くはないとあっさり引き受けた。

「この時、松方さんは今出来たての同盟では、英語が出来て、国際問題に関心のある若い人を集めているが、君はどうかと言われたような気がする。山やスキーの方により興味があった私は、どうでもいいですと生返事をしておいたらしい」

スキーの一行は内大臣、斎藤実の家族とその親戚たちだった。数日間スキーをたのしみ、2月23日、帰京の日は前夜から大雪が降り、霧ヶ峰から上諏訪までスキーで滑降するという好条件にめぐまれた。

帰宅すると26日午前8時半までに出社し入社試験を受けろ、という通知がとどいていた。弁当と鉛筆を持って都電にのり新宿から三宅坂まで来ると、車掌がこれから先は運転できないという。電車をおりて歩き出すと兵隊が道路いっぱいに銃をかまえ広がっている。

「銃剣の列に近付き、指揮官らしい下士官に、これから西銀座まで急いで行かなければならないが、どうすればいいいんだ、と声をかけたら、それなら赤坂見付へ出て田村町の方に廻れば行けますよと、えらく丁寧な口調で教えてくれた」

やっとの思いで西銀座の同盟通信にたどりついたが、一階受付にはだれもいない。階段をのぼって右手の部屋に入ると、怒鳴っている人、電話口で大声で話をしている人ありで、騒然たるありさま。

だれ一人ふり向く人もいない。仕方がないので一番手前の机に座っていた年輩の人に近づき「入社試験を受けに来ました」と言うと「入社試験? 今日はそうだったのか」といいながら、庶務課のようなところに連れて行ってくれた。庶務課の人が「入社試験はとりやめ、しかし入社決定」といって、給料は60円という紙切れをくれた。

おおらかな話だが、この日は二・二六事件の当日だった。入社試験どころではなかったのである。庶務課まで案内してくれた年配の人は社会部長の岡村二一だった。挨拶のため専務理事室に行くと岩永裕吉が来客に事件の説明をしていた。斎藤実は数十発の銃弾を浴び、非業の死を遂げたことを知り、中屋は数日前霧ヶ峰でスキーを楽しんだ斎藤の家族の驚き、悲しみが自分の事のように思えた、と述懐した。

このあと松方三郎が「君はしばらくここに座っていたまえ」と社会部のデスクのはじに連れて行ってくれた。そして「皆忙しいから何も教えてくれないよ。皆のやることをよく見ているんだね」と言って立ち去った。

「外信部へ入れてくれるものと思い込んでいたのが、社会部に廻されてしまったので、始めの中は何となく不満だったが、研究室では書いたことのないような文章を書くことが面白く、また、いろいろな人に接することが出来るので、毎日が楽しかった」

社会部に配属されたこの年3月、チャップリンが再来日した。

中屋は天ぷらを食べながらチャップリンと国際問題を話しあった。はじめて来日したとき、日本橋の「花長」で海老の天ぷら36尾も平らげ、その後も日本に来るたび海老天を好んで食べ「天ぷら男」のあだ名がついたほどだった。なにを論じたのであろうか。

ヨーロッパではヒトラーが頭をもたげ、スペインの統一人民戦線の結成、これに抗するフランコ将軍の出現などファシズムが暴れまわっていた。ナチスぎらいだったチャップリンである。ヒトラー批判をしあったのであろうか。

スペイン大使とも激論したという。おそらくはフランコの登場が議論の的になったのだろう。

その年の5月18日、猟奇的な阿部定事件が発生した。中屋は4日間も尾久警察の傍のそば屋で電話番をした。内田元鉄道相が鉄道疑惑で召喚されるというので徹夜で見張りをしたりして、わずかな社会部記者経験だったが、その年の11月、希望の外信部に移り、翌年、中国に派遣され、前線をかけめぐる。

西安事件

中国の国内情勢は混迷を深めていった。昭和5（1930）年いらい5回にわたる蔣介石の中国共産党軍掃討作戦は最終段階にさしかかっていた。国民党軍に追われ、敗退をかさねた共産軍は9年11月、根拠地であった江西省瑞金を放棄し、国民党軍と交戦しながら、1万2500キロを徒歩で移動し、からくも延安に逃げ込んだ。10万人を数えた兵力は1万人にも満たないほど激減していた。のちに大長征といわれた撤退作戦だ。長征の途上、中国共産党は、国民党軍と共産党軍の内戦をやめて、抗日統一戦線を組もうではないかという「抗日救国宣言」を出したが、蔣介石は耳をかさず、攻勢をつづけた。

国民党の張学良は統一戦線派だった。張学良は関東軍によって爆殺された張作霖の長男、同年4月、延安で共産党の周恩来とも会談し、連共抗日を訴えつづけるが、あと一押しで共産軍を掃討できると考えていた蔣介石はこれをしりぞけた。

「一九三六年（昭和十一年）十二月となると、蔣介石による中国統一がいよいよ最終段階に入ったように、上海では感ぜられた」（『上海時代』）

共産党軍を延安の一角に追いつめた蔣介石は、張学良の東北軍と楊虎城の西北軍に殲滅作戦を命じた。しかし、両軍ともいっこうに動こうとはしない。しびれをきらし蔣介石は督励のため12月4日、西安に飛び張学良ら将領と戦略会議をひらき、掃討作戦継続を指令した。それでもなお張学良は作戦への疑問を蔣介石にぶつけるが、聞き入れてもらえない。12日早朝、張学良が率いる東北軍将兵が西安郊外の華清池に滞在する蔣介石を急襲し、銃撃戦ののち山中にのがれた蔣介石を捕らえ、監禁した。西安事件である。

同夜、孔祥熙の秘書であった喬輔三から、事件をいちはやくつかみ松本重治は本社に第一報を打電した。翌13日付の新聞は、上海特電として「蔣介石氏・突如監禁さる」と大々的に報道した。

【同盟上海十二日発】陝西省潼関よりの情報によれば西安にある張学良司令部付兵隊は十一日兵変を起し、西安市外の通信機関を占拠した、これがため同地の情勢一切不明となり南京よりの支那公電に対しても何らの返答なく隴海線も潼関以西は不通となった。なほ蔣介石、張学良両氏の安否は不明で気遣われてゐる。

【同盟上海十二日発】張学良氏は十二日夜全国各方面に対し張学良軍が蔣介石氏を監禁したことを肯定し

(一) 蔣介石の生命安全は学良これを保障す

(二) 但し余は刻下内外の政治外交において主張するところありこれを天下に諮らんとの通電を発し、右通電は午後十一時四十分上海支那側に到着した、この通電により張学良氏が今回の重大兵変の指揮者なること明白になった。

同盟通信の圧勝だった。

朝日新聞紙面は「上海への情報によれば西安にある張学良軍隊の一部に兵変起り、潼関、西安間の列車不通となったと伝えられる」との本社特電を一本掲載するのみ、すべて同盟電だった。

翌朝、上海支局に電報が飛び込んできた。本社からの感謝電だった。

「昨夜来の健闘を謝す。『朝日』は貴電を満載せる全ページ大の号外を朝刊に挿し込み配布した。今後の健闘を祈る。岩永、古野」

同盟通信発足から1年たらず、はやばやのスクープだった。

孔祥熙は蔣介石の義兄にあたり南京政府の元行政院長、日本でいえば内閣総理大臣にあたる要人だ。事件のおり、孔は喬輔三に電話し、事件の内容を打ち明けた。

「西安事変の時には孔祥熙がいちいち長距離電話を喬さんのところにかけて来て、相当の機密まで打ち明けたらしいですよ。ところが、喬さんは松本さんへの長年の友情のしるしに、事変の内容をくわしく同盟電報の特種記事としてプレゼントしたんですね。それ以来松本さんは俄然、中国じゅうのニュースサーヴィスの顔役になってしまったそうです」（犬養健『揚子江は今も流れている』）

翌昭和12（1937）年7月7日、北京郊外の盧溝橋で日中両軍が衝突、日中戦争の発火点となった。

当時、支那駐屯軍5800名が北京、天津に展開し、天津に軍司令部が置かれていた。現地では停戦協定の話し合いがはじまり、協定もまとまりかけていたが、近衛文麿内閣は7月11日、閣議で増援部隊派遣を決定した。内地から3個師団、朝鮮から1個師団、満州から2個旅団の出動を命じた。局地的紛争は一気に華北全域に広がることとなった。

増援をえた日本軍は攻勢をつよめ7月すえごろから戦闘は本格化し北京、天津を占拠し、鉄道路線沿いに南下しつぎつぎに要地を占領していった。

同盟はただちに取材網を強化した。華北における取材拠点は北京支局と天津支局、当時の北京支局長は1週間前に「国通」から転じてきたばかりの佐々木健児だった。佐々木は「国通」に応援をもとめ記者、無線技士、カメラマンの派遣をうけ、さらに「同盟」は増援記者を送り、常務理事古野伊之助みずから現地で陣頭指揮にあたった。「調査部長の松方三郎は、当局の要望で7月中旬から天津におもむき、渉外関係を担当した」と『通信社史』は書いている。天津は19世紀後半からイギリス、フランス、アメリカ、ドイツ、オーストリア＝ハンガリー、ベルギー、イタリア、ロシア、日本が相ついで租界を設置し、中国で最も租界の数が多い都市だった。ここに多数の軍隊を派遣したのだから問題も生じよう。各国との交渉にあたったのであろうか、当局とは陸軍であろうか。

8月9日、上海で国民党軍兵士が日本海軍将兵2人を射殺した第二次上海事件が発生すると事態はもはや、のっぴきならぬところまで追いつめられ、8月15日、ついに中国との全面戦争に突入した。上海戦線では中国軍は蒋介石直属の精鋭師団をはじめのべ70箇師団、70万人を動員して抗戦したが撤退をつづけ、戦線は首都南京にまで広がった。12月13日、南京が陥落した。

陥落のさい、日本軍による虐殺事件が起きた。その第一報を報じたのは英マンチェスター・ガーディアン紙の中国特派員ハロルド・ティンパレー記者、この電報を最初に目にしたのは上海支局の殿木圭一だった。

「別冊新聞研究」（第31号）を要約する。

――当時、上海におられて、そのような情報が、殿木先生の耳にも入ってまいりましたですか。

殿木　僕が社にいたところ、知らん日本人が現れて、「済みませんが、この電報ちょっと読んでくれませんか」って言ってね。

逓信省から派遣されてきた検閲の担当官だった。当時の電報はスケルトン、省略に省略を重ねているから熟達した記者でなければ、なかなか理解できない代物である。「なにかすごいことが書いてあるけれども、どうもよく分からん」と殿木に助けを求めてきた。

殿木　読んでくれっていっても、そんな軽々しく検閲の手伝いなんか、おれは出来んと思ったけど「ちょっと見せてくれ」と言ったところ、ティンパレーの第一報だ。それが始まりで、次々来て、そこで押さえたんだが、どういうふうにしたのかなあ。（略）うっかり見て、押さえるほうにかかわってもいやだし、見てパスさせたじゃないかと言われたら、なお困るし、だから中は読んでないんですがね。だけど、最初のがティンパレーのであったことは間違いない。

――その電報の中では、南京虐殺と言われるものは、どういうふうな伝え方ですか。

殿木　全然もうノータッチだ。そんな悪いこと書けませんよ。

殿木の口調は歯切れがわるい。おそらくは第一報を読んだにちがいない。「市民虐殺」という事態を察したのであろう。電報は結局、差し止められた。

その第一報を、戦後発見したのが共同通信ロンドン支局だった。

【ロンドン21日共同】　１９３７年12月中旬に始まった旧日本軍による南京大虐殺から65年。当時、「長江（揚子江）デルタで市民30万人以上が虐殺された」と上海から打電しようとし、日本人検閲官に差し止められた英紙記者の電報記事コピーを21日までに共同通信が入手した。犠牲者数について、中国側の公式見解は南京だけで30万人とするが、日本では数千人—20万人など諸説ある。電報では、犠牲者「30万人以上」は、南京だけではなく、上海なども含む長江デルタ地域全体の数字として記されていることが確認された。電報は38年1月16日付。（略）電報のコピーは、（略）英中部マンチェスター大学のジョン・ライランズ図書館書庫に保管されていた」（2002年12月21日）

「（陸軍や海軍の軍人、外交官といった）そういう連中がみんなとにかく調べようと思って飛んできたり、騒いでいましたよ。騒いでいましたけども、分からんもの。もう僕なんか初めから『触ったってダメだ』って思っていました。そういうことでしたねえ。南京虐殺は」と殿木は告白している。

ティンパレーは松本重治と旧知のあいだがらだった。

「彼は記者というより、学者肌の、良心の強い人物であった。円転滑脱というより、むしろ無骨な物腰で、しかもやさしい眼つきの男であり、リベラリズムの香り高い『マンチェスター・ガーディアン』には、まずふさわしい特派員だと、私はつねづね尊敬していた」（『上海時代』）

ティンパレーは南京事件を世界に向け発信したいと考えていた。

昭和13年4月、松本を訪れ「中国における日本軍の残虐行為」と題する本を編集・発行することになった、日本人であるあなたには心苦しいことだが、了解してほしい、と言った。反日的な書ではなく、残虐行為を通して戦争の愚かしさを訴える一書だった。松本は「貴著が一時は、反日的効果を持つであろうが致し方ない」と答える。出版後、手にして通読したが、読むに堪えない事実の羅列なので、半分ぐらいでやめてしまった、と述懐した。

首都・南京を押さえれば蔣介石は白旗をかかげるだろうという日本軍の思惑ははずれ、昭和12（1937）年12月、南京は陥落したものの蔣介石はひるまず抗戦をつづける。日本国内では戦時経済体制へ移行、日華事変国債1億円の発行など戦争継続へ向けての準備がすすめられた。

同盟通信も戦時態勢をととのえる。中国には2総局30余局の支局を設置、のべ1000人の総支局要員、前線班を送り込んだ。昭和13年1月、北京に北支総局（総局長　古野伊之助常務理事）、上海に中南支総局（総局長　松本重治）を設置した。

「支那事変の報道こそは同盟がその人的物的のあらゆる能力を傾け盡したものである。皇軍の征くところ陸に海に空に、必ず同盟の『前線班』が従軍する」（『同盟の組織と活動』昭和16年版）

『同盟』従軍班の役割は、戦況の報道とともに軍隊にニュースを供給することだった。

「第一線の従軍班は同盟自ら製作せる携帯用特殊無電機を携行し、最前線から戦況ニュースを基地に送信し、基地は刻々これを本社に連絡する。またこの前線無電班は同盟本社の放送無電を受信し、硝煙の間よく故国の消息を前線将士に伝え、各野戦支局ではガリ版の野戦新聞を発行し最も迅速に前線と銃後を結合する役目を果たしている」（同書）

松方三郎も昭和13年10月の「同盟通信社報」につぎのように書いた。

「食料や弾薬と同じようにニュースが、一つの戦争をやり遂げてゆく上に必要欠くべからざるものであることを、自分は今度の事変ではじめて知った……」

野戦新聞は美濃全紙1枚、発行は1日1回。一般ニュースからローカル・ニュースや当時人気のあった六大学リーグ戦のスコアまで伝える。

昭和13年1月、日本軍、青島占領。松方三郎は2月、北支総局英文部長となり、まもなく古野にかわり総局長に就く。4月1日、政府は国家総動員法を発令した。6月、海軍が漢口作戦を開始。10月、広東を占領、武漢三鎮を制圧し、戦火はとめどなく広がるいっぽうだった。

蔣介石の国民政府は、徹底抗戦の構えを崩さなかった。広大な中国大陸のなかで日本軍は点（占領都市）と線（鉄道）しか支配できず戦局は長期戦の様相を示してきた。

蔣介石の戦略は巧妙だった。中国大陸の奥行きは深い。奥へ奥へと撤退し日本軍を奥地へ誘い込む。当然、補給線はのびきってしまい、それを維持するには多大の軍事的資源が必要だ。蔣介石はそれを計算し、南京から武漢へ、さらに揚子江の上流、重慶にまで撤退し抗戦した。日本軍は重慶を何回か空襲したが、占領するまでにはいたらなかった。中国との戦争を早期に解決し、資源をもとめて南方に進撃する、これが日本の国家戦略だった。だから長期戦はやりたくない。政府や軍の一部には和平への動きも出てきた。

最初の動きはトラウトマン工作だった。南京陥落前の昭和12年11月、日本政府はディクセン駐日独大使に日本側の和平条件を示し、トラウトマン駐華大使をとおして蔣介石総統に伝えた。和平条件は内蒙古に自治政府樹立、満州国境から天津・北京間に非武装地帯の設置、上海の非武装地帯の拡大、排日政策の中止であった。蔣介石も上海・南京攻防戦の損害の大きさを憂慮し和平協議に応ずることを決めた。

しかしトラウトマン工作は実を結ばなかった。和平条件は南京陥落によってよりきびしいものとなった。日本側は戦争に勝ったのだという態度で「満州国の承認」などより厳しい条件を追加した。

中国側が飲めるはずはなく、返答をのばす。日本政府は中国側に和平の意志なしとして一方的に御破算にした。近衛内閣は工作を放棄し翌13年1月16日「今後は国民政府を対手とせず。帝国と真に提携するに足る新興支那政権の成立発展を期待し、これと両国国交を調整して、更正新支那の建設に協力せんとす」と声明、戦争終結への門をみずから閉ざしてしまった。

和平工作

いっぽうでは別ルートの和平工作がひそかにはじまっていた。民間ルート、あるいは同盟ルートといってもいいかもしれない。この工作には同盟の首脳陣や上海駐在の松本重治や松方三郎が深くかかわっていた。岩永裕吉が近衛文麿首相と親しかったことも、その一因であろう。『上海時代』を要約する。

昭和13（1938）年3月5日、同盟通信中南支総局に電話がかかってきた。

「すぐ会いたい」

旧知の前国民政府外交部亜州司長の高宗武からだった。亜州司長は日本の外務省アジア局長にあたる。高は南京陥落と同時に司長の職をやめ、蔣介石の命により香港に出てきて日本の政情を研究していた。

松本が駆けつけると高が質問した。

「国民政府を対手にせず、という日本政府の声明はほんとうに本気なのか、どうか」

松本にとっても不可解な声明だった。

「私個人としては、如何なる事情があるにせよ、愚劣極まる声明だと思っている」

こうして新たな和平工作の端緒ができ、香港で和平への会談をかさねた。

松本の考えは「和平実現には日本軍の撤退が絶対の条件であろう。しかし、それには蔣介石の下野が必要だ」というのであった。

高は言う。

「蔣介石の下野はむずかしい。まず、日本が撤兵を声明する。それに応じて汪精衛自身が野に下って全国に和平をよびかける。戦争をやめたいと思っている各地の軍閥がそれに呼応する。そうなると蔣介石も長期抗戦ができなくなるので下野せざるをえなくなる」

汪精衛は汪兆銘の号、蔣介石総統に次ぐ地位にあった。

現地のふたりの会談だけでは、ことは進まない。東京の要路の意向を確かめなければならない。

「ぼくは東京に行くが、君も行かないか」

徹底抗戦を主張する蔣介石からみれば、この和平工作は裏切り行為だ。日本に向かうエンプレス・オブ・ジャパン号に乗るまぎわになっても「ぼくは漢奸になりたくないよ……」とためらう高に和平の大義を説いてはげまし、東京に送り出す。松本も7月5日、東京に着き岩永裕吉宅へ行った。高の目的は和平派の彡田駿《はやお》参謀次長やその他要路の人々、近衛首相、岩永らと会見し、日本側、とくに陸軍に和平の希望があるか、どうかを確かめるためだ、と報告した。

高は陸軍参謀本部の支那課長、影佐禎昭大佐らのとりもちで板垣征四郎陸軍大臣と会った。

松本は高を岩永宅に連れていった。岩永はこの年の6月にはじまった武漢作戦のころから和平を考えていたという。岩永は高をあたたかく迎えた。

「何でも話してさしつかえないよ。僕の最も尊敬しているボスだから……」

「こんどの和平運動は松本君と僕とがやり始めたのです。こんどの訪日で陸軍の責任者たちも、撤兵の声明、領土・賠償の不要求、治外法権の撤廃というような線を考えていることがわかりました。これなら中国側も和平運動がやれるという確信ができました」と高は岩永に言った。

しかし問題があった。和平の交渉相手として、徹底抗戦を主張する蔣介石と和平派の汪兆銘のどちらを選択するか。日本側はどうも汪兆銘が相手ならばという気分に傾いているようだ。この点が問題で、日本側は戦争の大乗的解決に固まっているかが問題です、岩永さんのご尽力が願わしい、と高は言う。

「お話はわかりました。ちかく近衛総理にも、あなたの話を伝え善処するよう話しましょう」

日本側との接触をはたした高は7月21日、横浜から上海に向かった。松本も7月末まで東京にとどまり近衛首相、岩永裕吉、影佐大佐と両三回打ち合わせ、およその諒解をえたので上海に帰った。

そのころ総理官邸で朝飯をともにしながら時局を話しあう会が週1回おこなわれていた。内閣書記官長の風見章を中心に蠟山政道、笠信太郎、松本重治、平貞蔵、西園寺公一、牛場友彦、尾崎秀美、犬養健といったメンバーだった。「朝飯会」とよばれ、そこで犬養は松本と顔をあわす機会があった。

「朝飯会」は近衛首相のブレーンだった。メンバーには、かつて社会思想社に結集した東大新人会のOBたちが顔をそろえていた。

犬養健が松本に高や影佐を紹介されたのは、このころだった。このときの出会いから犬養は和平工作にかかわりをもつようになる。工作の詳細を犬養は著書『揚子江は今も流れている』に書いている。

ある朝、会がおわったとき、犬養は松本に声をかけられた。

「おい、康紹武に会わないか。知っているだろう。（略）今、秘密にはしているが、東京へ来ているんだ。明後日、この仲間でパーティをやるから来てくれ」

犬養の著書では高宗武は「康紹武」との変名を用いている。それは高が中国の抗日派、知日派の双方から裏切り者としてはげしく憎悪されていたからであろうし、また高は漢奸として追及されるのを怖れ、のちに米国に亡命した事情によるものと思われる。

その日のパーティーが終わりかけたころ、高がはじめて犬養に近づき、外交官らしく改まって、儀礼的に話しかけてきた。

「中国に因縁の深いあなたとお知り合いになって、うれしいです」

そして、あすの晩、お会いできませんかと言う。

翌日、新橋の料亭街の真ん中にある宿をたずねた。

「私は和平実現のためにはどんな犠牲も払うつもりです。あなたに是非この和平運動の仲間に入っていただきたいのです」

高は軍人だけと話しあっただけでは香港に戻っても事はやりにくい。日本の軍人はあまり信用されていないからだという。

「そういうことならば、何とかお役に立つよう努力しましょう」

犬養は高の率直な態度に好意をいだき、そう答えた。この出会いをきっかけに二人は戦後にいたるまで、ともに深い友情を持ち続け、犬養は「古い友というもの掛け替えのないものだ。私はこの康との友情を一生涯、大切にしようと思う」と書きとめている。

「二日ほど経った。康紹武が香港へ帰る直前、私は参謀本部シナ課長の影佐禎昭大佐にはじめて会った。これは松本の斡旋の結果だ。私は打ち合わせたとおり九段坂の上にある偕行社へ出かけて行った。(略)偕行社に着くと、左手にある靖国神社の大鳥居の石段の上から気軽に声をかける者がある。軍服姿の男である。これが影佐であった」

影佐は犬養に言った。

「この和平工作はもともと松本君や西・伊藤両君のような民間の有志が苦心の結果活路を見つけ出した仕事です。軍人には逆立ちしても出来ない部分があるのです。だから、あなたも昔から御縁のあることだし、是非ひとつ松本君と一緒にひと肌ぬいで下さい」

西(義顕)は満鉄・南京出張所長で松本重治の親友であり、伊藤(芳男)は満州国外交部に籍をおき西とともに日中関係改善のために走り回っていた人物だった。和平を願う高や影佐の真摯な態度に接し犬養は和平工作に手を貸すことになる。

父の犬養毅が中国の革命活動を支援し、孫文らと交流があったため、幼いころから中国の政治家らと深いかかわりを持っていた。

「私は若い時の孫文を覚えている。孫中山先生は頭髪を端麗に分け、手入れのよい幼毛《うぶげ》のような口髭を生やし、質素な、しかし、清潔な洋服を着こなした女人のような風采の人であった。ひとりで居る時の先生は低い鼻息を静かに立てて読書する人であった。私はその膝に乗り、広東土産の蓮の実の砂糖漬を口に入れてもらうのが楽しみであった」（『揚子江は今も流れている』）

犬養は長与善郎や武者小路実篤ら白樺派作家の第一世代につづく第二世代として活躍、新進作家として期待されていた。その後は政友会総裁の父を助けて政界に転じ、逓信参与官、戦後は日華和平条約折衝委員、外務政務次官、法務大臣をつとめている。昭和7年の五・一五事件で父が暗殺された後は、その遺志を継ぐべく、泥沼化する日中戦争のなかで和平工作に全力を注いだのも、こうした孫文との深いきずなの故であろう。

松本は上海にもどる。だが高からは何の連絡もない。

8月10日ごろ突然、電話があった。「病院から電話しているのだが一度会いたい」ということだった。喀血し2週間も絶対安静していたという。高の健康上のこともあり、和平運動の窓口は梅思平に替わることになった。

梅は、和平運動をすすめる周仏海の同志だった。周は国民党の中央宣伝部長で、蔣介石総統の侍従室第二主任をつとめ蔣の信任も篤かった人物だ。日中戦争がはじまると「低調クラブ」という秘密クラブをつくり和平運動に乗り出していた。

松本は8月29日から梅と香港で会談を重ねた。和平への必須要件は日本軍の撤兵であったが、当然のことながらそれには条件がつく。徹底抗戦を主張する蔣介石の下野だった。しかし蔣の下野は中国にとっては難問だ。「抗日戦争の指導者たる蔣介石の下野を日本が要求すれば一切の交渉がだめになる」と梅は言う。

そこで松本は代案を出した。「下野には固執しない。第一は下野については中国側で措置すること。第二は満州国の承認だ」

梅との会談は5回にわたった。最後に松本が「日本が撤兵を決して、その声明をやれば君たちの和平運動はどのように進展するか話してくれ給え」と頼むと梅が答えた。「和平運動は、汪さんに領導してもらわなければいかん」と梅は言った。和平の首班は汪兆銘であることが、はっきりした。

松本重治は9月8日、上海に帰った。梅との会談を報告するため東京へ行こうと考えたが、体の調子が思わしくない。腸チフスと診断された。高熱がつづき頭もはっきりしない。ただ気がかりだったのは梅思平との合意点を東京にどう伝えるか、だった。東京から駆けつけた西義顕や伊藤芳男にメモを渡すとともに会談の要点を報告した。それから2週間、昏々と眠りつづけ、危篤にちかい状態が2度ほどあったという。12月のはじめ、やっと退院した。

10月、松方三郎は北支総局長のまま香港支局長を兼務し、香港に駐在した。

『通信社史』は「広東作戦（昭和13年10月）に際しては軍の要望により、松方義三郎（北支総局長）が臨時香港支局長兼任となって、香港での対外報道に当たった。これは軍当局が作戦に当たり、香港政庁を刺激するのをさけたいと考えたのにほかならない」としているが、支局長兼務は単なる交代ではなかった。まもなく翌14年2月、松本重治に代わり中南支総局長となり、上海に赴任した。総局長交代は蔣介石と袂を分かつ汪兆銘の対日和平工作の支援を継続するという、重大な政治的責務があった。

当時、中南支総局員だった坂田二郎はつぎのように語っている。

「松本さんの時に汪精衛工作が始まりまして、『同盟』の首脳は全部、汪精衛工作の協力者になったわけですね。その汪精衛工作が、松本さんの病気でストップしちゃいかんと言うんで、そのまま松方さんにその仕事がバトンタッチされた。私は、松本さんの時から、汪精衛工作のちょっと端っぽに触れておったものですから、松本さんから松方さんに代わった後も、松方さんが非常に熱心にやり出したので、松本さんの代わりの松方さんを陰に陽に汪精衛工作でも助けていくという、そういう事情もあったわけです」（「別冊新聞研究」第28号）

坂田は明治24（1891）年、アメリカのサンフランシスコに生まれ、7歳の時に母の出身地・弘前に移住し弘前中学、弘前高校から東京帝大文学部を卒業し、新聞聯合社に入社した。

倒れた松本にかわり、参謀本部支那班長の今井武夫中佐が梅と上海で協議をつづけ、合意内容を東京に持ち帰り陸軍の承認を得た。その後影佐大佐、犬養健、高宗武、梅思平らが参加し協議をかさね合意に達し、昭和13（1938）年11月20日、日中和平に関する「日華協議記録」と「日華諒解事項」に調印した。その内容は、満州国の承認、日本軍の二年以内の撤兵などを条件に汪兆銘が重慶を脱出し日本と協力する新政権を樹立するというものであった。

日中戦争の分岐点となった汪兆銘の重慶脱出というシナリオができあがった。

和平会談の終結を見とどけた汪兆銘は12月20日、飛行機で重慶を脱出、ハノイに到着した。脱出に呼応し22日、近衛首相は善隣友好、共同防共、経済提携の三原則を示し、汪兆銘と手をたずさえ、東亜新秩序の建設に驀進するとの声明を出した。しかし、ここには和平への最大の要件である「撤兵」の文字がなかった。

東亜新秩序の建設とは、大義なき戦争に「欧米主導の国際秩序にかわり、日本を盟主とするあたらしい秩序を東洋につくる」というイデオロギー的粉飾をほどこしたものであり、また「自己説得の論理」と史家は断じた（加藤陽子『満州事変から日中戦争へ』）。

松本は「撤兵」の二文字がないことを見て、愕然とした。和平運動の将来に暗影を感じ「かくして、まる六年間の私の『上海時代』は終った」と結語をしるした。

12月29日、汪兆銘は近衛声明に対応し「国民政府は近衛三原則を根拠とし、和平の回復を期待する」との声明を発表したが、しかし蔣介石はこれより前の26日、声明を発し「東亜新秩序とは東亜の国際秩序を転覆し、中国を隷属化するもの」と近衛声明の粉飾を糾弾した。

松本は本社転勤の辞令をうけ、年の暮れ29日、熱田丸に乗船し、31日、神戸に入港、東京にもどり静養をつづけた。

明けて昭和14（1939）年元旦、蔣介石は汪兆銘を永久除名、4日には近衛内閣総辞職と激動はつづく。

帰国した松本はしばらく静養し同年10月、編集局長の席についた。

同年3月21日、ハノイに亡命していた汪兆銘の宿舎に蔣介石の刺客が乱入、汪の腹心であった曾仲鳴を射殺した。刺客のねらいは汪であったが、当日はたまたま汪と曾が寝室を取り替えていたため、曾が身代わりに犠牲になったものだった。

日本側は、ハノイが危険であることを察知し、汪を脱出させることにした。影佐禎昭、犬養健らがこの工作に携わった。4月16日、影佐、犬養は山下汽船の北米丸でハノイに到着し、駐在武官の門松少佐に接触した。

「汪さんとの連絡は？」

「それがまた実に適任者がありまして、同盟通信の特派員の大屋久寿雄君という人が、松本重治さんの指示で、万事熱心に動いて居ります。この大屋君はフランス語が堪能でありますので、汪邸との呼吸が大変合って居ります」

「そいつは万事都合がいいな」（『揚子江は今も流れている』）

4月25日、汪はハノイを離れ、5月6日、北米丸で上海に到着した。上海で汪が泊まった汪公館は共同租界の愚園路にあり、日本側が警備していた。梅思平、周仏海、高宗武ら汪兆銘派の幹部も泊まり、中南支総局は絶えず連絡をとっていた。

松本重治は工作の内容を胸にしまい込み総局員には知らせなかった。「別冊新聞研究」（第31号）によれば
——汪兆銘のグループが重慶を脱出して、ハノイに移ります。ハノイから今度は上海に来て東京に行くわけですね。（略）このあたりのことについて、思い出されることがあったら聞かせてください。

「それについては、なにも知らない。それは松本重治があまり僕らに知らせないんだ」

——それは松本さんが一人で胸におさめておられたわけですか。

「胸におさめて、社へ来ないんだから。それはもう、松方と違うところだねえ。松方は、もうサッと夕方持ってきて『あしたの朝返さなくちゃいけないんだ』と言って、書類をちゃんとみせたけど

も、そういうねえ……。それだから、もう知らないんだ」

と殿木は答えている。

坂田は「その当時、中南支総局におったわれわれとしては、何となくこういう連中とも接触するし、梅機関の陸（軍）・海（軍）・外（務省）、犬養健なんかとは、しょっちゅう接触する。とくに私は、犬養健とは非常に仲が良くて、汪精衛工作の支持者になったというのは間違いありません」（「別冊新聞研究」第28号）と語っている。

「梅機関」は影佐を中心にした汪兆銘工作機関、陸軍、海軍の佐官級将校、外務省の書記官、犬養健らがメンバーで、その拠点が上海の梅華堂にあったことにちなんだものだ。

元共同通信記者の鳥居英晴の著書『国策通信社同盟の「興亡」』（以下『興亡』と略記）によれば、ブロードウェーマンションに泊まっていた犬養は、大屋（久寿雄）と松方三郎を招いて朝食をともにする会を毎週月曜日に催したという。

大屋は同盟通信ハノイ特派員で汪兆銘の脱出に側面から協力した人物である。『通信社史』に「汪の重慶脱出に備えて、連絡員（大屋久寿雄）がハノイへ特派された」と記載されているだけであり、また『上海時代』は、大屋にはなぜか、まったく触れていない。

犬養は『揚子江は今も流れている』のなかに影佐と松方三郎との交情をしめす話を紹介した。戦後、影佐の三周忌の法事のさい、松方三郎が真情あふれる追悼談をやって参会者を感動させたという。

「われわれ新聞報道陣というものは、もともと苦情の多いツムジ曲りの本家のようなものだが、上海に突然和平工作の主任として現われた影佐大佐に対しては、みんな例外なしに好意を抱いてしまった。実に影佐氏は男がほれぼれするような魅力を持った男であった。影佐氏はわれわれを信用して、和平運動の進行の様子を、都合のよいことも、わるいことも、いちいち正直に話してくれた。それを記事にする、しないの取捨は、われわれの良心に任せるという風であった。これにはみんな頭が下った。影佐氏はすべての人に暖かく、誠意をもって交わったので、われわれの仲間には影佐氏の仕事を感激を以て助ける者が次第に殖えて行った」

松方三郎もこうして和平工作の一端をになうが、結局は失敗におわり、殿木圭一は「日華事変の早期終結のためには一臂の力をかすが、時の流れはいかんともすることができない」と書いた。

松本重治も松方三郎もこの和平工作に主体的にかかわっていた。殿木は「国家外交とはちがうレベルの、民間外交をやりながら、ジャーナリストとしての仕事をこなしていたのです」（『戦後改革期の政論新聞』）と言い、ジャーナリストの政治関与を許容する。

松本の没後、朝日新聞の論説主幹、松山幸雄が追悼記事の筆をとり、そのなかで「教条主義を排するリベラリスト」と規定し、さらに「理想主義的現実主義者」あるいは「現実主義的理想主義者」と、「理想」と「現実」という正反対のことばを「融合」しながら評したのも、ジャーナリストでありながら和平工作という政治にかかわる現実主義の故であったろうが、ジャーナリズムの道を踏み外したと正面から言い切れない松山の韜晦も感じられる。

松本重治は『上海時代』に日中現代史の断面を詳細に記録にとどめた。

「本来、歴史《ヒストリオグラフィー》の記述は容易なものでない。完全な歴史の記述というものは、あり得ないからだ。しかし、よき伝記が歴史的資料の重要部分であるという考え方からすれば、私がくわだてたこの回顧録も、伝記としての歴史的資料になることを念じて止まない」とあとがきで書いている。

　また犬養健は言う。

「私は国を愛し、そして中国が好きで、たまたま一つの和平運動の末席に加わった。不思議な運命のもとに私はまだ生きている。おそらく終始和平運動にたずさわった最後の生き残りの一人であろう。私はそういう資格の者として、世界のどこからもの質問の前に立つ用意のあることを告白する。とうに棺を覆うて死体の朽ちてしまった友のためにも、生きていて精神、肉体の傷痍にいまだに悩んでいる友のためにも、私はそれを義務と感じる」

　だが松方三郎は、なにも残していない。

　当時、松方三郎の部下だった小山武夫は取材メモをきちんと取っておく習慣を持っていた。

　――これは、どなたかの……？

「松方（三郎）さんが『新聞記者になったら、リタイヤしてから本の一冊も書けるように、普段から記録を取っておかなくちゃ駄目だぞ』と、私の友達にそういうことを言ったんですよ。それを聞いて、なるほどなあ、と思いました。だから、松方さんの影響というか、教訓といいますかね」

（「別冊新聞研究」第27号）

　小山武夫は法政大学を卒業して昭和9年4月、満州国通信社に入り、同12年同盟通信に移り、中南支総局報道主任をつとめ戦後中部日本新聞に入る。台湾政権との日華平和条約交渉の報道でボーン国際記者賞を受けている。

松方三郎は「ジャーナリストは歴史の証言者であれ」という認識は持っていたことは確かであろう。だが沈黙に終始した。師であった河上肇のことばを思うのみである。

「言うべくんば真実を語るべし、言うを得ざれば黙するに如かず」

昭和14年の夏、一時帰国した。松方家の長男巌には嗣子がなく、この問題を話し合うため帰国したのであろう。

当時、東京帝大総長をつとめていた長与又郎は同年8月29日の日記に「三時四十分、岩永夫妻、松方義三郎同道軽井沢駅を発し帰京す。七時上野着、黒木夫妻、三郎を待受け居たり。松方家嗣子問題語るならん」としるした。昭和18年6月に三郎は巌の跡を継いで松方家第三代の家長の座につく。

9月1日、同盟通信社長岩永裕吉が死去、古野伊之助が継ぐ。

鵬九天をうつ

時勢は第二次世界大戦に向かって足ばやにすすんでいった。

昭和14（1939）年8月、独ソ不可侵条約がモスクワで調印された。9月1日、ドイツ軍がポーランドに侵攻し、その2日後に英仏がドイツに宣戦布告、第二次世界大戦がはじまった。

中国大陸では蔣介石と袂をわかつ汪兆銘が9月21日、新中央政権樹立を声明し、日本と協議をはじめ、12月30日「日華新関係調整要項」を協定した。

その中味は、日本側が軍事上の実権をにぎり「日本の独占的な支配を新政府に認めさせるもの」（山中恒『アジア・太平洋戦争史』）だった。翌15年1月8日、阿部信行内閣は要項を閣議決定し辞職して、後事を米内光政内閣に託した。和平問題は米内内閣の最大の政治的責務だったが、思いがけない事件が起きた。和平工作に携わっていた高宗武と陶希聖のふたりが汪兆銘陣営から脱落し、上海から香港に逃げ、香港で発行されている「大公報」に連名で「要項」の中味を暴露し、「日本は中国を属国化するものだ」と公表した。

「影佐少将はもとより、その部下の陸軍の谷萩那華雄中佐や犬養さんたちにとって、あの二人の暴露は驚天動地で、震撼させられましたね。われわれも、こんなものを暴露されたらもう駄目だ、と

思いましたけどね」（小山武夫「別冊新聞研究」第27号）

同年3月30日、日本の軍事力を背景として、北京の中華民国臨時政府と南京の中華民国維新政府は手をくみ、南京遷都を宣言し、汪兆銘を主席とする南京政府を樹立した。蔣介石はこの南京政府を「偽政府」と批難し、日本のカイライ政権と断じた。

南京政府を承認したのはドイツ、イタリアの同盟国と満州国だけであり、汪兆銘や日本政府は対外宣伝のため通信社設立を急ぐ。南京政府直属の通信社として中央電訊社が創設されたのは5月1日、新政府成立からわずか1カ月後のことだった。社長には汪兆銘の腹心といわれた国民政府宣伝部長の林柏生が就任した。

同盟が全面的に協力し、無償のニュース交換などを取り決めた合作契約を結び、社長の古野伊之助が名誉理事、松方三郎が交換理事となった。さらに同盟社員7人が交換社員として入っている。日本政府もバックアップした。

松方三郎が草野心平と知りあったのはこのころだった。

「松方三郎を私に紹介してくれたのは当時南京政府の宣伝部長をしていた林柏生だった。昭和十五年の初秋、場所は汪精衛公館だった。汪先生の招宴で柳町精、松方三郎、林柏生夫妻と方君璧女史と私がその晩よばれたメンバーだった」（草野心平『追憶文集』）

柳町精（精一）は支那派遣軍報道部顧問で同盟中南支総局事務嘱託をつとめていた。

昭和13（1938）年秋に発行された週刊誌「満州評論」に掲載された「満州現時の漢字新聞界」（黒虎生）によると柳町は「北京日報」「信州日報」「九州日報」の各紙をへて大連で創刊され

た漢字紙「泰東日報」の主幹となった人物だ。同紙の創刊者金子平吉の門下生で硬骨漢、人の上に立つ逸材と黒虎生は評している。太平洋戦争のさなか南京で病死した。心平は汪兆銘、林柏生、松方三郎とともに「四人ともわたしの尊敬した人々だった」と言い切り、そして続ける。

「ただちがうのは（日本の）二人は病死、（中国の）二人は銃丸死である。そのことは何故か私に近代日本と中国とのなんかの象徴のように思えてならない。そして私がチュウチョなく言えることは汪精衛や林柏生の系譜の情熱は理想から生まれたものであり、当時の日本の為政者の主流は理想の仮面をかぶったポリシー謀者だったということである」

方君璧は、ハノイで汪兆銘が刺客に襲われたさい銃弾をうけ殺された曾仲鳴の夫人、方夫人も重傷を負った。

汪兆銘から言づてがあった。

「今度の招宴には曾仲鳴夫人の方君璧さんも見えるが、どうか曾仲鳴の死について悔やみの言葉を言ってくれないように……」

悔やみのことばを聞けば、かえって悲しみを思いおこさせる、という汪兆銘の気づかいだった。

心平は明治36（1903）年5月12日、福島県石城郡上小川村（現・いわき市小川町）に生まれる。大正8（1919）年、磐城中学（現・福島県立磐城高等学校）を4年生で中退したのち上京し、慶応義塾普通部3年次に編入。同年、同校を中退し、大正10（1921）年、中国の広東嶺南大学（現・中山大学）に進学する。詩作をはじめたのは留学中だった。心平と林は大学で一緒であり、林に誘われ、昭和15（1940）年8月、南京にわたり宣伝部顧問として敗戦の日までとどまる。

敗戦後、林柏生は日本へ亡命したが、中国へ送還され、漢奸（裏切り者）として昭和21（1946）年10月8日、処刑された。享年45だった。

「南京時代」を語らなかった松方三郎だが、林柏生の思い出を書いている。

「L君は多分湖北の出身だったと思うが、自分の小さな子供のころの勉強の仕方について、こんな話をしてくれた。子供たちはろくに字を読めないころから寺子屋式の学校にやられて、そこで古典の素読を習うのである。字はろくに読めないから、もちろん意味はわからない。しかし、それを、小坊主がお経を朗誦するように頭からくり返しくり返し声を出して唱えている間に、一冊の本がまるまる頭の中に入ってしまうのである。古典といえばいずれは孝経、論語といったものだろうが、とにかくまる暗記でそれが頭の中に入ってしまっていると、年をとって、個々の言葉の意味がわかる時が来た時、一冊の書物全体が空が晴れていくように、おのずからにして自分のものになっていくというのである」

松方三郎自身もこどものころ漢文の素読を習っていた。林柏生の話に同文同種の親しみを感じたのであろう。

戦後のことだった。世間の目から身を隠すように過ごす林柏生夫人との後日談がある。昭和37（1962）年3月末、松方三郎は欧米歴訪に出発、5月4日帰国した。帰途、中国にまわり、林夫人を訪ねた。

「そのホンコンでL未亡人を訪ねた時のことだ。訪ねて行って門のベルを押すと中から召使いが出て来て来客の顔を見とどけ、然る後鉄の錠前をあけて客を招じ入れるあたり、正に昔と同じことだ。

一方に中共をひかえ、他方海を隔てて台湾に向い合っているホンコンだけに、こうやって世の中から隠れてしまった人達でもやはりそれ相応の心遣いが必要なのだと知った。あるいは隠れているだけに一層こうした心遣いをしているのかも知れない」（『旧雨再逢』）

帰国後、草野心平に林夫人の近況を話した。

「ああ、元気だった。すごく喜んでくれている。草野《ツオイエ》先生にもよろしく言っていたよ」

心平のもとには毎年、かならず林夫人と方君璧からクリスマスカードが贈られてくる。昭和48（1973）年の林夫人のカードには松方三郎を悼む悲しい言葉が毛筆でつづられていた。

方夫人とのつきあいも続いていた。方夫人は二十世紀初頭における中国の代表的女流画家といわれ、フランスに留学しパリ国立美術高等学院で学んだ。同学院初の中国女性留学生だった。肖像画を得意とし代表作には「吹笛女」がある。戦後はフランスや米国ですごし、1986（昭和61）年、米マサチューセッツ州ケンブリッジで死去した。

夫人が東京に初めてやって来たのは昭和18（1941）年ごろ、下北沢あたりにひとりで間借りして、銀座の松坂屋で水墨画の個展を開いていた。あるとき心平はモデルになってくれ、といわれ出かけたこともある。ひどい二日酔いでソファに掛けるのも辛かった。許しを得て横になり手枕をした。方夫人はそのすがたをスケッチしたという。方夫人はその後も来日し、日本のあちこちを旅しながらスケッチし、東京にもどると霊南坂の松方家に泊まっていた。

昭和16年12月8日、太平洋戦争がはじまった。

大阪支社長の福岡誠一は連絡のため上海にわたり、総局長の松方三郎と連絡をとった。

「松方君は至極平静で、別に動ずる色もなく、互いに現実の発展を受けとめて情勢の見通しを語り合った」

当時は真珠湾攻撃の成功で内外の人心は沸き立っていた。ふたりそろって南京に汪兆銘を訪問したとき、揮毫のもとめに応じ汪兆銘は李白の詩「獨漉篇」を引き「為君一撃　鵬摶九天」と書いて、ご機嫌だったという。

真珠湾攻撃、1941年12月

「君のため一撃、鵬九天をうつ」であろうが、真珠湾の勝利を祝ってくれたのであろう。だが、これには意外な後日談がある。小山武夫が回顧している。

「開戦当日、ハワイの軍港を爆撃した写真がありますね、それを松方（三郎）さんが東京から持ってきたんです。そして汪兆銘にその写真をプレゼントしたいと言って……」

（「別冊新聞研究」第27号）

揮毫の答礼であったろう。ハワイ爆撃の大きな写真を10枚ほど手渡した。

汪兆銘はおもむろに口を開いて沈痛な顔で言った。

「実は私は、お国の大使にこういうふうに申し上げました。これは間違いです。敵はアメリカじゃなくてソビエトです。（略）しかし、始まってしまった以上、同艱共苦でお国と協力する」

小山はジーンときてすぐにメモを取っておいたが「松方さんがその言葉を記憶にとどめたかどうか」と小山は書きとどめ、

「……これには本当に強い衝撃を受けましてね。決して喜んでなかったです。松方さんが提供したのは勝った勝ったの写真ですからね。それだけに印象は深刻でした」

日本軍の協力で南京に政権を樹立した汪兆銘だったが、民衆の支持は得られず、勝った勝ったの浮ついた気分にはなれなかったようだ。汪は昭和10年、国民党六中全会の開会式で狙撃され、3発の銃弾をうけ、昭和18年、南京の陸軍病院で銃弾摘出手術をうけたが、病状思わしくなく来日し、昭和19年11月10日名古屋帝国大付属病院で失意のうちに死去した。

松方三郎の中南支総局長時代の事跡の記録はほとんどない。「開戦当時の中南支総局長は松方三郎であったが、松方は南京国民政府の機関通信社である中央電訊社の理事や中国放送協会の理事を兼ね、現地の文化工作にも貢献した」と『通信社史』は記述するのみだが、エピソードが残されている。

昭和17年のある日、松方三郎と草野心平がつれだって当時上海で活躍していたフォトジャーナリストの名取洋之助のもとを訪れた。

名取は報道写真の先駆者だった。明治43年の生まれ、父は富士電機社長、母は三井財閥元老朝吹英二の娘という名門の出、慶応義塾普通部に入るが、中学5年生にして待合から学校に通う、とんでもない少年だった。学業は不振、このままでは予科から大学に進学するのもむずかしい。あぶれ者の国外追放のような感じでドイツに渡り商業美術を学ぶ。

ここでライカに出会う。小型で首から提げられ、レンズ交換も意のまま、しかも36枚も撮影できる。日本では家一軒が買えるほどの高価なカメラだったが、ライカとの出会いが名取の生涯を決めることとなった。不良少年から脱皮し、やがてフォトジャーナリストとして活躍する。

満州事変が勃発すると、契約していたドイツのウルシュタイン社の特派員として事変を取材し帰国、昭和12年「ライフ」社の契約カメラマンとなる。同年7月、日中戦争がはじまり、中支派遣軍報道部の要請で上海に渡る。

当時、同盟通信上海支局長の松本重治が専務理事をかねていた対外文化宣伝機関プレス・ユニオンのフォト部門ともいうべきプレス・ユニオン・フォト・サービスを設立し対外宣伝に手を染める。事務所はプレス・ユニオンと同じビルに構えた。のちにフォト・サービスはプレス・ユニオンに吸収される。

名取と心平は慶応普通部の同窓だが、心平も中途退学し17歳で中国に渡っており、ともに正規の道から外れた似たもの同士、はじめての出会いですっかり気脈が通じる。名取が面識のない心平のもとを訪れたのは昭和16年の暮れのことだった。

心平は南京政府宣伝部顧問であり、仕事の関係もあったろうが、なによりも同窓のよしみを通じたい、そんな思いで心平の住む洋館を訪れた。鉄のトビラをあけると広い庭には犬やガチョウ、ニワトリがけたたましい声を張り上げ飛び回っている。

こいつらはね、大事な本に糞をして困るよと心平はこぼす。心平は上海に渡る前には新宿でヤキトリ屋をやっていたし、名取もこども時代からの食通でともに料理自慢、老酒と白乾児をくみかわし、食談義をやっているうちにすっかり意気投合した（三神真彦『わがままいっぱい名取洋之助』）。松方三郎もプレス・ユニオンの専務理事だったから宣伝工作の相談でもあったのかもしれない。上海ガニを肴に酒をのみながら、名取は「上海に孫文の銅像を建てたいが……」とふたりに持ちかけた。

このころ中国各地で日本人がやたらに神社を建てていた。北京、南京、包頭、太原、天津、山海関、青島、上海、香港など昭和15年から17年にかけては35社が建立されている。上海には上海神社がある。祭神は天照大神、明治天皇、神武天皇、昭和8年11月の創建だ。

中国のインターネット百科事典「維基百科」は「日本は中国侵入期間に中国各地に神社52座を設立した。その多くは中国の抗日戦争時に設立されたものだ」と書く。祭神のほとんどが天照大神、明治天皇、大国主命である。日本人が他人の土地に入りこみ、わがもの顔に皇国史観まるだしの神社を建てる。中国人にとっては、我慢ならないことだったろう。

名取はそれを見て腹を立てていた。

「神社を建てている連中に対抗して、こちらは中国革命の父孫文の銅像を作って上海市民に贈るというのがどうだろう」

心平が「孫文像設立趣意書」を書き、高村光太郎に制作を依頼するが、断られた。高村光太郎は人物を目の前にしなければ制作しない主義だった。

上海1937年

岩波文庫が古典の復権であるならば、岩波新書は時代の今を語る叢書だった。

上海や香港での勤務を終え東京にもどった殿木圭一が岩波書店の小林勇から上海について書いてもらいたいと依頼を受けたのは昭和16（1941）年のこと、翌17年3月、岩波新書赤版の「上海」と題して出版された。そのはしがきで「万事混沌としているのが上海の真の姿であり、それが克服された暁には上海は上海でなくなる」と上海の現実を要約した。

当時の上海は列強諸国の野望により租界に分断され中国の苦悩を象徴するかのような屈辱の都市だった。中国人がおおく住む南側の旧市街の城内を包み込むように共同租界と西側のフランス租界が広がっていた。租界は国のなかの「外国」だった。中国が手を出すことのできない治外法権の区域である。

米国や英国、日本など管理する共同租界のほぼ真ん中を北四川路という、市電が走る大通りが蘇州河から北へのび、いまは魯迅公園と名が変わった虹口公園にまでつづいていた。通りには日本憲兵隊本部、東本願寺、西本願寺、工場を改造し花道までしつらえた歌舞伎座、日本海軍特別陸戦隊本部がならび、料亭、さらに知恩院や上海神社まである。おおくの日本人が生活し、日本租界ともよばれた。

上海事変が勃発した昭和12（1937）年をはさむ前後数年間は上海を舞台に戦火にほんろうされながらも、それぞれの主義・主張をかかげ活躍していた日中の知識人たちがいた。かれらは互いに心をかよわせ、あるものはペンで、あるいは身を挺した運動で、それぞれの思いを表現した。かれらの結節点となったのは北四川路の北の詰めに店をかまえた内山書店、店主は内山完造、気のおけない好人物だった。

谷崎潤一郎が二度目の中国旅行で内山書店を訪れたのは大正15（1926）年1月、店の奥にはストーブが置いてあり、その周りにはテーブルや長椅子がならべてあって、お客がそこでお茶を飲みながら談笑する場となっていた。

「此の書店は、満洲を除けば支那に於ける日本の書肆では一番大きな店であると云う。主人と云うのは、気の若い、話の分る、面白い人であった」と『上海交遊記』に書いている。

うらぶれ果て、谷崎潤一郎に書いてもらった内山完造あての紹介状をもって詩人の金子光晴夫妻が日本から逃げるように上海にたどり着いたのは同じ年の3月、内山書店のすじむかいにある家の二階の小部屋に落ち着き、さて有り金はと、財布を逆さにして数えて、日本金5円と60銭の小銭があるだけだった。春先とはいえ、寒さの残る日もある。火の気はない。寒さに耐えられなくなると内山書店の奥のたまり場のストーブにからだをあたために出かけた、と金子光晴は著書『どくろ杯』にしるした。

そこで店主の内山完造と互いの身の苦労を語りあう。

内山完造は苦労人だった。

明治18（1885）年1月11日、岡山県後月郡芳井村の村長の家に生まれた。尋常小学校を卒業し、高等小学校にすすむが、修身の時間に神武天皇を批判するような質問をした。先生は士官候補生を志望する、いかにも軍人らしい人物だった。先生は激怒し、完造は縮みあがった。こんなありさまでは将来が案じられると親族が寄り集まって相談し、丁稚奉公に出すことにした。完造は12の歳に中退し、大阪に出て丁稚小僧になった。丁稚の日々はつらい。朝暗いうちに起きて店の雑巾がけや掃除をする。食事も一汁一菜、めったに魚が膳にのぼることはない。28歳まで大阪や京都の商家の店員として苦労の日々をおくる。

大正2（1913）年3月、京都教会の牧師の紹介で参天堂の「大学目薬」の海外出張員となり、上海に渡った。揚子江周辺の村むらをめぐり、目薬の旗を立て宣伝しながら売りあるく。

家の事情から京都・祇園の苦界に身を落としていた井上美喜と大正5年に結婚し、北四川路の路地裏にすまいを定めた。完造は家を留守にすることが多い。手持ちぶさたの美喜の気持ちを思い、内職代わりにと玄関先の机の上にビール箱を置きキリスト教関係の書を並べ売りはじめた。ささやかな、これが内山書店の出立だったが、何年かののちには向かい側の空家を買い取り、上海一とよばれる書店となった。

商法も客の自在にまかせる。本を取りだし読みふけるのもよし、現金がなければ日本人であろうが中国人であろうが、ツケで本をもとめることができた。万引きや貸し倒れを忠告する人もいたが、いっこう気にもしなかった。客に淹れるお茶は宇治茶だった。

あつかう書籍もはじめはキリスト教関係の書ばかりだったが、やがての中国の政治状況を映しだすかのように左翼系の出版物を書棚にならべる。日本国内で発禁になった禁書も購読できたし、全日本無産者芸術連盟（ナップ）の機関誌「戦旗」や松方三郎が参画した改造社の『マルクス・エンゲルス全集』もそろっていた。

「誰も彼もが社会と名がつく本を買って下さる中に、河上博士の『社会組織と社会改革』という大きな本が、中日何れもお客様に取り合いの様に売れた。（略）『貧乏物語』になると実に小説のように売れた」と内山は回顧している。

京都の弘文堂書房の出版物も多かったが、円本ブームのおりは各社の全集が人気をあつめていた。「日本の出版物が社会主義とか唯物論とか唯物史観とか資本論とか剰余価値だとか云う書名を見る様になった頃、私の店のお客様にもそうした本を読む人が多くなった。それは日本人だけでなく、中国人も同じであった。（略）中国社会主義の大先達の人々は悉く私の店のお客であった。私が後から見る処では中国の社会主義は日本留学の人々によって広がったものと思われるのである」と内山は『本と著者と読者』（井上清編『不屈のマルクス主義者　河上肇』所載）で書いている。

「時代によって変転があって、聚る顔ぶれは変ったが、呉越同舟、中国人も日本人もこの場だけは、腹蔵のない意見を闘わせ、互いのこころの流れあえる場になっていた」と金子光晴も『どくろ杯』に書く。密告、不信、テロあるいは麻薬、退廃が支配する上海にあっては気のおけない文化サロンであったろうが、魯迅がはじめて立ち寄ったのは昭和３（１９２８）年10月5日のこと、日記に「五日雨上午寄静農（略）往内山書店買書四種四本十元二角」としるした。

あいにく内山は魯迅の顔を知らなかった。

蔣介石が国共合作をご破算にしたクーデターで左翼への弾圧がきびしくなり、革命の策源地といわれる広東にもその嵐がおよんできた。中山大学で文芸論や中国小説史を講じていた魯迅は逮捕された学生の救出を会議の席上、訴えたが容れられず、大学を去り、上海に行き共和旅館に宿をとった。藍色の中国服をまとい鼻下に黒いひげを生やした魯迅が二三の友人とともに足しげく通ってくる。

完造が魯迅と知ったのは、それから幾日かの後だった。

魯迅が一人でやってきて本を選り出し長椅子に腰を下ろし、完造夫人のすすめるお茶を飲みながら煙草に火をつけて鮮やかな日本語で選り出された本を指して
「老板《ラオパン》、これを届けてください」と住所を言う。老板とは主人、あるいは「大将」と親しみをこめた呼称だ。

「あなたのお名前は」

「周樹人と申します」

「アー、貴方が魯迅先生ですか。お顔を存じませんものですから失礼しました」

魯迅の家と書店は歩いて行き来できるほど近い。ふたりは、こののち信頼しあい、終生の交流をつづけ、魯迅死去のさい完造はフランクフルター・ツアイトゥング紙の記者アグネス・スメドレーとともに葬儀委員をつとめた。

内山書店に足を運んだのは魯迅や中国社会主義の先達だけではない。上海駐在のジャーナリスト

たちも通いつめていた。

朝日新聞上海特派員の尾崎秀実が赴任してきたのは昭和3年11月のこと。住まいも内山書店にちかく、やがて常連の客となる。当時の上海支局長、太田宇之助によれば「猛烈な読書家で毎月の内山書店への支払いが大変だった。店主内山完造君と私とは古くからの親友で、私は暇あれば同書店へ出かけて漫談したものだが、こんな関係もあってか、若いサラリーマンには身分不相応に買い込む尾崎君の書籍借金がかさむのを内山君はあまり気にしない様子だった」(尾崎秀樹『上海1930年』)。

松本重治も常連のひとりだった。赴任の当初は家族を日本にのこしたが、やがて呼び寄せた。住まいは何回か変わり、こどもを診てくれる福民病院にもちかく、日本人がおおく住む虹口地区がよかろうということで「よい借家はないでしょうか」と内山完造に相談する。

「この近所のスコット路にいい家が空きそうなのでお知らせします」と親切に知らせてくれたという。

松本重治が内山の紹介で魯迅と会ったのは昭和8年のこと。いつも濃紺色の綿服をまとい、静かな物腰だが、眼だけは鋭い。シガレットの紫煙をなびかせながら、本を立ち読みする。魯迅の訃報を耳にしたとき「魯迅さんに会うたびに、私は、私がやっていることを叱られているような気がしました」と松本は内山完造に語った。

松本重治のあとを引き継いだ松方三郎も常連となる。

「内山書店ではよく腰を据えてお茶をご馳走になっていたし、店主内山完造さんとは戦後も親交があった。（略）松方さんもまた魯迅の本は随分読み、魯迅のファンであった」と殿木は回顧している。

のちに同盟通信記者となる西里竜夫も内山書店をよく訪れていた。当時は上海同文学院の学生、お茶をごちそうになり、内山完造の紹介で魯迅とも知り合っている。昭和8年、学院卒業後、上海日報の記者になり、同年、新聞聯合通信にうつり、同盟通信の発足時に南京支局に転勤し、ついで読売新聞上海総局に移籍した。汪兆銘の南京政府樹立のさい創立された中央電訊社では同盟通信からの出向社員という肩書きで働いていた。

「松方さんもかわいがっていたし、その前の松本さんもよく知っておったと思うんですよ」と小山武夫は「別冊新聞研究第27号」で語っている。

西里は明治41（1908）年1月、熊本市の米屋の末っ子に生まれた。済々黌中学校を卒業し、大正15年、上海の東亜同文学院に入学、在学中に学友たちと社会科学研究会を組織し、河上肇の『資本論』の解説やブハーリンの『史的唯物論』などを勉強した。

学院は中国大陸進出のための幹部養成学校、国策学校で軍事教練まで課されていたとはいえ、比較的自由なところもあり、マルクスやエンゲルスの翻訳書や社会科学の書物も自由に読まれていた。「後には学生寮のどの部屋にも、『マルクス・エンゲルス全集』が散見される状態であった」と西里は著書『革命の上海で』のなかで書いており、「戦旗」を購読していたので共産党員が一斉検挙された「3・15」事件など日本の国内情勢をつかむことができたという。

昭和5（1930）年、学院を卒業し、上海日報社に入社、政経記者となった。西里の学友で上海毎日新聞記者の岩村竹二は尾崎秀実の住まいちかくに下宿していた。そうしたことから尾崎と西里らは親しくなり、かけ出し記者のふたりは尾崎からいろいろ教えを受けた。

　西里は同年7月、上海の記者なかまや在留日本人の進歩的な人たちを結集し、日本の侵略戦争に反対する決意を固め反帝反戦をかかげる「中国問題研究会」を結成した。日本人ばかりではなかった。中国人学生も参加した。

　研究会の指導者として招かれたのが、河上肇門下の王学文だった。

「王学文は中国の著名なマルクス主義経済学者、教育家で、中国における資本論研究の第一人者でもある。一九二八年から三七年にかけての一〇年間、国民党支配区の上海にあって、マルクス主義の普及につとめるかたわら、党の地下工作にも携わり、ゾルゲと尾崎の数少ない中国の戦友・同志の一人でもあった」と北京に本社を置く中国新聞の東京支局長をつとめた楊国光は著書『ゾルゲ、上海ニ潜入ス』で紹介している。

　西里は「私は、中国共産党江蘇省委員という重要な任務をもった人物とは当初まったく知らなかった」と振り返っているが、王学文は松方三郎より2年ほどあとに京都帝大経済学部に入り、河上肇の直弟子となった人物だ。

　上海での地下活動ののち昭和12年春、延安におもむき、中国共産党首脳陣のマルキシズム理論の指導者となる。

「……毛沢東は艾思奇・王学文ら延安に参集したマルクス主義理論家との交流を通じて、理論レベルの向上に努めていた。共産党の指導者たるもの、単なる戦略家、実践活動の成功者では不充分であり、人に引用されるような理論を持たねばならないからである」（石川禎浩『シリーズ中国近現代史③　革命とナショナリズム』）

王学文は１８９５（明治28）年5月4日、江蘇省徐州に生まれ、15歳のとき叔父について日本に留学した。

中国留学生のための予備校ともいえる東京・目白の同文書院に通い、ついで大学に入るために設けられた一高予科に入学した。入学試験は日本語の書き取り、作文、日本語会話、数学は算数、代数、幾何の3科目、英語は日本語の英訳、英語の日本語訳だったが、試験は難関だった。王は三角法などはまったく勉強していなかったので自信はなかったが、王は「予想外にも合格した」と書いている。一高に入れば官費留学生の資格がとれたので学費と食費が免除されるようになる。

授業は日本人学生とは別だったが、食事と宿舎は同じで、当時の高校生のバンカラな風習、ストームや「寮雨」という手荒な歓迎も体験した。

しかし予科の授業についてゆけず1年留年して金沢の四高に入学し、１９２１（大正10）年京都帝大に入り経済学を専攻、河上肇に師事した。松方三郎が入学したのは１９１９年、その2年後に王学文は入っている。ともに河上門下、学生生活も一年間かさなる。学部で3年間、さらに大学院にすすみ研究生として河上肇の指導を受け、マルクスの『「経済学批判」序言』から入り、さらにすすんで『資本論』の研究に取り組んだ。

松方三郎や王学文が師事したころの河上肇は多分にヒューマニズムという砂糖をふりかけた大甘な経済学者だった。王学文も「前の二年間の講義ではブルジョア経済学理論があったり、プロレタリア政治経済学があったりした。ある観点ではあいまいなところもあった」と雑誌「人民中国」（1981年10月号）に執筆した「河上肇先生に師事して」のなかで振り返っている。

しかし、3年目になると状況は変わる。

「……日和見主義的な観点をいくらか帯びていたが、基本的にはマルクスの『資本論』の体系に基づいていた」と王学文は書いており、その後、河上肇はさまざまな批判を受け止めて思想的脱皮をくりかえし、真のマルキシストとなった。

王学文はその師の思想遍歴を目のあたりにし、学問に対しては厳粛でまじめであることに感銘を受けた。

京都帝大時代、生活は非常に苦しかった。月70円の官費を受けていたが、中国の古いしきたりで四高時代に親が決めた許婚者と結婚し、京都帝大時代には妻と娘二人の生活費と学費や本代を賄わなければならなかった。関東大震災の年にはさらに一人こどもが増えた。

「私の一家は肉をめったに食べず、いつも野菜や豆腐で、たまに牛のもつや鶏ガラでスープをつくったがとても美味かった」

昭和2（1927）年4月12日、国民党の実権をにぎった蔣介石が第一次国共合作を破棄し上海で反共クーデターを企て南京国民政府を樹立した。王学文は中国共産党に入党することを決意し、河上肇に別れをつげ、上海に向かった。葉挺将軍の軍隊に参加するつもりだったが、手続きが間にあわなかった。しかたなく再び日本に渡るが所持金をつかい果たし生活は友人にたよるほかなかった。8月1日、周恩来、朱徳、賀竜らが南昌で蜂起した。

ただちに帰国を決めたが、旅費は足りない。学友たちは河上肇に援助をお願いするようすすめてくれる。

「後日、私は先生のお宅で奥さまにお会いした。日本人はとても礼節に厚かった。普通現金をそのままむき出しで相手にわたさない。先生の奥さまは、封筒にいれてわたしてくれた。あけて見たら二十円入っていた」（「人民中国」）

長崎—上海連絡船の運賃は畳敷き大広間の3等船室で18円、神戸からだと23円、長崎から上海まではまる一昼夜の船旅だった。上海に帰り、上海芸大、華南大学、群治大学で教鞭をとるとともに党の活動に携わる。

王学文は「中国問題研究会」でマルクス主義経済学のセミナーを受け持ち、朝日新聞上海特派員尾崎秀実もときどき助言者としてセミナーに顔を出していた。

王学文の働きかけで昭和5年9月、西里らを中心に秘密組織「日支闘争同盟」が発足し、反戦闘争を展開した。西里は「王学文は、非合法活動のやり方について細かく技術的な面まで指導してくれた。そして私たちは、在留日本人の結集、とくに日本軍隊にたいする働きかけを開始した」と回顧している。研究会は先鋭化し街頭で闘う実践団体となった。尾崎秀実も積極的に活動を支援した。西里とともに先鋭となって活動していたのは川合貞吉だった。

川合は明治34（1901）年9月15日、岐阜県安八郡川並村に生まれ、大正14（1925）年に明治大学専門部を卒業した。在学中に左翼運動にも関係し、昭和3（1928）年中国に渡り、上海新聞週報の記者となり、尾崎やリヒャルト・ゾルゲと知り合い、ゾルゲの情報組織の重要メンバーになった人物だ。

「日支闘争同盟」の活動は活発だった。

日本軍隊の兵舎に反戦ビラを投げ入れる。昭和5年11月7日の深夜、陸戦隊の兵士が往来する通りの料亭・月廼家花壇の塀に反戦スローガンを書きつける。白墨で書けばすぐ消されてしまう。そこでコールタールで大書した。

支那から手をひけ！

侵略戦争反対！

日本軍隊は撤退せよ！

上海日報の記者だった西里は、それを写真に撮り大々的に新聞で報道した。「まさに『自作自演』とも言うべきものであった」（『革命の上海で』）。警察は血まなこになって捜査をしたが、犯人はわからずじまいとなった。

昭和5年12月初め「ハハキトク」の電報をうけとり西里は帰郷した。さいわい母は回復に向かったので日本共産党との連絡をとるため上京したが、共産党は地下にもぐり容易に連絡はつかない。後事を同文学院時代の同窓生の尾崎庄太郎に託し東京を去った。帰途、滋賀県で教師をつとめていた中学時代の友人宅に立ち寄った。そこで差出人不明の上海からの一通の電報が届いていた。西里はとっさに上海での異変を直感した。このとき上海では日支闘争同盟に捜査の手がのび、同文学院の学生を含めた二十数人が検挙され同盟は壊滅した。上海には戻れない。友人のすすめで大阪でオルグ活動をはじめるが、やがて警察の手がのび、東京に逃げる。反戦運動の先頭に立っていた共産主義青年同盟に入り活動する。

　昭和6年8月のある日、仲間との街頭連絡中、逮捕され、高田馬場署に連行され「日支闘争同盟」の〝首魁〟だとわかり、長崎地裁で懲役1年の判決をうけた。諫早刑務所で服役し昭和7年12月、出所し故郷にもどり、家業の米屋を手伝った。

　昭和8年は内外の情勢が激しく動いた年だった。河上肇が検挙され、小林多喜二が築地署で拷問死し、国外ではヒトラーが政権をにぎる。西里の心は騒いだ。ひそかに上海の友人と連絡し、その年の10月、上海に渡り、聯合通信上海支局に入る。支局長はその前年12月に赴任した松本重治だった。

「『転向』ばやりの時期だったので、私は、転向をよそおって新聞連合通信上海総局《ママ》（のちの同盟通信社）にはいった。みんな先輩たちのお陰であった」（前掲書）

　さっそく手をつけたのが中国共産党との連絡だった。

東亜同文学院の組織は壊滅し、後輩の中西功は学校から追われていた。なかなか連絡はとれなかったが、半年後の昭和9年5月、王学文と再会した。王は昭和7年郷里から家族を呼び寄せ、党の指令で地下工作に専念していた。自宅は中国共産党中央、同江蘇省委員会、さらに上海特科の秘密アジトだった。王の指示で連絡者の中国人と会い、フランス租界におもむき、重要な地位にあると思われる2人の中国人に紹介され、中国共産党に入党がみとめられた。

「そして私の新しい人生が始まった――」と西里は感激のことばを残す。

　任務は日本人の反戦勢力の結集と情勢分析に必要な資料の収集だった。「新しい人生」とは、反戦運動から情報活動への転換であったろう。毎週1回、党組織と連絡しフランス租界の外人レストランや共同租界の中国料理店の個室で情勢分析した。

中国共産党の情報活動は昭和2(1927)年4月の蔣介石が起こした反共クーデター前後にまでさかのぼる。蔣介石は南京国民政府を樹立し、ホコ先を共産党に向けた。上海では白色テロが荒れ狂った。中国共産党中央はこれに対抗するため周恩来らが「中央特科」という組織を設けた。その後、第二次国共合作がなると「特科」は「情報科」となり、任務も対日戦略情報の偵察と収拾になった(楊国光『ゾルゲ、上海ニ潜入ス』)。

「この上海情報科の最初の責任者は金鵬で、日本人の中共党員で特科のメンバー中西功、西里竜夫らと常に連絡を取り合っていた」(同書)

西里が新聞聯合と同盟通信に在籍していた期間は昭和8年から11年10月までのおよそ3年間、その後、昭和10年11月に開設された読売新聞上海総局に引っ張られた。

昭和13年3月、近衛内閣の「国民政府対手にせず」の声明に呼応し日本軍の後押しで、南京に中華民国維新政府が設立された。揚子江に沿う三省と上海、南京を支配地域とする、いわば地方政権にすぎない日本のカイライだった。対外宣伝を重視し、日本軍の占領地区内の新聞社にニュースを配信する中華聯合通訊社(中聯社)を設立した。管轄は維新政府宣伝局だったが、陸軍報道部の指導のもとで動いていた。同盟通信も協力し、中南支総局華文部長の奥宮正澄が常務理事に就任した。

そのようなとき西里は中支派遣軍司令部の馬淵逸雄報道部長に呼び出された。宣伝活動の指導にあたって欲しいという要請だった。軍の嘱託、しかも奏任官待遇である。身を隠すには格好の場だった。奏任官は軍の階級でいえば佐官・尉官級の将校だ。現地の高級将校に近づける。情報活動には、うってつけの地位だった。内心〝しめた〟と思った、と西里は振り返っている。

「私が思想犯の前科者であることをご存じか?」

「調査済みだ。(略)もう転向しているであろうが……」

「もう、とっくに転向していますよ」

報道部から帰るとすぐ党組織と協議し、軍の要請を承諾し単身南京に赴任した。中聯社には二十数人の中国人が働いていた。そのうち10人ちかくが記者だった。西里の仕事は監督、指導で、記者たちに指示して書かれた原稿に目を通すこと、いわばデスクである。

ひとつ問題があった。中国共産党との連絡をどうするか、だった。折よく後輩の中西功が満鉄上海事務所に転勤してきた。連絡は中西があたることになり、西里はときどき上海に出て中西とともに党組織と連絡しあった。

中西は、明治43(1910)年9月18日、三重県多気郡西外城田村の小地主兼自作農の家に生まれ、宇治山田中学を卒業し、昭和4年、県費留学生として東亜同文学院に入る。西里の3年後輩だった。中国問題研究会に参加し王学文や尾崎秀実と知り合う。そのころ学院に中国共産主義青年団の細胞が結成され、それに参加したが、「日支闘争同盟」には加わってはいない。

しかし「日支闘争同盟」の闘争の失敗から警察の手がのび、その巻き添えで逮捕された。釈放後日本にもどり、尾崎の紹介で満鉄に入社し、大連の満鉄本社に配属され、昭和13(1938)年2月、満鉄上海事務所に転勤した。

コードネームは李竜

ある日の連絡のときだった。西里は党組織から告げられた。

「万一の場合を考慮して、あなたには李竜《リールン》と名乗ってもらうことに決定した」

西里の「里」を音の通じる「李」に置き換え、「竜夫」の「竜」を組み合わせたものだった。日本軍は点（都市）と線（鉄道）しか支配できず、一歩、外へ出れば、もはやそこは危険地帯だった。当時、新四軍の活動が強化され、上海―南京間も夜になると鉄道が破壊され、安全ではなかった。

「あなたが乗った列車が、もし襲撃されても李竜と名乗ってくれれば、安全を保障するように、すでに手を打ってあります」

西安事件のあと第二次国共合作が成立し、共産党軍は再編成され国民党軍に組み込まれた。華北で戦闘していた共産党軍主力は八路軍とよばれ、また揚子江の中流地域でゲリラ戦をやっていた赤軍は新四軍となった。

西里は南京の組織づくりを急いだ。「効果的な宣撫工作をやるには優秀なジャーナリストが必要だ」と強調した。通訊社の宣伝局長や軍部も賛成し、人材を集めることになった。懸賞論文を募集し、当選者を採用する。

西里は策を用いた。軍部が気に入るような論文の骨子を書き、党組織にわたし、同志の陳一峰に応募させた。陳が一位となり、通訊社に採用された。こうして南京の組織づくりは第一歩を踏み出し、半年後には上海から中国人同志が数人が潜入してきて、通訊社の雑役となったり、漢方医の開業医となったりして、組織はしだいに固まってゆく。

組織の会議は金曜日の夜。西里は会議の前に禅寺に行き座禅を組む。むろん偽装のためだ。禅寺を出るとこっそり会議に出席した。南京は日本軍総司令部のお膝もとだけに細心の注意をはらった。

この当時の仕事は前線の日本軍兵士にまく反戦ビラや新聞をつくることだった。それをガリ版に切り、新四軍の兵士たちがばらまいた。

昭和15（1940）年3月、汪兆銘の南京国民政府が成立すると中華民国維新政府の中聯社と汪兆銘政権の中華通訊社が統合され、中央電訊社が創立された。中央電訊社と同盟は一心同体だった。西里は同盟通信からの出向社員という形で引きつづき中国人社員の指導にあたる。中南支総局長の松方三郎は中央電訊社の交換理事を兼務しており、西里の手腕を高く買っていたが、中国共産党員とは知らなかったようだ。

「この当時には、汪政権の内部ふかく同志たちももぐりこんでいた。だから汪政権の動静は、ほとんど完全に細胞ではつかんでいた。同志の汪錦元は、国民政府外交部の外交専員で、陳璧君のお気に入りの秘書であった。陳璧君は汪精衛の夫人で、国民政府の裏の実力者で、いちばんの切れ者であった」と西里は書いている。松本重治と汪兆銘との和平工作は中国共産党中央に筒抜けだった可能性があろう。

情勢分析に必要な、さまざまな情報を、西里は容易に入手できる立場だった。しかし、どのような情報をつかんだのか、西里や中西の著書には触れていないが、西里が入手した情報の一端を楊国光が『ゾルゲ、上海ニ潜入ス』で書いている。

西里が中西に宛てた密書でつぎのような重大情報を報告している。

「（略）前日、総軍（支那派遣軍総司令部の略称）主催の関東軍参観団歓迎レセプションで耳にしたことを、ここにご報告いたします。

――関東軍はソ連への防衛にあてた二〇万を除き、ほかすべてを南方へ派遣する。

――海軍の集結・待機海域は択捉の単冠湾とする。

――十一月下旬、艦隊出航、東南に向う。

上記の消息は参観団団長が酒に酔って、不用意に漏らした機密情報です（略）」

ゾルゲや尾崎秀実が東京で得た日本軍の「南進説」を裏付ける情報であり、真珠湾攻撃を予告する情報だった。

昭和16年11月22日、南雲忠一中将指揮下の機動部隊が択捉島《えとろふ》の単冠《ひとかっぷ》湾に集結、同月26日、同湾を出発、12月8日、真珠湾在泊中のアメリカ太平洋艦隊艦を攻撃し、太平洋戦争の口火を切った。

「ゾルゲ・尾崎の逮捕あと、中西功や西里竜夫らがその後を継ぐ形で入手した日本の南進計画、太平洋戦争の予告などの情報は、世界反ファシズム陣営の戦前の戦争準備にピリオドを打つ、画期的な成果となったのであった」と楊国光は評している。

中央通訊社の理事のひとりに袁殊という人物がいた。肩書きは新中国報の社長だが、実のところ昭和6（1931）年に中国共産党に入党している。昭和12年、日本軍の手に落ちた上海から香港に鹿地亘が脱出するさい力を貸した人物のひとりだった。

治安維持法違反で懲役2年、執行猶予5年の刑をうけ、市ヶ谷刑務所を出所した鹿地亘が、昭和11年1月、ひそかに出国し上海に渡った。執行猶予のあいだは常に官憲の目が光っている。転居するにも裁判所や警察に出頭しなければならない。中国巡業に出かける剣劇の一座に身を隠す、きわどい脱出だった。

上海に着いて北四川路の歌舞伎座の屋根裏部屋に落ち着き、さっそく内山書店に足を向けた。魯迅に会わせてもらおうと思ったからだった。内山完造は店にはいなかった。自宅を訪ねた。えらい野郎が舞い込んだな、という表情だったが、椅子をすすめ、魯迅にその旨を伝えようと約束する。歌舞伎座に帰ると内山から電話が入った。七高時代の旧友、牧内正男が訪ねてくるという話である。鹿地が帰ったあと、すぐ牧内が来たので鹿地の素性をそれとなく聞いてみると、学校時代の友だちなんだ、ということで安心して居所を教えた。

牧内は同盟通信上海支局の記者だった。その後、天津支局英文部主任になり、太平洋戦争時は中屋健一の後任としてマニラ支局長をつとめ、本社の欧米部次長やバンコク支社長を歴任した。

牧内は友人をともなっていた。上海日報の政治部主任の日高清磨瑳を紹介する。鹿地が身の上話をすると日高はすっかり感動してしまった。

鹿地は明治36（1903）年、大分県東国東郡三浦村で生まれた。鹿児島の七高を出て東京帝大文学部に入る。新人会に加入し、大正11年の夏、新潟県・木崎村の農民闘争の応援にかけつけた。

荘原達とともに活動したのであろうが、鹿地が上海に来た当時は荘原は帰国していた。

大学卒業後、日本共産党の機関紙「無産者新聞」の文芸欄に作品を執筆したのがきっかけで中野重治らプロレタリア作家と知り合い、日本プロレタリア作家同盟に加わる。当時は共産党への弾圧がきびしく「小林多喜二は白色テロルに殺された。一九三一年から三四年のはじめまで、私も、一八回留置所に投ぜられた」(『中国の十年』)と鹿地は書いている。

数日後、内山書店で魯迅と会う。中国左翼作家聯盟(左聯)の胡風をともなっていた。胡風は昭和4(1929)年に日本に留学、周恩来も学んだ東京・神田の東亜高等予備校で日本語を学び、同6年、慶応義塾大学文学部に入学している。

二人とも日本の事情にはくわしい。魯迅の口からは蔵原惟人や中野重治の名が語られる。魯迅との出会いから夏衍、蕭軍ら中国左翼陣営の作家たちと知りあった。

夏衍は劇作家、魯迅とともに左聯の指導にあたっていた。大正10(1921)年1月、北九州の私立明治専門学校(いまの九州工業大学)で電気工学を学んだ。尾崎秀実や同盟通信上海支局の山上正義、西里竜夫とも交友していた。

手荷物一つで上海に落ち延びた鹿地には蓄えもない。家賃も払えない。魯迅は生活の心配までしてくれる。

前々から改造社から依頼されていた新しい中国の文学作品を日本に紹介する仕事を世話してくれた。魯迅が作品を選び、鹿地が翻訳する。しかし鹿地は中国文は読めない。日高に手伝ってもらう。翻訳に魯迅が手を入れる。

だが、そのころ魯迅は体が弱っていた。魯迅にかわり胡風が面倒をみる。

昭和11年10月19日、魯迅が死去した。最後を看取ったのは夫人の許広平と七つになった長男の海嬰、そして内山完造だけだった。

明けて昭和12年7月7日、盧溝橋で日中両軍が衝突し、8月9日、上海で激しい戦闘がはじまった。鹿地の身にも危険が迫っていた。髪をオキシフルで赤茶色に脱色して「外国人」になりすます。上海に着いてまもなく池田幸子と知り合い結婚していた。魯迅夫人の許広平が孫文夫人の宋慶齢と相談し、鹿地夫妻の中国入境について南京政府に交渉してくれることになった。

蔣介石夫人の宋美齢は慶齢の妹だ。その線で租界から中国への入境を図ったが、交渉はうまくすすまなかったらしい。

鹿地亘は著書『日本兵士の反戦運動』につぎのように書いている。

「一九三七年七月七日の蘆溝橋事変から一カ月あまり後の八月十三日、上海の激闘が火ぶたを切った日に、二組の日本人が虹口の居留民区を脱出して蘇州河の南岸に移った。一組は蔣介石の特務機関である国際問題研究所所長の王芃生（当時王大禎と名のっていた）にまもられた青山和夫、もうひと組は中共とその文化界に援けられた鹿地亘と妻の池田幸子であった。（略）鹿地夫妻は上海が陥るまでの間、日本側憲兵隊と特高に、また蔣介石の特務警察に追跡されながら、フランス租界を転々と潜行し、（蔣介石夫人の）宋美齢を通じて国民政府側の受け入れを交渉しつづけたが、結果を得ず、ついに上海が陥ちたとき、ニュージーランド人レウィ・アレーらの外国人同情者に援けられ、ホンコンに脱出し、そこの文化界にまもられながら、九龍のある漢方医の住いの屋根裏部屋に潜伏した」

南京政府との交渉ははかばかしくない。フランス租界を転々と潜行していたときに出会ったのが袁殊だった。

鹿地の著『脱出』によると――。

身を隠す日々の、ある日のことだった。妻の幸子とともに街を歩いていると人力車とすれ違った。

「袁珠よ！　ほら、新聞記者の――」

「夏衍から聞いてね。僕が君らを連れ出しにやって来たのだよ」

フランス租界の袁殊の家に案内された。

「ここでは遠慮はいらないよ」

くつろいだ調子になって袁殊は話題を変えた。

「山上正義を君らは知ってるかね？」

「名前は知っているよ。同盟通信のだろう？」

鹿地と山上は、たがいに名を知ってはいたが、面識はなかった。

「会ったことはないが、名前は識っているといってたよ。それから、目をそむけてね、あの人はもう絶対に、日本に帰る気をおこしちゃいけない、機会があったら知らせてくれといってたよ」

鹿地は山上のことばを胸につつみこんだ。もはや日本には帰れない。

「ただ前に道があるだけだ――。遮二無二前をひらかねばならぬ私の絶望的な決心は、その忠告で、いやが上にも励まされるのだった」

魯迅の葬儀で知りあいとなった米国人の家にかくまわれたが、最後に移り住んだフランス租界の家で日本軍部の特務機関に発見されてしまった。11月25日、上海は陥落した。日本軍司令部からフランス当局に逮捕・引き渡しの要求が突きつけられ、上海を脱出するほか道はなかった。米国人が紹介してくれたレウィ・アレーが香港行きの汽船の切符2枚を用意してくれる。ピーター王《ワン》と名乗りバイブルを抱えメキシコ生まれの牧師になりすまし香港に向かった。

香港では夏衍の世話になる。

「一九三八年の春、郭沫若からたのまれていたので、林林に香港に行ってもらって鹿地亘夫妻を広州に引きとり、その後さらに、かれらが漢口へ行って第三庁の工作に参加するよう手配しました」（夏衍『ペンと戦争』）

第三庁は蔣介石国民政府の軍事委員会政治部の一部門、昭和13年4月に設立されたばかりの政治宣伝のための部局で、その長は郭沫若だった。こうして鹿地は〝まぼろしの部隊〟といわれた日本軍捕虜兵士による「日本人民反戦同盟」を組織し、反戦運動を指導した。

鹿地は夏衍がこの年、石川達三の『生きている兵隊』を翻訳し、『未死的兵』と題して南方出版社から刊行したさい、序文を書いた。

知られざる中国特派員

鹿地に「日本に戻るな」と忠告した山上は同盟通信上海支局長代理だった。

「戦前の日本で、中国の現代史にもっとも深く関わった知識人の一人である山上正義は、中国の代表的文学者魯迅とも親交を保ち、林守仁の筆名で『阿Q正伝』をごく早い時期に日本に翻訳紹介した。新聞連合《ママ》社の中国特派員としてかの地で、国民革命の高揚と挫折を目のあたりにした山上は、それらの歴史的事件を記録し発信したすぐれたジャーナリストでもあった」（『ある中国特派員　山上正義と魯迅』）と魯迅の研究家・丸山昇（中国現代文学）は、その人物像を要約し、さらに「ゾルゲ事件」ではきわどい位置にいた、としるしている。

歴史に書かれざる一頁があるとすれば、山上もまた知られざる特派員だったろう。

明治29（１８９６）年、鹿児島市で生まれ、中学を出て鹿児島高等農林学校を卒業した。一石路の俳号をもつ栗林農夫と知りあい、昭和10（１９３５）年、俳句を送っている。栗林は同盟通信社会部長をつとめ、戦後は松本重治らが創立した「民報社」に入った。季題にこだわらず五七五の定型にはまらない自由律の俳句をよみ、プロレタリア俳句運動を展開した人物だ。

山上は大正12（１９２３）年、東京で陸軍大演習が行われたさい、反軍・反戦のビラをまいたという暁民共産党事件に関係し逮捕され、禁固8カ月の判決を受けた。出獄後、大正14年4月上海に渡る。「赤」という前歴のできた者には住みにくくなった「内地」を離れて、より自由に動ける土地を求めたのが、上海行きの動機だったろう、と丸山は言う。邦字紙「上海日日新聞」に籍をおいたのち東方通信社に転じ、広東支社長となった。

大正15年5月、同社と国際通信社が合併し新聞聯合通信社となる。山上はそのまま広東に駐在したと思われる。

魯迅が厦門から中山大学の文学部教授として広東にやって来たのは、この年の暮れだった。山上がはじめて魯迅を訪ねたのは定かではないが、『魯迅日記』の1927（昭和2）年2月11日に山上の名が現れる（『ある中国特派員』）。

「十一日曇。……午後山上政義《ママ》来る……」

魯迅との出会いの日の情景を山上はこうしるした。

「日本であったら田舎の小学校の小使室でもあろうかと思わるるような狭い汚い一室。魯迅はその室にこれもよぼよぼの六十一歳ぐらいの老人を一人使ってほとんど自炊生活をしていた」

昭和2年12月11日早朝、広東で中国共産党の葉挺らが指導する民衆が武器をとって立ち上がり全市を制圧し、人民政府を樹立した。いわゆる広東コミューンである。しかし、国民党軍の逆襲を受け3日間で崩壊した。

中国革命の一頁となる、この武装蜂起を「香港聯合11日発」と最初に報じたのが山上だった。当時、広東・香港に支局を設置していたのは聯合だけ、山上はひとりで両支局をかけ持ちし、必要に応じて行き来していた。

広東コミューン取材は山上に衝撃をもたらし、のちに林守人のペンネームで「支那を震撼させた三日間」という全十四場の戯曲を書き久保栄の編集する「劇場文化」（2号　1930年4月1日発行）に掲載された。

左翼弾圧のあらしを避けて魯迅が広東を去り、上海についたのは同年10月3日のこと。住居はいくたびか変わったが、ついの住み家になったのは北四川路、内山書店にちかい場所だった。

山上がいつ上海に戻ったのか、はっきりしない。『魯迅日記』には「1929年10月21日の夜、果物屋の店頭で山上と出会った」との記載があり、おそらく山上が上海にもどった直後のことであろう、と丸山は書いている。

上海にもどった山上は北四川路麦拿里の柿木原の家の二階に住んだ。柿木原家には始終、日中の知識人たちが出入りし、ときには泊まってゆくという、気のおけないサロンだった。女主人の柿木原豊子は美容院を経営し「非常に進取の気性に富んだ行動をとった人だが、人柄もそれにふさわしく、大らかで包容力があった」と丸山は書いている。

「上海に戻った彼が見たものは、上海文化界の大きな変貌だった」と丸山は言うように、そのころ上海には中国全土から作家や批評家、ジャーナリスト、あるいは映画人、演劇人らが集結し活躍していた。上海の租界という環境が左翼陣営の活動の後押しをした。プロレタリア演劇を上演しようが、革命文学を発表しようが、そこには租界のカベに守られた、もろいながらも自由があった。

山上がもどって間もない昭和5（1930）年3月、国民党による言論統制に抗し、上海で左翼系作家たちが立ち上がり「中国左翼作家聯盟」(左聯)の旗をかかげた。マルクス主義文芸理論を展開し、文芸面での革命運動をになう。メンバーには魯迅、夏衍、王学文、郭沫若、田漢、郁達夫ら日本に留学した作家らが参加していた。柿木原家に出入りし、越境の文学者といわれた陶晶孫もそのひとりだった。1897(明治30)年、江蘇省に生まれる。1906年、父や姉とともに来日し東京の府立一中、一高で学び九州帝大医学部に進学した。同学部を卒業したのち東北帝大理学部に入り、同時に医学部生理学教室で研究をつづける。

1924年、郭沫若の日本人妻、佐藤をとみの実妹、操と結婚した。在日中に郭沫若や郁達夫らと文芸団体「創造社」を設立し、作品集「音楽会小曲」を出版した。1929年、中国に帰り、上海の東南医学院教授となり、同時に上海自然科学研究所の研究員を兼任し、雑誌「大衆文芸」の編集にも携わる。

1937年7月、上海事変が勃発、難をさけて操は三人の子をつれ、日本へ行くが、晶孫はひとり上海にのこる。心平と出会ったのは内山書店だった。松方三郎と知りあったのも、松本重治のあとを引き継ぎ中南支総局長になったころであろう。心平が紹介したと思われる。

「私が相続した父の遺産の一つに〝耳の会〟があります。松方さんには〝耳の会〟でしばしばお目にかかりました。父(陶晶孫)の他に、脳神経学者であった叔父の陶烈も、昔松方さんと親交があったと伺っています」(「歴程」)と三男の伊凡が書いている。〝耳の会〟は後述するが、戦後、霊南坂の松方家で鍋をかこんで、勝手気ままに談論する会である。

1946(昭和21)年、台湾大学教授となり、中国本土を離れた。1949年10月、中華人民共和国が成立、蔣介石の国民党政府が台湾に撤退した。朝鮮戦争が勃発すると共産党分子への弾圧がはじまる。かつて左翼作家聯盟の一員だった晶孫にとっては、きびしい状況になってきた。しかも、伊凡がブラックリストに載ったことを知らされ、1950年、台湾を去り、千葉県市川市に住む。永住権を取得し、東大文学部非常勤講師となり中国文学史を講じる。この間、千葉大で医学博士の学位を取った。心平のはからいで詩誌「歴程」の同人たちとも付き合い、「耳の会」にも参加し、「文芸」「展望」「歴程」に日本語による創作を寄稿する。1952年2月、市川市の国立国府台病院で死去した。55歳だった。

尾崎秀実も柿木原家に出入りしていた。仕事を終えてから夜遅くやって来る。娘のトシ子が表の鍵をあけるとポケットからチョコレートを出す。トシ子はフレンチ・スクールに通う女学生だったが、のちに山上と結婚する。

陶晶孫は「尾崎氏が私に山上氏を紹介した」と『日本人への遺書』のなかで書いているところをみると柿木原家が山上と尾崎の出会いの場となったのであろう。記者なかまで取材のおりおりには顔を合わす機会も多かったし、ともに「大衆文芸」に寄稿していたのも陶晶孫の依頼によるものであろう。

昭和7（1932）年2月末、上海事変のさなか尾崎は帰国命令を受けた。

「尾崎にとって帰国命令は惨酷だった。すべてを放棄して帰らなくてはならない」（尾崎秀樹『上海1930年』）。目の前で繰りひろげられる日中現代史の一コマ一コマを新聞記者として報道しなければならない。その現場を離れるのはつらい。

さらに問題があった。

尾崎はそのころ、すでにリヒャルト・ゾルゲの片腕として活動していた。ゾルゲはソ連赤軍第四本部から派遣され昭和5年、上海に到着し情報収集の組織づくりに手をつけていた。尾崎がゾルゲと接触したのはスメドレーの紹介だった。毎月2回か3回顔を合わせた。中国の情勢に精通する尾崎は、ゾルゲにとって貴重な存在だった。

ゾルゲは、朝日を退職し上海にとどまらないか、と言う。尾崎は、朝日を辞めれば情報は半減すると断り、「聯合通信に山上正義という男がいる。暁民共産党事件で連座し刑を受けたこともある。しっかりした人物だ」と山上を推薦した。おそらく尾崎は山上に同志的な信頼感をいだいていたと思われる。

尾崎は上海を発つ前日、川合貞吉といっしょに戦場を見て回った。北四川路の酒場に入り、ビールを飲み話し合う。尾崎はカバンから便箋をとりだし、横書きにペンをはしらせて白い角封筒に入れ「山上正義様」と上書きし、川合に手渡した。以下、川合貞吉の『ある革命家の回想』を要約する。

「君からよく事情を話して僕の後任に推薦してみてくれ」と言った。後日、聯合通信上海支局に山上を訪ねていった。朝の7時ごろだった。山上の口調は歯切れがわるい。

「ご都合が悪いんでしょうか」

「とても忙しくて会っていられないんです。それで船越君を紹介しましょう」

船越は山上の下で働いていた支局員だ。中国問題研究会のメンバーでもあった。しかし川合は唖然とした。

「あの研究会が活発化して来て実践に移る直前に逃避した男である」

二階から降りてきた船越は川合の前に腰掛け、川合の言葉をすなおに聞いた。船越はその時、31歳、神経質で心の弱い性質のように見受けられた。インテリ紳士型であり、若い大学教授といったタイプであった、と川合は書いている。

昭和7年7月、いったん帰国することになった川合は神戸行きの長崎丸に乗船した。乗船前に船越と会いゾルゲからの「尾崎と連絡するように」との伝言を受け取る。

本社外報部にもどった尾崎の自宅を訪ねた。

「君の後は？」

「山上正義は逃げた。船越が後に代った」

尾崎は意外といった顔をした。

「山上がゾルゲとの連絡をためらったのには、『暁民共産党』事件の傷がひびいていたのだろう」と丸山はいう。経歴をみると政治志向型ではなく、むしろ文芸志向の傾向を多分に示していた。「阿Q正伝」を翻訳し、広東コミューンを題材にした「支那を震撼させた三日間」という戯曲を書いたり、自由律のプロレタリア俳句に傾倒していた。

魯迅の研究からたまたま山上を知り、その生涯を丹念に掘り起こした丸山は言う。

「彼の生涯がわかってみると、とくに晩年（というには若すぎる死だったのだが）の彼は、三〇年代初頭までの彼にくらべて、やはり時代に対する妥協・屈服を余儀なくされているといわなければならないだろう。（略）当時の日本の多くの知識人とともに、歴史の波に流されつつ生きた人物であったことは否定しがたい」

その後ゾルゲは東京へ行き、ふたたび尾崎と連絡をとり東京における組織をつくりあげた。そのころ尾崎は朝日新聞を辞め、満鉄の嘱託として近衛内閣のブレーンの「朝飯会」や昭和研究会に属し、機密情報を入手できる場にいた。ゾルゲや尾崎らのゾルゲ・グループは太平洋戦争開戦直前の昭和16（1941）年9月から翌年4月にかけて、治安維持法、軍機保護法、国防保安法違反で警視庁特高部や外事課によって逮捕された。

昭和18年9月ゾルゲ、尾崎に死刑判決、翌19年11月7日に処刑され、懲役10年の刑をうけた船越寿雄は敗戦の日を待たず、昭和20年2月27日獄死した。「彼の運命は山上の運命であったかもしれないのである」と丸山は書いた。川合貞吉も懲役10年の刑で宮城刑務所で服役していたが。昭和20年10月、釈放された。

山上は昭和8年8月、北京支局長に転任し、同11年11月、発足して間もない同盟通信本社にもどり外信部デスク、発信部長をつとめ、モスクワ支局長の辞令を受けた。しかし同13年12月14日、赴任の日を待たず死去し、尾崎やゾルゲ、そして船越、川合らの暗転した日々を知ることはなかった。

いっぽう西里らにも特高の手がのびていた。

昭和17年6月16日早朝、西里の自宅に東京警視庁の特高ら13人が踏み込んだ。拳銃をかまえ、東京地裁の勾引状を突きつけ西里を逮捕した。中西たちはすでに総領事館警察に留置されていた。その後、中西とともに東京に送られ巣鴨拘置所に移された。昭和20年7月20日、公判が開かれ、検事は「外患並びに治安維持法違反」の罪名で死刑を求刑した。しかし、まもなく敗戦の日を迎え、8月23日「無期懲役」の判決が下った。熊本刑務所に移され、10月8日、釈放された。占領軍による思想犯釈放の指令によるものだった。釈放後、同盟通信に復帰するが、まもなく辞め、翌年日本共産党に入党し熊本に帰る。

ゾルゲ事件に関連し「中国共産党諜報団事件」とよばれたが、「国民の士気に影響する」との理由で逮捕の情報は秘匿され、数年経ってからようやく発表された。

西里の諜報活動を当時の同僚はまったく知らなかったようだ。容疑も出版法違反といわれていた。鳥居英晴の『興亡』によれば、上海支局時代の同僚だった殿木圭一は西里から送られてきた「自伝」を読み、初めて知り、驚き、その本を国際文化会館に持って行って松本重治と驚きを分かちあったという。「自伝」は、西里が出版した『風雪のうた　私の半生記』と思われると鳥居は書いているが、同書が熊本日報社から出版されたのは昭和42年であり、松方三郎はいくたびか入退院を繰り返していた時期だった。同書を目にしたか、どうか、資料はない。また西里が逮捕されたときには国通理事長として新京に赴任していた。くわしい事情はともかく、西里の活動を知っていた可能性もある。

小山武夫は「別冊新聞研究」第27号で次のように語り、それを示唆している。

——捕まったってことはすぐ分かるわけですわ、社が一緒ですからね。「同盟」の南京《マ》支局《マ》の後ろが、「中央電訊社」の部屋ですから、「西里君もどうもおかしいぞ」というのは、もう翌日あたりには分かってました。

そのとき南京にあった憲兵司令部に富田直澄という少将がおって、その憲兵司令官は、わたしの家の縁辺に当たるんだというんですよ。（略）その富田直澄司令官のところへ暇を見て行きましたら「ちょっとなあ、どうも新四軍関係らしいぞ」とひとこと言ってくれました。

――その後、松方さんにも話したと思いますけどね。松方さんは、記憶にあったかどうかわかりませんが……。

中西は外患罪・治安維持法違反で起訴され、昭和20年9月、死刑を求刑されたが、無期懲役の判決が下った。GHQの政治犯釈放の命令で釈放され．翌21年春、松本重治らが設立した「民報」に入社した。

夏衍は戦後、上海に帰りついて内山完造を訪ねた。

「八年見ないうちに、この『鄔基山』先生はずいぶん痩せられましたが、表情はあいかわらず穏やかで、わたしの手を握り、ようやく一言、いいました。

『この八年、苦労されましたろう』」

夏衍は郭沫若とともに「救亡日報」と名付けたタブロイド版新聞を発行した。この題字には存亡の危機に瀕した祖国を救うという意志がある。上海事変のさなかの昭和12年8月、上海で創刊され、抗日の旗をかかげる。上海が日本軍の手に落ちると広州、さらに桂林へと逃れ、同20年、日本敗戦とともに『建国日報』と名を改める。

「わたしは青年時代を、七年間、日本ですごしましたし、三〇年代には上海では、内山さん兄弟やら、鹿地亘夫婦のほかにも、尾崎秀実、山上正義、西里竜夫などなど多くの日本の友人があり、このことで書くべきことも数かぎりなく、本来なら一書をまとめるのがいいのでしょうが、この歳と根気からして、もうできないことは、はっきりしています」（『ペンと戦争』）

満州

昭和17（1942）年4月20日、松方三郎は満州国通信社（国通）に出向、理事長になる。

満州事変を批判した松方三郎が、軍部の野望実現の道具として設立した国通におもむいた背景や理由は、何であったのか。この間の事情を語る資料は、ほとんどない。当時、満州国の高級官僚だった武藤富男は著書『私と満州国』のなかでつぎのようにのべるだけだ。

「昭和十七年二月、私は日本を訪れた。それは満州国通信社を若返らすため、同社の社長森田久氏に退職してもらい、日本の同盟通信社から若手の人材を送ってもらうためであった。この件については武部総務長官とも相談し、その同意を得てあった。東京で古野伊之助氏に面会した。古野氏は松方三郎氏を推薦したので、同氏と会見し、その承諾を得て、新社長を決定した」

森田久は古野伊之助の友人だった。早稲田大学卒業後、福岡日日新聞、大阪朝日新聞の記者をへて時事新報の編集局長をつとめた人物で古野の推挙により里見甫のあとを引きついだ。戦後、公職追放となり、福岡県太宰府町町長をつとめている。

森田は徹底した新聞統制論者だった。

「満洲の新聞統制に就いては、新聞を官報化せしむるものなりとの批難もありますが、今日の非常時国際時局に於て国家が或る程度の統制を加えることは事実問題として不可避の大勢であり、（略）言論通信を自由に放任することは対外的にも対内的にも将来国家としても国民としても策の得たるものではありません」（『満洲の新聞は如何に統制されつつあるか』）と言論の自由を否定する。

武藤富男は一高で中寮十番で、同室となった長谷川才次と終生の友人となった人物。東京地方裁判所の裁判官をつとめていたが、請われて満州国官吏となり、昭和9年に満州にわたり、司法部刑事科長、ついで昭和14年3月、国務院総務庁弘報処長に就任した。広報の最高責任者だった。国通の人事の若返りをはかるため、としているが、報道統制の意図ははっきりしていた。

武藤は以下のように書く。

「法律学をやり、裁判官をやり、満州法制に関係した私は、新聞社法という法律をもって新聞の活動を規制あるいは発展させるという方策を考え出したのであった」

満州国も建国十周年を迎え、若い人材が育ってきた。国立の建国大学や法政大学がすでに満州人の卒業生を出しており、高等文官試験や司法試験もおこなわれていた。官吏や裁判官と同じように国家試験の合格者を新聞記者として縦横に活躍させる。これが武藤の考えだった。

昭和16年1月、満州国通信社法、新聞社法、記者法の新聞三法が施行された。

新聞社法のなかで特筆すべきは「この法律により設立された新聞社の役員は国務総理大臣が任命する」という条項であろう。武藤自身も「破天荒な規定」とのべているように、新聞三法の立法精神はあくまで国による報道機関の「規制・統制」にあった。しかも武藤は「国務総理大臣張景恵の辞令を受けることは新聞人にとって満更ではあるまい」とまで書いている。

同年12月、記者法による国家試験を施行して建国大学出身の満州人や日本人70人が記者の資格を得た。在来の記者については国務総理大臣の認定をうけ、800人に記者資格があたえられた。

当時、国通の記者だった山田一郎は語っている。

「われわれは新聞記者認定証というものをもらいまして、試験はやらなかったと思うけれども、記者資格を国が認めるんですよ。新聞を広げたぐらいの大きさの紙でね、卒業証書みたいな記者の証明書をくれるわけです。（略）唐草模様かなんかの模様のついた大きな紙なんです。『満洲国国務総理大臣張景恵』と書いてあってポンと判こ押してあるんです」（「別冊新聞研究」第33号）

記者証はジャーナリズムの理念とは相容れない、法律を至上と考える法務官僚がひねり出した事大主義の産物だったが、思いがけない効用もあった。

「面白いのは内地に往復するたびに、僕はよく移動警察に捕まるんですよ」と山田は語る。

「どこへ行く?」とか「どこからどこへ行く?」と聞かれる。下関で全員荷物を検査される。山田は内地に帰ったら見せてやろうとトランクの一番上にそれを広げておいた。

「トランクを開けたら大きな記者証、満洲国総理大臣の名前が入ったのがありましたからね、『結構です。失礼しました』ってフリーパスでしたね。新京へ帰って大笑いしてね。『あれ効き目あるよ』って言って」

山田は大正8（1919）年8月30日、高知市生まれ、土佐藩の藩校海南塾の後身である海南中学を出て高知と愛媛県境の小学校の代用教員をつとめ、その後はブラブラしていたが、昭和15年3

月、高知新聞に同盟通信社と満州国通信社と二つならんだ「記者募集」という広告を見て先輩のすすめもあり、試験をうけ4月1日付けで国通に入社した。

満州国通信社法に準拠して「国通」は株式会社から政府直属の特殊法人「満州国通信社」となり、国策通信社としての旗をかかげ昭和17年1月に再出発した。

こうして下準備をととのえた武藤は東京に足をはこび、満州における報道新体制を固めるため、古野伊之助に助力をもとめた。

森田久の後任には当初、松本重治が候補に挙がっていた。「別冊新聞研究」（第6号）で森田がつぎのように語っている。

「満州国は、松本重治君を後任に希望したんです。だが、私は満州国はむずかしいところで、兵隊や役人をうまくあしらわなければいけない。私みたいに年をとっていればいいけれど、松本君は、あまり頭がよすぎて、私みたいにばかになることはできないだろう。その点、私は松方君の方が柔軟性があるとみたんです。（略）古野君とはむろん、相談しました。満州国としては、松本君の方が一応有名だったから希望したが相談の結果、松方君にきめたわけです。だが松方君はよくやりましたよ」

松方三郎が新京に着いたのは暑い日盛りの日、ひとりで国通本社に姿をあらわした。

新理事長着任となれば、社員有志が駅頭まで出迎えるのは世のならいであろうが、そんなことは一向におかまいなし。新京駅で満鉄自慢の特急列車「アジア号」を降り、駅前にたむろする中国人の馬車に乗り、いまたどり着いたんだ、という話を、当時の取材部長（のちに編集局次長）の関口寿一が『追憶文集』に「満州の松方さん」と題ししるしている。

服装は国民服、軍服を模したカーキ色のスーツで当時は背広代わりにだれもが着ていた戦時標準服だ。片手にあまり中身の入っていないペシャンコのリュックサックを下げている、そんな意外な登場ぶりであとあとまで社員の話題になっていた。

国通は「大いなるかな満州は」とか「ああ満州の大平原……」と歌い出し、王道楽土の満州を建国するんだと談論風発する大陸浪人風の雰囲気に満ちていた。だが、そうした人とはまるで肌合いのことなる松方三郎はたいへんな人気をあつめた。

「それ以前の人は、佐々木健児さんとか里見甫さんのような、大陸浪人的な、そういう気風を持った人がたくさんいました。松方さんが来て、松方さんの以前と以後で『国通』は気風がかなり変わったと思うんです。ある意味では、社内の空気が非常に文化的になりました」と山田一郎は振り返っている（要約）。

松方三郎は大きな澄んだ目をしていて、いかにも貴族的な風貌。中国人のボーイが山田一郎に言ったそうだ。

「ああいう人が満州国の皇帝になったらいいんだよ」

発足いらい10年をすぎた「国通」の職員は１２００人を超え、応召者をふくめれば１６００人という大所帯にまでなっていた。着任後さっそく手につけたのは機構改革で、これは同盟の組織に範をとったものだった。

「太平洋戦争はいよいよ苛烈となり、日満両国とも臨戦体制が各方面を通じてますます厳しくなりつつあったので、新たに理事長に就任した松方は『国通』の体制もこれに沿うよう想を練り、まず6月1日には編集局を編集、通信に分けて強化し（略）10月1日にいたり機構、人事の大改革を断行した」（『通信社史』）

松方三郎、山田一郎の出会いは牡丹江支局だった。

着任そうそうの新理事長が支社局の視察に出かけるのは当たり前の儀式だ。牡丹江支局でも理事長が来るというので「国通」の旗をもって出迎えに行くことになった。文学青年で少々生意気だったのであろう。山田は「理事長が来るからって、みんなで出迎えに行くことないじゃないか。おれは行かないよ」と言って行かなかった。外から支局に帰ってくると七、八人が座っていて、その真ん中にいる人がニコニコォーと笑って「あ、山田君」と言ったので、びっくりした。なんでこの人おれを知っているんだろうと思ったそうだ。それですっかり松方三郎にイカレてしまった。

山田一郎は戦後、共同通信に入社し、社内では「ヤマイチさん」と呼ばれていた。文化部長、編集局次長、常務理事を歴任した。国通時代の山田一郎は〝ひねくれもの〟だった。当時の満州の報道界では関東軍担当記者が幅を利かせていた。各社ともベテラン記者が担当していた。

「新京にいる新聞記者は関東軍の記者クラブにみんな入りたがるんですよ。一番偉いみたいな感じなわけです、僕は、大っ嫌いでね」

ある日、部長から「関東軍を持たないか」といわれた。

「あそこはどうも……。はっきり言えば嫌いです」

昔日の満州に王国を築いた渤海に日本の朝廷は舞姫11人を国王に献上した。『続日本紀』でこの記録を読み「私は舞姫たちの運命を思って暗然とした」としるすほど満州の歴史によりそい、そしてアカシアの咲く大連に文学的郷愁をいだく山田一郎の心を松方三郎は感じとっていたにちがいない。戦後の共同通信時代、志賀直哉の家へ連れていったり、「ちょっと上がってこい」といわれ、専務理事室へ行くと、草野心平が来ていたという。

山田一郎は若さも手伝い、怒りっぽい。すぐに腹をたてる。すると松方三郎が耳もとでささやく。「ハラタチの花が咲いたよ」とアハハと笑う。獅子文六が昭和16年5月から半年間、朝日新聞夕刊に連載した「南の風」に登場するヒロインのあだ名が「ハラタチの花」だった。歌劇団の研究所に入ったヒロインは〝笑わない少女〟、しかも鼻がツンととがっていて怒ったような印象を持たれ、周りから疎まれ、憎まれ、いじめられる。バレエ練習室の横棒につかまり泣いていると少女たちが歌い出す。「腹立ちの花が泣いたよぅ」。北原白秋の「からたちの花」のもじりだった。

山田一郎は郷里の高知新聞学芸欄に『寺田寅彦覚書』と題し、昭和53年9月13日から105回にわたり寅彦の評伝を連載した。「歴史」「風土」「人生」の三部にわけ構成するという独自の視点で寅彦の生涯をつづった評伝だった。のちに加筆、改訂し、岩波書店から出版した。昭和56年度芸術選奨文部大臣新人賞を受賞している。

「ある日、部会で松方さんが文章について話をしましてね。硬い文章と軟らかい文章とあるが、硬い文章を書くのはやさしい、軟らかい文章を書くのは非常に難しいという話をして、硬い文章の見本として政治部なんかの記者の書いた記事を読んで、こういうのを書くのは非常に簡単だが、こういうのは難しいんだよと言って『朝日新聞』の『天声人語』なんかを読むんです。僕は、松方さんの文章論に非常に感銘を受けましてね」と語っている。

のちに山田は国通5年間の体験を『夕映え草紙――遙かなる「満州」へ』にまとめた。「夕映え」も「満州」も、私にとって、挽歌かレクイエムとして心に刻まれています、と山田は「あとがき」にしるした。夕陽の風景は巻中いたるところにあって、夕陽は山田の表象だった。わずか十数年で崩壊した、まさに落日のように消えはてた満州国と国通が夕陽と重なったにちがいない。

松方三郎が着任したころの満州の空気は張りつめていた。

着任の1年前、関東軍が、満蒙国境の警備、さらにはソ連軍による満州侵攻の阻止を名目に74万にのぼる兵力を集結し、大演習を展開したばかり。「関東軍特殊演習」(関特演)といわれたが、事実は同盟国のドイツによる西からのソ連侵攻に呼応し、東からの挟撃を目的とした事実上の対ソ戦争準備行動であった。日ソ平和条約が締結されていたとはいえスターリンは関東軍の動向に神経をとがらせていた。ヨーロッパ戦線でドイツと戦っているうえ、関東軍が侵攻してきたら二正面作戦になる。これだけは避けたい。日本にその意志があるのか、どうか。スターリンは近衛内閣の周辺にまで諜報の手をのばしていた時期だった。

「僕たち新聞、通信関係が〝報道隊〟要員として訓練されていた不気味な開戦前夜であった」と関口は回想した(「満州の松方さん」)。当時の関東軍報道演習の写真には、首からライカ型カメラを提げ陸軍そっくりの戦闘帽をかぶり、脚にゲートルを巻く報道要員の姿が映っている。

そんななかで松方三郎はリュックを担ぎ、ひとりで満州のあちこちを歩き回っていた。

あるとき関口はソ連国境に近い満州里（マンチュウリ）に出張した。街を歩いている松方三郎を見かけておどろいた。同じ社内にいながら理事長が満州の西北、さいはての街に来ているとは知らなかったからだ。白系ロシア人が経営するニキチン・ホテルの食堂でおやじさん手づくりのロシア料理をごちそうになった。関口はマンチュウリは初めてだった。「初めてとはおどろいた。案内しよう」と在満3、4年にもなる関口を案内して歩いた。

関東軍の主力部隊は東北国境地帯に集中し、マンチュウリには特務機関の兵隊の姿しか見えない。白系ロシア人の集落が中国人集落の間に点在する、のどかな大陸風景だった。「とりでのような国境より、これら西北満地方をよく歩いておられた」と関口は書いている。

満州各地に散在する支社、支局、通信部回りも理事長の役割だった。洗面道具、時刻表や4、5冊の書物をリュックのなかに放りこみ、汽車の時刻も自分で調べて出発してしまう。支社局長の連中は理事長がいつ到着するのか、さっぱりわからず、右往左往するばかり。そこへ本社から連絡が入る。

「松方理事長、支社局情況視察のため○○日、本社出発、貴地着何日という日程はわからない。簡単な服装で、丸顔、小柄、肥えている健康体。片手にリュックサックを下げている」

新京に着任してまもなく南京国民政府の汪兆銘が5月7日、満州を訪問した。そのおり松方三郎と満州建国大学教授の中山優を招き夕食をともにした。

「汪氏が一国の元首の資格で天皇陛下を訪問した時、郊外に浪居している私をわざわざ中国大使館に、人目につかぬように呼んでくれた。その後満州にみえたときも、特別に、松方三郎氏と私のふたりだけで一夕の食卓を共にした」（中山優『古師近友』）

昭和17（1942）年5月から7月にかけ京都帝大の今西錦司を隊長とする探検隊が地図の空白地帯といわれた北部大興安嶺を踏破した。副隊長は農学部副手の森下正明、そのほかの主要メンバーは学生たちだった。のちにそれぞれの分野で活躍する梅棹忠夫（民族学）、吉良竜夫（植物生態学）、川喜田二郎（文化人類学）らフィールドワークを身上とする俊英たちだった。

大興安嶺は満州と蒙古の国境地帯を南北に1200キロのびる大山脈だ。標高は1200から1300メートル、最高峰は2035メートルだが、深い森に被われ、満足な地図もない山脈だった。大学の後輩たちが探検に出かけると聞いて血が騒いだのであろう。松方三郎も駆けつけたらしいと山田一郎は語っている。

「松方さんが京大OBで、山岳会のオーソリティーで今西錦司先生と大変仲いいもんだから、松方さんは興安嶺へ行ったんじゃないですか」（「別冊新聞研究」第33号）

着任した年は国通創立10周年だった。それを記念し『国通十年史』が編纂され、松方三郎は国通の存在価値《レーゾンデートル》を「『国通十年史』に題す」とし、つぎのように宣明した。

「振古未曾有の此の迅風怒濤時代に在って、大東亜報道戦線の重要なる一翼を受持つ所の『満洲国通信社』として、我々は如何にして此の重責を果すかに日夜心魂を砕いているのであって、いま此処に歩を止めて十年の過去を反芻し、その回想の中に徘徊する余裕は持たないのである。（略）満州事変に続く風雲時代に、満洲国を護り、その存在を中外に闡明する為めの武器として生れた国通は、その成立の事情からしても広く朝野の支持を受ける理由を持っていたのである。併しこれ等の事柄については、一国通の歴史としてではなく、大東亜報道戦史上の重要な一章として、他日物語られることであろう」

かつて帝国大学新聞で満州事変を論難した、あの口調からは想像もできない、昂揚した調子である。理事長という立場がある、にしてもその落差には何かふっきれない感じをぬぐいきれない。

『追憶文集』巻末の「三郎の人間像」座談会では、こんなやりとりがある。

福岡　いずれにしても松方の通信社マンとしての功績はもっぱら国通と共同の時代になってからではないかね。

殿木　国通の事績について何かありますか。

福岡　僕は満州へ仕事にかこつけて行って、国通に寄って松方に会ったぐらいでね。

松本　松方は酒を飲まないけれども、軍人たちとも結構うまく付き合った。敵はないんだよ、三郎には。彼はそういう意味では天下無敵だった。

ニューヨーク・タイムズがハル・松方・ライシャワーの『絹と武士』を書評欄で取り上げ、そのなかで松方三郎にも筆を割いた。

「マルクス、エンゲルスの若き崇拝者、ごちそうには目がなかった三郎が戦時中の中国で、どうして宣伝工作者《プロパガンディスト》に転身したのだろうか。まことに興味しんしんたるところ。おそらくは、むりやり押しつけられた、といったところだろう」

書評子にとっても理解しにくいことだったにちがいない。国通が満州国の存在を正当化するための宣伝機関であることを、承知はしているものの社命には従わざるをえない。そういうことであろうか。

評者はイアン・ブルーマ、香港で出版されている『極東経済評論』(Far Eastern Economic Review)の文化担当エディターで著書に日本におけるポップ・カルチャーについて書いた「Behind the Mask」がある。日本通の記者であろう。

「長谷川(如是閑)さんの『新聞論』の基調をなす考え方は、新聞はいつも在野的存在として終始し、つまり凡愚・庶民のために発言すべしということだったと思うが、長谷川さんは一個の人として、それをそのまま実行した人だと想うのである」(『如是閑翁』)

と書いているように松方三郎自身も如是閑のジャーナリスト精神に共感している。しかし在野の凡愚としての発言ではなく、満州国の代弁者、国策の代弁者に変貌したかのようである。

「……松方君には別にナショナリズムの感情が一本かよっていて、事あるごとに現れていたように感ぜられる。一見、左翼的思想と矛盾するようであるが、これは思想ではなく感情である。国家の利害が関係する場合には、遠慮なくナショナル・インテレストが優先するのであろう。(略)彼の生涯の経歴を通じて、このナショナリズムの傾向は、彼が行動するときに、いつもはなはだ自然に現れていたように思われる」と福岡誠一は『追憶文集』で批評している。思想の断層ではなく、それはあくまで感情の発露と見ているが、時代のながれへの共感、協力だった。

松方三郎への直接の評言ではないにしても、つぎの言葉はこの間の事情を剔出していよう。

「ジャーナリストには国籍がある。ジャーナリズムが、自国中心のナショナリズムに陥りやすいのは、世界共通の危険性である。エスノセントリズム(自民族中心主義)は先進国、第三世界を問わず、ジャーナリズムの属性と言っても過言ではない」と原寿雄は著書『ジャーナリズムの思想』のなかで、本人が自覚しようと、しまいとにかかわらずジャーナリストにひそむ、こうした傾向を指摘している。

原は東大法学部卒業後、共同通信に入り社会部記者、同デスク、バンコク支局長、外信部長をへて、編集局長、専務理事・編集主幹、株式会社共同通信社社長を歴任した。新聞労連副委員長をつとめ『デスク日記』『ジャーナリズムの可能性』『ジャーナリズムの思想』など数々の著書がある。『デスク日記』は小和田次郎のペンネームで1963年にはじまり67年までの5年間、日々の報道を取り上げ、批判しジャーナリズムの正統を訴え、みすず書房から発刊された。ジャーナリズム戦後史であると同時に杉村楚人冠の「最近新聞紙学」という古典的な教科書とは趣のちがう、いわばジャーナリズムの生きた教科書だった。２０１３（平成25）年4月、弓土社から『デスク日記』の粋を一書にまとめた『原寿雄自撰デスク日記』が出版された。半世紀前の「ジャーナリズム箴言集」が今なお通用し、今日的意義をもっているのは現今のジャーナリズムにたいする批判でもあろう。

ナショナリズムへの傾斜は松方三郎だけではない。同時代の多くの知識人たちも時代のながれに妥協し、協力した。昭和を代表する評論家の小林秀雄は太平洋戦争を「聖戦」とよび「いざとなったら銃をとる」と書いた。長与善郎もまた例外ではなかった。昭和13年『少年満洲読本』と題し、少年向きに満州を紹介する一書を日本文化協会から出版した。中学2年の一郎君と小学校6年の二郎君という兄弟が父、松島公造氏とともに満州国を旅行しながら歴史、自然、産業、人々のくらしなどを見学し学ぶという仕立て、最後に「満州国万歳」でしめくくる満州礼賛の書だった。

戦後、ＧＨＱが戦前、戦中に刊行された出版物７７００点あまりを没収図書に指定し、書店や出版社、取次会社の倉庫から没収し処分した。『少年満洲読本』もその一冊だった。ＧＨＱによる焚書であって、長与にとっては生涯の痛恨事であったろう。そこには時代への妥協が感じ取れるのである。

山田一郎は『夕映え草紙』に夕陽の風景のなかでの忘れがたい松方三郎の記憶を書きとどめた。

昭和18年秋のことだった。

「……興安橋の上に出た。この橋から見る夕日は美しい。二年前の秋の日曜日の夕方、この橋を通りかかるとイーゼルを立てて油絵を描いている人がいた。近づいてみると、それは理事長の松方三郎さんだった。松方さんは朱に染まった曠野とその空に広がる茜色の夕映えを描いていた。

『この橋からの夕日が一番美しいよ』

私は松方さんの後ろに立って、画布に塗られて行くバーミリオンの色を見ていた。

『山田君。金州に行ったことがあるかい』

『乃木将軍の〝金州城外斜陽に立つ〟の金州ですか』

『そうだよ』

『大連にいた時、金州へ行って斜陽を見ました』

『そうかい。ぼくは乃木将軍の教え子だよ』

『へえ』

『乃木さんは学習院の院長だったからね。ぼくは乃木さんに撃剣を教わったよ。初等科の時だった』」

理事長と社員という垣根をこえた人間同士がふれあった、いっときの物語だった。

「私は松方さんのことを思い出しながら、興安橋で壮大な夕映えをゆっくりと眺めた。そして、おれはどうしてこんなに落日の光景が好きだろうと思い、乃木将軍の七言絶句を口ずさんだ。

山川草木　転《うたた》荒涼

十里風腥《なまぐさ》し新戦場

征馬進まず　人語らず

金州城外　斜陽に立つ

山田はまるで敗軍の将の詩のようだ、と感じ軍歌「戦友」を思い出した。

当時、新京放送局に森繁久弥がアナウンサーとして在籍していた。アナウンサーだが文も新聞記者以上に達者だったと山田一郎は回想している。歌もうまい。記者クラブか何かの宴会で「戦友」を嫋嫋《じようじよう》として唄ったことがあった。

ここはお国を何百里

離れて遠き満州の

赤い夕日に照らされて

友は野末の石の下……

これは敗戦の兵士の歌のようだと山田は思い、いくたびかの戦争の末、満州国という夢幻の国は根こそぎ倒壊してしまったと慨嘆し、一日の終わりを朱色に染め抜いてやがて没する夕陽とあっけなく消滅した満州国の興亡を重ね合わせた。

松方三郎は敗戦の日ちかくまで、およそ3年間新京に在任したものの、この間の事績の記録は、ほとんどない。筆まめだったが、なにも書き残していない。しかし、興味ぶかいエピソードがあった。

長与善郎は「ところがここに思いがけない一大事が勃発した」と『わが心の遍歴』に、その仔細をしるした。

太平洋戦争も末期にちかい昭和19年11月、南京で第3回大東亜文学者大会が開かれることとなり、神奈川県藤野に疎開していた長与善郎に団長になってもらえないかと、二、三の人が文学報国会会長である久米正雄の手紙をもって頼みにきた。

白樺派の仲間であった豊島与志雄を副団長にした一行16人の代表団は南京での日程を終え、いくつかのグループにわかれ帰国の途についた。長与は満州の新京に向かう。新京には松方三郎や学習院出身の者が多数おり、歓迎会を開くという。それは結構なことではあるが、ここでひとつ困ったことが起きた。

「満洲国で誰よりも幅のきいている甘粕大尉が彼ら一行を歓迎し、映画その他に招待するといっていることだった。（略）あの大震災の時、どさくさ紛れに乗じ、大杉栄と細君伊藤野枝母子を絞殺したという、これこそ鬼畜のような暴悪漢を軍部（陸軍）は何とか庇って刑罰をごまかし、何年かフランスへ亡命させた挙句、誕生した満洲国にそっと呼び戻し、彼はそこの黒幕の大立て者になっているという規律秩序を踏みにじった話に、専吉は何という腐敗のし方かと腹の底から腹が立っていた」（『わが心の遍歴』）

新京へ行ったら会ってみろと言われたが、それだけは断じていやだとはねのけた。

ところが、松方三郎は、現在の甘粕は軍人には珍しくものの分かった自由主義者ともいえる人間だと弁護する。長与善郎にとっては、意外だったにちがいない。実の姉にたいしても、その人格をきびしく批判していた、この潔癖な作家は、なぜ三郎までが……と、おそらくは不審の念をいだいたであろう。リンゴひとつを大事そうにかかえていた七つのこどもまで道連れにした、アナーキスト大杉栄殺害事件を、とうに知っていたであろうが、その甘粕に限りなくちかづいたのは、なぜか。甘粕正彦は国策会社満州映画社（満映）の理事長とともに国通の理事であり、松方三郎は満映顧問という立場にあった。また甘粕自身が人を惹きつける、不思議な磁力をもっていたこともあろう。かれに会う人々はその人間的魅力に引き込まれてしまう。山田一郎も述懐している。「僕らも最初は、甘粕なんていやなやつがいるなと思ってましたから。ところが実際に協和会で分科会を全部聞いて歩いているのを見ると、メモを取るし極めて熱心なんですよ。僕は、協和会をつくったなんていう人がこんなことをするだろうかと思いましたね。大抵ヒナ壇で寝てる人が多いんですが、そうじゃないんです。この人はちょっと違うなあと思いました」（「別冊新聞研究」第33号）と肯定の文脈で語っている。

甘粕が満映の第2代理事長に就任したのは昭和14年11月1日だった。

甘粕就任には総務庁弘報処長の武藤富男の働きかけがあった。満映社内では大騒ぎだったという。

「人殺しの下で働くのはまっぴらごめん」と拒否反応が強かった。しかし甘粕は人事の刷新、職員の待遇改善などをつぎつぎに実行し満映社員の心をつかんでいった。

満映の看板スターであった李香蘭（山口淑子）は『李香蘭　私の半生』のなかで「甘粕理事長からはしだいに〝テロリスト〟のイメージが薄れていき、社員の中にはこの寡黙で小柄な元軍人の信奉者がふえてきた。それだけではない、大杉栄らは軍部の別の筋に殺され、甘粕大尉はその罪を一人で引っかぶったという無罪説の噂すら根強くあった」と書いている。

はじめは、絶対に会うのはごめんだと逃げ回っていた長与だが、甘粕はその裏をかき、だだっ子のような作家を、滞在中のホテルの自室にまねき入れることに成功した。

はじめて見る甘粕の風貌を「一見ムソリニを思わせる満身精力の塊まりの鋼鉄のような只ならぬ形相の男」と書きとどめ、警戒心を解いていない。酒席に招待され、一行のなかでは最年長の長与になにやかやと心づかいを見せる甘粕に「金や酒に買収されてはやらないぞ。この人殺し奴」と心に思う。

だが、甘粕のほうが一枚も二枚も上手だった。

「日本のインテリといわれている連中から憎悪の的とされていることも十々知りぬいている」甘粕は切り札を使った。宴会の翌日、長与を自室にまねき書棚から二冊の本を抜きとって見せた。岩波文庫の『青銅の基督』と、同じく長与の著書『大帝康熙』、しかも両方ともよく読んだことがわかる汚れ方だったと長与は言う。別に嬉しくはなかったが、とうとう土産代だと金千円也をにぎらされる。大金である。

ほかの団員たちは喜んでもらっているし、自分だけが一言の礼も言わず、けがらわしいと床にたたきつけるような潔癖家らしく振舞うのも大人げなく芝居じみている。結局は、ありがとうと言ってもらってしまう自分に許せない思いをいだき、一生の汚点のような感じを拭いきれないと、この作家は告白した。

国通最後の日

昭和20（1945）年6月、松方三郎は国通理事長を退任した。後任は同盟総務局長の塚本義隆だった。

「このころにはすでに日本の敗色歴然たるものがあって、日満間の往復にも飛行機は不足しアメリカの潜水艦の出没などで危険の状態にあり、塚本理事長の赴任も非常な苦心を伴った」（『通信社史』）

戦局はすでに末期症状だった。この年2月には米軍が硫黄島に上陸、4月沖縄本島に上陸し、6月日本の守備隊が全滅した。欧州戦線では4月、ソ連軍がベルリン攻撃を開始、5月9日ドイツが無条件降伏した。

おそらくは敗戦を予想していたであろう。塚本の着任がおくれたため8月2日、新京を出発、鉄道で満州、朝鮮の国境をこえ雄基にいたり羅津から北日本汽船の白山丸に乗船し海路をたどり8月8日新潟港に到着した。もはや制空権はうばわれ、空路は危険であったろうし、海路にしても米国の潜水艦が行動していた。

10日に東京に着く。まもなく敗戦の日を迎える。8月22日、5歳になってまもない四男が疎開先の赤城で急病死した。9月、同盟通信に復帰し調査局長に就任した。一家が疎開先からもどり、赤坂霊南坂町30番地2号の松方邸に住まいを定めた。ホテル・オークラの南、閑静な住宅地、今はホテル・オークラの別館となっているところで、二階からはガラスの窓ごしに品川の海が一望できた。松方三郎が帰国したその日、ソ連は日ソ平和条約を破棄し宣戦布告し、ソ連軍が満州になだれ込んできた。間一髪の満州脱出だった。

敗戦の日を迎え「国通」の機能はまったく停止したが、事後処理の仕事があり、40人ほどの社員が社内に起居していた。9月に入るとソ連の政治将校が乗り込んできて日本や外国の放送を受信させ、これを英訳、さらにこれを露訳させモスクワに送信する仕事をさせられた。

だが11月末、塚本理事長、天野良和編集局長はソ連軍憲兵司令部に連行され、12月に入ると総務局長三藤順記、編集局次長の大西秀治、同・松田常雄、連絡部長古賀董一、外信部長野中成晃、取材《マ》部《マ》長の関口寿一、記者の桜井正、東信夫、松尾英史の9人が連行された。この11人は中央アジアのアルマ・アタと炭田地帯カラカンダに収容され、重労働を課せられた。三藤と野中はアルマ・アタで病に倒れたが、昭和23年11月までに「国通」の社員はすべて帰国した（『通信社史』）。

戦局はせっぱ詰まり、満州国や国通の運命が見通せたこの時期に松方三郎と塚本義隆の交代人事がおこなわれた背景ははっきりしない。結末から見れば塚本はスケープゴートだった。

内川芳美はこの人事異動に疑問を感じたのであろう。山田一郎に質問している。

――ちょうどその前後、松方さんが理事長をお辞めになって「同盟」へ帰られますね。もう終戦直前ですが。そしてその後が塚本義隆さんですが、この辺の事情は……。

「同盟」本社、特に松本重治さんが松方さんを必要としたんでしょう、と山田一郎の口は重い。そして言葉をつぐ。

「みんな非常に心配したんですよ。とにかくウロウロしてると捕まってしまうと……。『松方君に会いたい』と、ソ連の『タス通信』かなんかが新京へ入って来て言ったという話がありまして、近衛文隆少尉ですらシベリアへ連れて行かれましたから、松方さんが満州にいたら完全に連行されましたね。そうしたら随分日本の通信社史は変わったと思うんですが」(「別冊新聞研究」第33号)

近衛文隆は近衛文麿の長男である。抑留さきのシベリアで病死した。

「(塚本義隆は)温厚な紳士で立派な方でした。松方さんの代わりにシベリアへ行くために来たようなものでした」と山田一郎は振り返る。

『通信社史』は「幾多の困難を冒して赴任した新理事長・塚本義隆が、終戦後、他の同僚とともにソビエト軍に捕らえられ、シベリアに連行されたことは悲惨であった」と書くのみだった。

松方三郎は新京を去るにあたり、甘粕にあいさつしたであろうが、甘粕はすでに敗戦を覚悟し、自裁の決意をかためていた。満州映画社の施設管理を部下に依頼し、200万円を用意し食料品を購入したり、社員に退職金として配分し、帰国のための列車を手配した。

8月20日早朝、陰惨な過去を精算するかのように理事長室で青酸カリをあおり、自決した。満映の内田叶夢監督が駆けつけ塩を口に含ませ、土瓶の水を流し込んだが、よみがえることはなかった。

「すでにソ連軍の一部が新京にはいり、奥地では現地民による日本人開拓民の虐殺が続いている時であった。都会でも日本人に対する満洲人の態度は急変し、敵意をあらわにする者の多かった中で、甘粕の葬儀には満映の社員をはじめ満洲人多数が集った」（角田房子『甘粕大尉』）

山田一郎にとって一国の滅亡を目のあたりにするのは大きな衝撃だったにちがいない。

「…そうした終末観の中の自分を、新聞記者として記録して行きたい。一つの義務として……」

と関東軍司令部と国通最後の日々を『夕映え草紙』に書きとどめた。

満州を脱した松方三郎が新潟港に着いた8月8日の夜、新京市の西郊、順天区西朝陽路雲鶴胡同にある独身寮、第四国通荘に起居する山田一郎のもとに、この4月同盟通信に入り国通に配属された新人が訪ねてきた。新任のあいさつであり、新婚の報告でもあったし、話ははずみ、やがてカメラマンやオペレーターもやって来て、時計をみれば午前1時を過ぎている。その時、爆音のような音を聞いた。

「飛行機だよ。おかしいな、今ごろ」

その言葉が終わらないうち、にぶい響きが地の底から響いてきた。「空襲だ」とみんなが一斉に叫んだ。ソ連参戦の首都に対する第一撃だった。

「空襲だ。社へ行くぞ」と山田は言った。

社に戻った山田は「ソ連機、新京を爆撃」の第一報を同盟本社へ送った。

「ソ連機と確認したか」

「米軍機ではないのか」

「目撃者はソ連機だと言っている」

「この際は国籍不明機としておく」と同盟は慎重だった。

関口編集局次長から、すぐ関東軍司令部へ行けといわれ、司令部にかけつけた。

「……敵は攻撃を開始せり。8月8日午前0時」「牡丹江市街は敵の空襲を受けつつあり。午前0時30分」と書かれた極秘電報の電文を頭の中にたたき込み本社に戻り「ソ連軍、東部国境に進攻」の第一報を書き同盟本社に打電。

午前3時すぎ、モスクワ発同盟の至急報が流れた。

「対日宣戦布告した」

呼び出し電話を受けた社員たちがぞくぞく出社してきた。手分けして国境の支局に声をかける。

「満州里……。応答なしだ」

「孫呉。激戦展開中。今から撤退する」

「北安。応答せず」

……悲報ばかりだ。応答しない支局が多い。そんな中で山田一郎は「ソ軍、全線にわたって侵攻」「国境各部隊は戦闘展開」と記事を書きつづける。

いつの間にか夜が明けた。ほっと一息つき、正面階段をおり、玄関に出た。朝の風が吹いていた。

「おはようございます」と突然、若い女性の声がした。理事長秘書室の草野さんという女性だった。

「松方さんは大丈夫でしょうか。わたくし、心配で……」

10日未明、同盟通信の長谷川才次海外局長から「ポツダム宣言受諾」の連絡が入る。理事室で情勢分析の会議がはじまった。事態にどう対応するのか。軍人軍属の移動は9日夜からはじまっていた。

「わが社も家族を避難させるかどうか」

塚本理事長は静かに言った。

「通信社の機能は守らねばならん。どんな事態になってもニュース活動は放棄できない」

会議のもようをいらいらしながら聞いていた山田は部屋を出る。理事長秘書のきれいなお嬢さんが立っていた。

「あの、山田さん」と初めて名を呼ばれた。

「あの、松方さんは昨日、白山丸で新潟へ無事に上陸されたという連絡がありました」

「同盟から?」

「はい」

「よかったなあ」

私はうれしくてお嬢さんの手を取って喜びたい気持ちだった、と山田は振り返っている。

その日の午後、山田は天野編集局長によばれた。

「君に関東軍司令部といっしょに通化へ行ってもらいたいんだ」

満州国政府や関東軍司令部は首都新京を放棄して通化への撤退の準備をすすめていた。通化は朝鮮との国境にちかい。ここを拠点にし、関東軍と朝鮮軍を結集して抗戦する。それが関東軍の構想だったが、山田の目は醒めていた。

「長白山の西麓の通化に移れば、そこで満州国も関東軍も終焉の日を迎えるわけである。その最後を見届けるのも、ジャーナリストとして最高の仕事ではないか。関東軍は徹底抗戦するというが、その凄惨な光景を長白山戦記として書き遺すことも、報道人としての義務ではないか」

8月12日、関口編集局次長、この4月に入社したばかりの若手記者、無線通信技師2名とともに通化に向かった。国通の記者だけではなかった。朝日、毎日、読売、中外商業、中部日日などの記者たちもいっしょだった。列車は遅々としてすすまない。新通化駅に着いたのは15日、正午をすぎていた。通化支局長の長谷川三郎が一行を出迎える。眼鏡がくもるほど涙をながしていた。

「関口さん。戦争は負けたんだ。天皇陛下がいま放送した」

「やっぱりそうか。今日だったんだな」

関東軍報道部の塩谷大尉が口調をあらため関口につたえた。

「あと三十分で集安行きの最終列車が出ます」

集安で平壌行きの列車に接続する。これが満州を脱出する最後の列車だった。

「どうしますか」

「どうするって?」

「内地紙の連中は是非その列車で平壌に行きたいと言っているんですなあ。国通さん、どうされますか?」

と別の将校が念を押す。

関口は強い口調で言った。

「おれたちは満州国通信社の人間です。内地紙の記者みたいに、仲間を見殺しにして満州から逃げ出すわけにはいかないんだ」

毎日新聞の年配の記者が来て「じゃ、ぼくたちは平壌に行きます。みなさん、お元気に」と別れのあいさつをした。ベルが鳴る。最終列車はホームをはなれ、南へ南へ向かって出発した。

以上は『夕映え草紙』の要約である。

山田はみずからの感慨を封印し、「彼らは日本を目ざして去って行った」と淡々と書くのみだが、胸中にはさまざまな思いが去来したにちがいない。硬骨のジャーナリストぶりを見せた関口は戦後、神戸新聞に入り編集局長をつとめた。

22日、関口、山田らはソ連軍が占領した新京に帰る。

山田一郎が長春（新京は元の長春に戻っていた）を脱出し大連に向かう汽車に乗ったのは12月20日だった。大連でしばらく引き揚げの順番を待ち、昭和21年2月6日午後、引揚船「信洋丸」に乗船し、大連港を出港した。

「日本の植民地支配が終焉し、盛時を誇った帝国時代の担い手とその後裔たちが、いま葬列のように海を渡って帰って行こうとしているのだ」と山田はかきとどめ、一首を詠む。

侵略の徒なりき青春の七年を凍土に埋めて泣きつつ帰る

信洋丸は老朽の貨物船だった。船室はない。ポッカリ空いた船倉の口から穴蔵のような船底に追い込まれる。夕食に真っ白い白米の飯が出たときは泣いたり拝んだりした老婦人がいた。

高知に戻ると共同通信社内の満州国通信社精算事務所から手紙がとどいていた。2月の末、上京し日比谷の共同通信社を訪ね編集局長になっていた松方三郎と会う。「いつか、話した山田だよ」と社会部長の横地倫平に紹介した。「明日から働けるか」。「いや、住む所はないし、着る物もないし、栄養失調で……」。しばらく高知で休養してから、と断った。国通時代の先輩に怒られた。「共同はだれも入れないのに。お前はばかだ」。

22年9月、共同に入社し高知支局に属し、24年4月、社会部に移った。

「国通」は満州国と生みの親である関東軍とともにわずか十数年で瓦解し、昭和史のなかで語られることはほとんどない。しかし、その人的遺産が戦後の新聞界に残された。

山田一郎は回顧する。

「僕が一つ思いますのは、『国通』で育った人が、一応、日本のマスコミの中へ分散して、それぞれのところで、それぞれの地域社会に非常に貢献したということはあります」(「別冊新聞研究」第33号)

鮫島志芽太が南日本新聞の専務、編集局次長の関口寿一は神戸新聞編集局長、青木啓はラジオ関西、太田悦二と楠本典夫はデイリースポーツへ。楠本は編集局長をつとめた。守屋裕光が河北新報編集局長、真鍋信喜は信濃毎日新聞論説主幹――と要職をつとめ、長山一は岡村二一とともに東京タイムズを創刊している。

「ひところ火曜会の編集局長会なんかへ行くと『国通』の人がいっぱいいました。(略)ただ、非常に残念なのは、いま挙げたような人が全部『共同』に入っていると、『共同』は随分よくなってたんじゃないかと思うんです(笑い)」

悲惨な出発

昭和20（1945）年8月15日、敗戦の日を迎えた。

「戦争の末期、私は同盟通信に居りました。東横線の都立高校から、日比谷の本社まで、周囲が燃えている中を、歩いて通ったことも何回かありました。また、休日を利用して食糧調達のため、上野駅で列車に乗って居りましたとき、空襲警報に遇い、警報解除で外に出ましたところ、方々から黒煙があがって居りました。交通網も寸断されてしまって居りましたので、市電の線路に沿い、本社を目指してひたすら歩きました。途中、京橋から銀座、数寄屋橋（現在の阪急あたり）が火焔に包まれて居りました。朝日新聞社前は砕けたガラスで、まるで玉砂利の上を歩くようでした。やっと辿り着いた本社の暗幕をかいくぐり、煤で真っ黒になった顔で泣いたことなど、いま、思いますと、ニュースの末端にいる者の使命感のようなものがありました。

そして終戦。アメリカ軍東京進駐開始。編集局に銃剣を持ったアメリカ兵が入って来た時の光景です。思わず、みな一斉に立ち上がりました。緊張感で時間が一瞬、止まったようでした。しかし、何事も起こらず、身だしなみのよい兵士でした。いまだに忘れられません」（森野智子『森野朔郎お別れ式』）

同盟通信は、その姿をとどめたまま日本を代表するメディアとして活動していた。

9月2日、東京湾内の米戦艦ミズーリ号上で行われた降伏文書調印式のさい、日本の報道陣を代表して取材にあたったのが同盟通信の外信部記者、加藤萬寿男、政治部記者の明峰嘉夫とカメラマンの宮谷長吉、それに日本映画社のカメラマン牧島貞一の4人だった。

朝が早いので前夜から出かけ、焼け跡に残った横浜支局の机の上で寝て、米駆逐艦468号に便乗してミズーリ号に向かう。弁当は社から支給された乾パンと鮭缶だった。「最高の弁当でした」と加藤は振り返る。駆逐艦では外国の特派員に朝食が出され、ベーコンとハムを焼く強烈な香りがたまらなく鼻についた。米国の士官がコーヒーはどうかと言ってくれた。コーヒーの香りと味が調印式の日のことで、一番印象深いことになりました、と語っている（「別冊新聞研究」第4号）。

簡素な式場だった。細長いテーブルに緑色のカバーがかけられ、その上にマイクが置かれテーブルをはさんで2脚の椅子が並べてあるだけだった。調印式を見ようと真っ白いセーラー服の水兵や将兵たちが砲塔や艦橋、マストに鈴なりになっている。

午前9時、式がはじまる。儀礼のあいさつもない。連合国軍最高司令官マッカーサー元帥がマイクの前に立ち「……今ここに平和を確固たるものにするため参集し、厳粛な儀式をとり行わんとしている」と演説をはじめる。演説がおわると重光外相がステッキをつきながらたどたどしく机に歩みより、椅子にすわり、式服の内ポケットから万年筆を取りだし漢字で「重光葵」と降伏文書に署名、つづいて梅津参謀総長が中腰のまま署名した。

ついでマッカーサー元帥が署名、連合国代表の将官たちが署名しおわると「これをもって平和が回復せられた。神よ願わくばこれを維持せられんことを」とのマッカーサー元帥の言葉で式は終了した。

調印式はわずか20分、3年8カ月も続いた戦争の結末をつける式典としては、実にあっけないものだった。

社に帰って明峰が原稿を書き、加藤、明峰両特派員の名で全国に流した。

「【ミズーリ艦上にて加藤、明峰同盟特派員発】……この朝は死んだように風は落ち海は穏やかな凪だが、空には重い灰色の雲が垂れこめていた。右舷に近く米軍艦アイオワ、それからやや遠く英戦艦キング・ジョージ5世が投錨し海面を走る舟艇にはすべて米国旗がはためいていた。（略）まず重光全権が加瀬随員の介添の下に椅子に着席、万年筆をとり出し、二枚たたみとなっている二尺に一尺五寸程の大きさの降伏文書右側の上辺に署名した（略）」

朝刊2ページの時代だった。各紙とも3段、4段抜きで大きく扱った。通信社記者の冥利を感じたことだろうし、まもなく姿を消す同盟通信の掉尾をかざる記事でもあった。

この日の朝日新聞を見ると1面、2面のチューリヒ、ストックホルム、リスボン、北京、ワシントン発の記事はすべて同盟電だった。

『共同通信社50年史』は連合国軍最高司令部（GHQ）は戦争に協力した事実に目をつぶり同盟通信を一時は占領行政に利用しようとした節がある、と書いているが、それを証明するかのような紙面だった。

だが、同盟通信をめぐる情勢はにわかに厳しくなり、やがて解散に追い込まれる。

昭和20年9月14日、GHQは同盟のニュースが占領軍を批判したとして業務停止を命じた。翌15日、解除されたが、業務再開には「事前検閲」の条件がつけられた。

同月19日、GHQは占領軍への批判を禁じた「プレス・コード」（新聞綱領）を発表した。連合国への「虚偽または破壊的な批判」の禁止、占領軍にたいする不信・不満をまねく報道の禁止など10項目にわたるものだった。

さらにGHQは圧力をつよめる。同月24日「新聞の政府からの分離」を指令した。新聞・通信各社を対象としたものだが、「ニュースの配信が統制された一通信社の特権とならないよう、政府の管理下にある通信施設はすべての通信社が平等に利用できるようにする」との項目があり、明らかに同盟通信の特権を剥奪するねらいがこめられていた。「同盟はあぶない」という風説もながれた。

GHQからの圧力だけではなかった。朝日、毎日、読売の全国紙3社が外電専門の新通信社構想をひそかにすすめ、APなど国際通信社もこれに応じる姿勢をみせていた。

同年9月中旬、朝日新聞の鈴木文史朗常務がGHQのフーバー新聞課長あてに「日本の三大紙、朝日、毎日、読売の代表者が約3週間前に会談し、日本の新しいAPといえる新通信社設立に合意しました」との手紙を書いた。

「GHQの意向を受けたAPと三大紙の村山長挙、高石真五郎、正力松太郎の代表者が三週間前、つまり八月末から九月はじめの終戦後まもない時期に新通信社設立による同盟の解散に動いていたこともわかる。利害の対立しやすい三大紙も、こと同盟解散となると共同歩調がとれた」（山本武利『占領期メディア分析』）

全国紙3社の幹部は連日協議を重ね、外電を専門にあつかう新通信社「日本協同通信社（プレス・アッソシエーション・オブ・ジャパン）」を設立することを確認した。社長には同盟の常務理事、上田碩三が予定されていた。

「3社の狙いが同盟つぶしにあることは明らかだった」と『共同通信社50年史』にはしるされている。

3社は同盟創設のさいには中心的役割を演じたものの、その後は同盟が国策通信社として肥大化し、中国や南方で軍や外務省と密着して特権的、独占的な行動をとったため、同盟への不満と反感を募らせていた。さらに戦時中、古野同盟社長が新聞統制に辣腕をふるった〝恨み〟もあった。

秘密裏に新通信社構想がすすめられていたことを古野が知ったのは、全くひょんなことからだった。

同盟は敗戦後まもなくAP、UP、INSの米3通信社とのニュース契約復活の交渉をすすめようとしたが、なかなかすすまない。不審に思っていたやさきの同年9月中旬、APのケント・クーパー総支配人から読売の正力松太郎社長あての電報が同盟に誤配された。「（APは）同盟にたいするニュースの供給はおこなわない。3社からの申し出は承知した」という内容だった。

同盟と外国通信社とのニュース協定復活交渉が行き詰まっていた間、3社はつぎつぎに外電契約の再開に成功していた。毎日は同年9月10日からUP、読売は同月22日からAPとINS、朝日は23日からAPとニューヨーク・タイムズのニュースをそれぞれ紙面に掲載しはじめた。

だが、古野は実にしたたかであった。つぎつぎに対策の手を打つ。

9月24日、長谷川才次報道局長をともないフーバー新聞課長を訪ね「自発的に同盟通信社を解散する決定をした。ちかく理事会、総会をひらき法律上の手続きをとる」と通告した。予想外の申し出にフーバーは驚き、しばらくは声も出なかったと伝えられている。松方三郎が「全く始末のわるい、おそるべき人物だった」と評した古野の面目を見せた一幕であったろう。

「……日本が占領地行政下に置かれるに至った直後の昭和二十年十月三十一日を期して自発的解散を断行した。蓋し、連合軍の占領下、『同盟』の自主的存立の不可能なことを見通したためであった」と古野は『通信社史』の「はじめに」に書いている。「決定」ではなく「断行」という表現に古野の無念とともに存続への強い意志がくみとれよう。

また三大紙による新通信社構想を白紙にもどす水面下の工作も怠りはなかった。

「かれは、三大紙が秘かに進めている新通信社設立をかれのペースに引き寄せるべく、九月末から十月にかけて得意の水面下の工作をおこない、かれの親しい中部日本新聞社専務伊藤正徳に解体後の新通信社を引き受けさせるようにした。(略)同盟理事会を伊藤の線でまとめるのは容易であった。手こずると思われたGHQも古野の構想を受け入れてきた。その際、GHQへの接待を忘れなかった。たとえば十月十一日、リプレー、ライアン、ピーターズの三人の現場責任者を調査局長松方三郎の家(公爵松方正義邸)の夕食に招待したが、そこの歓談には古野や常務理事松本重治も加わっていた」(『占領期メディア分析』)

昭和20(1945)年9月28日、第1回新通信社設立準備委員会が東京朝日新聞本社会議室で開かれた。

東京朝日、大阪朝日、東京毎日、大阪毎日、読売、日本産業経済（現日本経済）、東京、大阪、中部日本、北海道、河北、中国、合同（現山陽）、西日本の14社の代表があつまり、発起人会をひらき、理事長に伊藤をあて、通信社の名称も当初案を変更し共同通信社とすることを決定した。全国紙3紙による新通信社構想は結局は共同通信社に移行するかたちで幕を閉じた。財政の多くを3社が負担することで、運営の主導権をにぎったが、これが禍根をのこすことにもなる。

全国紙3社の通信社構想があっけなく崩れさった理由について、はっきりした記録は見つかっていないと『共同通信社50年史』は書いている。古野の説得が功を奏したのは、もちろんであろうが、突然の同盟解散の宣言でそれまで同盟を敵視していたGHQの態度が急変したこと、さらに全国紙3社は新通信社を設立するには資金、人員、施設などの面で多大の負担を要するだろうし、それよりは既存の通信社を利用し運営の主導権をにぎるのが得策と、当初から考えていたと思われる。

毎日新聞代表取締役編集総長をつとめた高田元三郎は著書『記者の手帖から』でこの間の事情を示唆している。

「同盟が解散したら、三大紙はともかくニュースの供給をそこに依存していた地方紙は、新聞発行も不可能となる。同盟に代わる新通信社の設立は焦眉の急となったので、三社の首脳部が集まって、新通信社設立の準備を進めることになった。朝日の千葉雄次郎（後に野村秀雄）、読売の高橋雄豺の両君と毎日から私が参加して、連日協議を重ねた」

その結果、同盟の職員、業務、財産の一部を継承することを基本とする、政府との関係は一切絶つ、事業目的は新聞、放送に対するニュースの蒐集と供給を主体とし、組合通信社をつくるという基本方針をきめた。

さらに新通信社をになう中心人物は電通出身の上田碩三に依頼した。名称を日本協同通信社とし、同盟との具体的な交渉をすすめようとしたとき、松本重治理事が高田に「同盟の業務、職員などを円満に引き継ぐためには、上田は中心的存在として適任でないという、同盟側の意向を非公式に伝えてくれた」

全国紙3紙の動きを水面下で牽制しながら新通信社の主導権をにぎろうという古野の工作だったのであろうか。

全国紙3社の構想は崩れ、同年11月1日、社団法人共同通信が発足、同時に株式会社時事通信が誕生し、長谷川才次が社長に就任した。

5500の人員を擁し報道界に君臨した同盟通信社はわずか10年で解散し、新聞社・放送局を対象とするニュースをあつかう共同通信と、一般購読者を対象とする経済・市況情報、出版を業務とする時事通信にわかれ、再出発することとなった。同盟の遺産を縦割りにして、それぞれの仕事がぶつからないように区分けをしたわけだ。これには将来、共同・時事を合併し、元のサヤに収めるという含みがあり、これは「対GHQ偽装工作に他ならなかった」（今井幸彦『通信社』）。

共同の初代理事長は当初、朝日新聞常務の鈴木文史朗が有力な候補として名があがっていた。しかし鈴木は社内人事を理由に、ことわった。鈴木と古野は犬猿の仲だった。戦時中の新聞統制で大ナタを振るった古野にたいし、鈴木は罵倒とも思える言葉を投げつけている。

「新聞を官僚と軍人に売り、そのお先棒を担いで新聞を統制し自由を奪った者は古野である」（『新聞太平記』)

『新聞太平記』の著者、御手洗辰雄は、古野なくとも新聞の自由は奪われ、統制はいたし方ない時代であったと古野をかばっている。

古野はそこで旧知の伊藤正徳に就任を要請した。

伊藤は時事新報で健筆をふるい、当時は中部日本新聞専務、小泉信三が「比類なき大海軍記者であった。伊藤正徳の前に伊藤正徳なく、伊藤の後に伊藤なし」と評した人物、その著『連合艦隊の最後』『連合艦隊の栄光』は、日本が明治以来、貧弱な財政のなかで営々としてきずいてきた連合艦隊への賛歌であるとともに惜別の辞、鎮魂の叙事詩でもあった。

敗戦後、ぞくぞくと新興紙が誕生した。戦争に協力した新聞への反省、あるいは自責の思いでもあったろう。「民衆新聞」「第一新聞」「時事新報」「夕刊京都」「新夕刊」など、いずれもが理想をかかげ国民に課題と論点をしめしたオピニオン・ペーパーだった。新夕刊は林房雄、永井龍男が編集をにない、小林秀雄、今日出海、亀井勝一郎らが寄稿し、横山隆一・泰三、田河水泡、清水崑がマンガを描き、吉田健一が渉外部長をつとめていた。いうなれば鎌倉文士の新聞だった。

松方三郎はのちに、当時を回想し「現代の英雄」と題して書いた。

「あの当時は今日から見れば相当の変り種が新聞屋の中にいた。たとえば、その後立派なシェークスピアの研究を出したり数多くの評論随筆で当代一流となった吉田健一の如きもその一人だった。そのころの『乞食の王様』は海軍の二等水兵から復員したばかりで、例の兵隊服をきて司令部の記者会見などに出ていた。ほかに大した用もなかったのだろうし酒も今ほど十分に出回っていなかったからでもあろうが、CIE（民間情報教育局）の記者会見では一番勤勉な出席者であったし、言葉も達者だから、はなはだ大切なメンバーでもあった。そのころの彼の新聞社が彼の能力を十二分に生かしていたら、彼の新聞は今日では無視できない存在になっていたであろうが、惜しむらくは人を見る明を欠いて彼をはなはだ虐待し、彼も間もなくその新聞と絶縁してしまった。そして新聞の方は今はその名も忘れ去られんとしているのに、ただ彼だけが当代一流の文士となった。（略）このような終戦直後の何年かの新聞の姿は、将来日本の歴史を書く上にはやはり無視することの出来ないことがらだと思うが、難しい日本新聞史といったようなものでなく、新聞人社会を通しての日本の世相を書いておくということは決して無駄なこととは思わない。（略）」（「共同通信社報」1957年6月）

新興紙は、言論の自由を手にし戦争中の鬱積した暗い記憶を払いのけ、それぞれの理想を実現しようとする言論人たちの思いだったろう。

こうした新聞界の状況を「これら数多くの〝新興紙〟の中には、それ以後の日本の新聞に見ることのできないすぐれた特色をもつものが、少なからず含まれていた。それらのユニークな〝新興紙〟がたとい大部数を誇る新聞とはならなくとも、その後順調に紙齢を伸ばし得ていたならば、新聞界はもっと多様性に富み今日見る新聞もまた違った様相を呈していたに違いない」と共同通信出身の元東京女子大教授新井直之（ジャーナリズム論）は『新聞戦後史』のなかで評した。

また法政大学大原社会問題研究所所員・吉田健二は『戦後改革期の政論新聞』のなかで「新興紙の出現を見たことで、日本ジャーナリズムは自立し、真の意味でジャーナリズムの精神を取り返した」とオピニオン・ペーパーの出立を評価した。

なかでも同盟の解散から派生した民報の存在は際だっていた。

企画したのは地方部長の長島又男、戦争中も従軍記者になることを拒否しつづけた人物で、統一戦線のための機関紙をと考え、話を松本重治に持ち込んだ。松本は同盟の解散時は常務理事兼編集局長だったが、戦争責任をとり辞任し、「民報」の社長に就任し、長島が主筆になり昭和20年12月1日、小さな新聞社が名乗りをあげた。同盟解散のとき、共同通信や時事通信に移籍しなかったプロレタリア俳句運動の指導者で一石路の俳号をもつ社会部長の栗林農夫らが参加し、のちには読売争議で社を追われた読売新聞の記者たちが入社した。マンガ家の近藤日出造も所属し、政治風刺マンガで筆を振るったが、その鋭い筆遣いには松本も少々、困り顔だったという。

発行部数3万から4万の小さな新聞社とはいえ、戦後ジャーナリズム史のなかで特異な光彩をはなつ新聞だった。その影響力は無視できないものがあった。紙面は論説と外信ニュースが主であったが、論説は憲法制定に大きな影響をおよぼした。

「民報において特筆されることの一つは、在日の外国人記者が多数訪れて、編集局のスタッフらと親密な交流を重ねていたことである」(『戦後改革期の政論新聞』)

「民報」は客観主義報道をとらず、論説を主体にして戦後の民主化に力をかした。

大原社会問題研究所雑誌NO486(1996・5)に掲載された「証言　日本の社会運動」「読売争議のその後(2)」のなかで増山太助が証言している。

「『民報』の海外記事や論説は私らにとってもほんとうに刺激的だったのです。私自身、『民報』を読むのを毎日楽しみにしていましたし、情勢分析の材料の一つになってもいました。長島又男さんや中西功さんの論説などは核心をずばり突いていて、よくもこうはっきり書けるなあ、と思ったこともあります。『民報』は当時、知識人や労働組合の活動家になかなか評判がよい新聞でしたよ」

増山は昭和14（1939）年、読売新聞に入社、戦後、経営幹部の戦争責任や社内民主化をかかげた第一次読売争議のさい従業員組合書記長として先頭に立ち、21年の第二次争議では敗れ、退社した。

民報社には多くの在日の外国人記者たちが訪れ、天皇制、財閥解体、中国問題などについて意見をかわし、民報の論説を批評しあった。いちはやく天皇の戦争責任についても言及した。戦後の政治体制構築について、在来の新聞には見られない先鋭的な論説を展開する民報社に目を向けたのは当然だった。しかも英語の達者な松本重治がひかえている。

通信社ではAP通信のラッセル・ブラインズ、チャールズ・ゴリー、UP通信のアーネスト・ホーブライト、ロイター通信のバロー・グラハム、AFP通信のロベール・ギラン、テレグラフ通信（英国）のヒュー・ディーン、タス通信のアントリー・ワルショフスキー、中国通訊社の陳傳生。新聞記者ではニューヨーク・タイムズのバートン・クレーン、ニューヨーク・ポストのダーレル・ベリガン、星条旗紙東京版のB・ルビンス、ザ・タイムズのフランク・ホウレイ、中央日報（中国）の張仁仲など。

「『民報』の特徴はその論説にあった。『民報』は三か年の期間中、戦争責任、天皇制の改革、公職追放、財閥解体、議会改革、農地改革、財政再建、インフレ対策、憲法改定、東京裁判、社会党の政策、民主統一戦線、賠償問題、労働運動、国際平和、中国の統一、日米関係、言論界の民主化など、時代の焦点となったテーマで論陣を張った。これら『民報』の論説は、常に政策提言や改革構想を内包させ、かつリベラルな思想に基づく合理的、現実的な主張であったため、GHQや日本政府を始め、各界から注目された」（『戦後改革期の政論新聞』文化書房博文社）

「GHQもその論説を重視し、憲法制定にもかなり重要な役割を果たした新聞である」（古関彰一『日本国憲法の誕生』）

新井直之は民報研究のさきがけだった。

「一つ特筆しておきたいのは『民報』の調査、研究である。彼の「『民報』——統一戦線のための政治新聞」は、創価大学社会学会の紀要『ソシオロジカ』（一九八〇年三月発行）に〈研究ノート〉として発表（後に出る『戦後ジャーナリズムの断面』に補足して収録）されたものだが、これは大変優れた業績であり同時に、ここには彼の問題意識、研究手法が明確に現れていると思う」（上智大名誉教授春原昭彦『追悼　新井直之』）

これを継ぐ業績は法政大学大原社会問題研究所所員・吉田健二の『戦後改革期の政論新聞』であろう。民報創刊の経緯から説き起こし、その特異な人脈、GHQの検閲への抵抗などを詳細に書きとどめており、「第二部　証言」の長島又男、殿木圭一、佐藤昇との対談は、オーラル・ヒストリーの実践であり、貴重な資料となっている。

松本重治は戦争責任をとり同盟を辞して民報を残したが、自身は昭和22年3月公職追放され、民報社をしりぞき、荘原達が社長となった。

就任挨拶をする伊藤正徳理事長（『共同通信社50年史』より）

共同通信に残ることになった松方三郎は松本のあとを引きつぎ常務理事兼編集局長となる。

この人事はすんなり決まったわけではなかった。『共同通信社50年史』別冊「共同通信社史編纂余話」によれば、「初めの構想では長谷川才次君が共同に残ることになっていた。松方三郎さんが時事へ行くはずだったらしい（この人事が実現しなかった）。事情はどうもよく分からない」と元共同通信常務理事の加藤萬寿男が社友会報（1977年3月31日　第18号）に書いている。

さまざまな話題を残しながらも共同通信は出発した。本社は、日比谷公園の一隅にたつ昭和4年に落成した時計塔のある5階建てのゴシック風建築、同盟通信いらい使っていた市政会館（日比谷公会堂）を引きついだ。

11月1日午前9時、本社一階の編集局で創立記念式典がおこなわれた。理事長就任のあいさつをする伊藤正徳の背後には、古野伊之助同盟社長の筆で「報道報国」と大書した額がかかげられたままだった。

国策通信社の理念を墨書した額の前で「共同は新聞社の通信社として正確迅速なニュース供給一本ヤリで進む」と基本方針をのべたが、戦争責任を封印したまま再出発した共同通信を象徴するかのような風景だった。前日の同盟最後の日と変わりなく同盟報道局のスタッフが同じ部屋で昨日と同じように働いていた。

しかし、悲惨な出発だった。発足時の共同加盟社は新聞60社、収入は月額57万円。施設は老朽化もはなはだしく、半身不随のありさま。同盟通信時代、職員も通信員、雇用員をふくめておよそ5500人の陣容を誇っていたが、1000人足らずの出発だった。

通信社の生命である、ニュースを電話で伝える専用線は総延長3930キロ。大半が老朽化し広島―福岡間と仙台以北は不通だったので、故障の多い同報無線で1日平均100本前後の原稿を流すのがせいいっぱいだった。

ニュース原稿は東京本社から声で読み上げて専用線を通して支局に流される。支局で速記者が速記文字で書き取り、それを翻訳し新聞社に渡す。ところが専用線は整備は遅れてボロボロのありさま。声も蚊が鳴くようで聞き取りにくい。聞き間違いがある。難しい漢字はいちいち字解しなければならない。これがわずらわしい。

ある支局員は当時の状況を振り返っている。

「原稿吹き込みの声は回線不良で聞きとりにくい、全神経を集中して速記し原文翻訳。朝日（小倉）、毎日（門司）両西部本社と地元紙（下関）などに届けた。敗戦の混乱期、良好回線は進駐軍にとられ、増幅装置もないボロボロ専用線には泣かされた」（浜田源四郎『回想 共同通信社50年』）

社内の風景も無残なありさまだった。外信部の片隅にくずかごが置いてあった。部員が弁当を投げ捨てるのでそれを目当てにネズミがやってくる。栄養状態がよいので肥満体のでかいやつが徘徊していた。

ニュースを受け取る新聞が2頁の朝刊だけだったので、なんとかやりくりはできた。「当初、半年もすれば崩壊するといわれ、われわれもそれにたいして反論する材料をもたなかった」と松方三郎が社報（昭和29年11月1日）でしるすほどの出発であった。

ご当人も相変わらずの通勤スタイル、局長専用車があるわけではない。リュックサックに弁当箱を放り込み霊南坂の自宅からおよそ2キロの道をたどる。弁当箱もあたり前のものとはちがう。土木労働者が愛用していた大型の土方弁当、ドカベンだ。局長秘書の佐藤智子は入社したばかり、その弁当スタイルに驚いていた。

「ドカベンをおいしそうに平らげたあと、お茶を注ぎ、箸ですみからすみまで洗い、ぐーっと飲んでしまう。山男としてはあたりまえかも知れないが、入社したての私が目を丸くした最初だ」（「専務室の松方さん」）

貧乏所帯で出発した共同通信に、さらに占領軍による言論統制という難問が降りかかってきた。占領軍兵士による犯罪も「米軍兵士」と書けない。「赤毛の大男」とか、「ジープにのった黒人兵」を「小型自動車に乗った色の浅黒い男」と表現した。まもなくこれも許されなくなり「一目して進駐軍の将兵とわかる記事はいけない」（「編集週報」21・1・21）というところまでにいたった。

昭和20（1945）年12月、GHQ民間情報局新聞課長にダニエル・インボーデン少佐が就任した。前歴はカリフォルニア州の地方新聞社の経営者。社長が論説を書くいっぽう、広告取りに歩きまわる新聞社だった。

反共主義者であったインボーデンは東西の冷戦の激化にともない次第に反共色をつよめていったGHQの占領政策を背景に言論統制をやってのけ、のちに新聞界の法王といわれる存在となった。少佐は〝問題の人物〟だった。「証言　日本の社会運動」「読売争議のその後(2)」のなかで増山太助が証言している。

「とにかくゴリゴリの反共でしたから経営者のサイドで露骨に干渉していたのです。インボーデン課長はがさつな人で、読売の本社に来ては飲み食いを要求したり、〝女を世話しろ〟といったり、前任者のバーコフとは人間が違っておりました」

「僕らは検閲官との応対や接触で大変苦労したんです。インボーデンは本当に嫌なヤツでしたよ」と『民報』の主筆だった長島又男もインタビューのなかで答えている(『戦後改革期の政論新聞』)。

インボーデンを悪者にした、いっぽうの責任は新聞社側にもあった。検閲のがれのため贈り物をする。

「……また各社もばかですよ。あんな奴にいろんな品物を送ったり、またインボーデンに対しても大変な品をやるんです」(津田正夫「別冊新聞研究」第10号)

同盟通信ブエノスアイレス支局長から戦後日本新聞協会の初代事務局長となった津田は歯に衣を着せず、当時の新聞社幹部の応対ぶりを語っている。

ある新聞社は大名家で使っていた家宝の漆塗りの陣笠を贈りたいが、と津田に相談した。

「冗談言っちゃいけない。そんなものおよしなさい。そこらで売ってるものをやりゃいいじゃないか」

また、ある社長は上京するたびに御当地名産の錦鯉を持ってくる。インボーデンの家には池があったので、社長の名をつけて放ち、何社長が動き出したと悦にいっている。

「そういうふうでね。これは日本人の悪いくせだけど、貢物やるんですよ。それでインボーデンは余計に図にのってね」

インボーデンが三重県に行ったさい、津田も一緒について行った。御木本に行きたいという。御木本に行ったら「おくさんに」と真珠の首飾りを贈られた。かれは大変よろこんだ。ホテルに帰ったら津田に電話がかかってきた。

「おれには娘が一人ある。お前はおれに娘があるってことを御木本に言ってないだろ」

「そんなことは知らなかった」

検閲に唯一、抵抗したのは「民報」だった。『戦後改革期の政論新聞』はこう書いている。

「松本の方針もあって『ジャーナリストは言論の自由を守るため検閲に対して屈してはならない』とする態度を確認していたとのことである。そして、創刊当初は特別扱いで組んだ社説や論説が検閲の結果『不許可』になったとき、社長の松本あるいは主筆の長島が抗議の意を込めて当局に出向くこともあった。(略)『民報』はさらに、交流を重ねていたAP通信のR・ブラインズやUP通信のホーブライトら、在京の米国人記者を通じてGHQの上層部へ検閲の不当を訴え、在日ソ連代表部のデレビアンコ中将にも同様の申し入れをしたこともあった」

検閲で削られた記事を白ヌキのまま印刷し、読者に不当を訴えたこともしばしばだった。

統制は日本の新聞だけではなかった。米国の新聞にまで及んでいた。

米紙のスクープ

政府は昭和21（1946）年3月6日、主権在民、象徴天皇、戦争放棄などを規定する憲法改正草案要綱を発表した。草案はあくまで日本人の手になるものとしていたが、米国の新聞「クリスチャン・サイエンス・モニター」は米国人が書いたものだと報道した。

GHQが日本政府に憲法改正を示唆したのは敗戦後まもなくだった。

昭和20年10月4日、マッカーサーは東久邇内閣の無任所大臣である近衛文麿と会談したさい、その旨をつたえた。しかし東久邇内閣はこの日出された治安維持法の廃止、政治犯、思想犯の即時釈放、特別高等警察（特高）の廃止を内容とする「自由の指令」を実行できないとして5日総辞職した。治安維持法なしでは国内の治安維持ができないというのが、辞職の理由だった。

あとを引き継いだのが幣原喜重郎内閣。松本烝治国務相を長とする憲法問題調査委員会をもうけ、作業に入り、翌21年2月8日、憲法改正要綱（松本案）を総司令部に提出した。

「要綱」は明治憲法を少々変えただけ、「天皇が統治権を総攬するという明治憲法の基本原則は変更しない」という天皇主権の皇国史観をひきずったままだった。

民主主義の復活、言論、宗教、思想の自由さらに基本的人権の尊重の確立をもとめるポツダム宣言やGHQがしめした婦人解放、労働組合の助長、教育の民主化、弾圧機構の廃止、経済機構の民主化、いわゆる「五大改革指令」を無視する内容だった。

「松本はすべての出発点を明治憲法に置いた」（古関彰一『日本国憲法の誕生』）といわれるほど松本は保守主義の守護者だった。法学博士の肩書きはあったにせよ、専門は商法である。

2月13日、総司令部は改正要綱を拒否、総司令部案を日本側に手わたした。

総司令部案（マッカーサー草案）の内容は現行憲法とほぼ同じものだが、これを受け取った政府は「驚愕狼狽」したといわれる。憲法の手直し、つまり「改正」ではなく、旧体制を否定する新憲法の「制定」を突きつけられたも同然だったのだ。

さて、ここで問題になるのは総司令部案であろう。憲法制定過程を詳述した『日本国憲法の誕生』によれば昭和21年2月3日、マッカーサーは民政局長ホイットニーに「マッカーサー3原則」と知られる憲法改正の必須条件をしめした。要約すれば「天皇は国の最高位の地位にある」「戦争の放棄」「封建制度の廃止」だった。

これを受けホイットニーは翌2月4日、民政局行政部の職員に「日本国民のために新しい憲法を起草するという、歴史的意義のある仕事を民政局に委託された」と演説、ただちに運営委員会のもとに立法、行政、人権、天皇などに関する8専門委員会をもうけ、作業に入った。

原案作成にあたっては当然のことながら各国の憲法を参照したが、当時、民間からはさまざまな草案が発表されており、総司令部はこうした「民間草案」も参照した。

「民間草案」は十数種あったというが、憲法研究会、社会党、共産党、あるいは自由党、進歩党、憲法懇談会などの草案で、古関は「さまざまな民間草案を検討してみると、のちに出されるGHQ案にかなり近い案があったことがわかる」と指摘しているが、GHQがとりわけ注目したのは憲法研究会案だったという。

研究会を主導したのは高野岩三郎。さきにも触れたが、改造社の『マルクス・エンゲルス全集』に対抗し、岩波茂雄が河上肇の手紙を持ち聯盟版『マルクス・エンゲルス全集』出版の協力をもとめ大原社会問題研究所に話を持ち込んだときの所長が高野だった。

「敗戦をむかえた時はすでに七四歳の高齢であったのだが、圧政から解放されて、水を得た魚のごとく、活動を開始した」(『日本国憲法の誕生』)

高野は在野の憲法史研究者の鈴木安蔵に働きかけた。鈴木は京都帝大時代に社会科学研究会に所属し、無産者教育にたずさわり、大正14年12月、治安維持法がはじめて適用された京都学連事件に連座し、逮捕されている。河上肇も家宅捜索を受けた。鈴木はマルキシズムの立場から自由民権運動を中心に憲法史を研究してきた。

研究会の主要メンバーは鈴木のほかヒトラーの『わが闘争』を翻訳した評論家の室伏高信、政治評論家で近衛のブレーンといわれた岩淵辰雄、高野の弟子であり、大正9年「クロポトキンの社会思想の研究」を執筆し東京帝大助教授の席を追われた森戸辰男、哲学を講じ早稲田大学教授、駒沢大教授をつとめた杉森孝次郎といった顔ぶれだった。杉森は松方三郎らが参画した社会思想研究所の『社会科学辞典』にも執筆している。森戸とともに東京帝大を追われた財政学者の大内兵衛も財政、会計の項目で力を貸した。

こうした顔ぶれをみると思想的には一枚岩とは言いがたく、高野は「共和国憲法」を描いていたが、草案作成の会合は明治の自由民権思想と大正デモクラシーとの相克、そして妥協の場であったろう。高野の思いは実現しなかったにしても憲法草案は明治憲法を全否定する内容だった。

主なところを見ると「日本国の統治権は、日本国民より発する」と主権在民を宣明し、古関は「民権思想の復権」と評している。さらに天皇の地位については「国民の委任により国家的儀礼を司る」、自由権については「言論、学術、芸術、宗教の自由を妨げる如何なる法令をも発布することはできない」とし、また「国民は、健康にして文化的水準の生活を営む権利を有する」「男女は、公的並びに私的に完全に平等の権利を享有する」など憲法の基幹理念が現行憲法と共通している。

憲法研究会案は政府に手わたされるとともに英訳され、昭和20年12月26日GHQに提出され、28日の各紙は一面で全文を報道した。翌29日、鈴木は毎日新聞記者の質問にたいし、自由民権運動の資料を参照したと語っている。

GHQは深い関心を示した。『日本国憲法の誕生』によれば、GHQ草案の作成に中心的役割をになったマイロ・ラウエル陸軍中佐はコートニー・ホイットニー民政局長からわたされた草案の英訳をみて「これを土台にし、いくつかの点を修正すれば連合国軍最高司令官が満足するような文書を作成できるというのが、当時の私の意見でした」と述べたという。

さまざまな民間草案が発表されたにしてもGHQにとっては政府の憲法問題調査会案が正統なものであったはずだが、GHQは政府案には信をおいていなかった。昭和21年2月1日付け毎日新聞が「憲法問題調査委員会試案」の全文を一面トップで報じたが、試案の中味は明治憲法の一部を手直したにすぎなかった。GHQはさっそく2月4日に総司令部案の作成にとりかかっていることからみても、これは明らかであろう。

憲法問題調査会案とはいうものの、松本一人が鎌倉の別荘にこもって書き上げたという。さらに改正にさいして、どんな理念をもっていたのか、幣原首相がどのような原則をしめしたのか、改正の核心となるところが一切不明である。理念は、あえて言えば天皇制の護持であり、原則の枠組みはすべて明治憲法にあったと古関は指摘している。

政府はむろん総司令部案をそのまま受け入れたわけではない。

政府と総司令部とのあいだで折衝がつづき、「日本化」への努力がなされた。とはいえ国民主権主義、絶対平和主義、人権尊重主義の基本原理はのこされ、政府は昭和21年3月6日「憲法改正草案要綱」を発表した。マッカーサーも要綱を全面的に支持すると声明した。10月7日、帝国議会の審議をへて通過、11月3日公布されたが、公布を前にした7月、「憲法改正草案要綱」は「米国の手になるもの」とクリスチャン・サイエンス・モニター紙が報道した。

週刊朝日(2015年7月3日号)は「『GHQ作成』スクープ　情報源の女性は元総理の孫」と題し、ジャーナリスト徳本栄一郎執筆の記事を掲載した。

それによると……。

7月3日付クリスチャン・サイエンス・モニター紙は憲法草案を書いたのはじつは日本政府ではなく、GHQの米国人であり「日本の報道機関を巧みに操作することで(憲法改正の)主導権は東京の宮中にあると見せかけている」と衝撃的なニュースを報じた。

同紙はボストンに本社をもつアメリカの日刊新聞、１９０８年、メアリー・ベイカー・エディが創始した新宗教団体「クリスチャン・サイエンス」の機関紙として発足した。当時の低俗なイエロー・ペーパーと戦う国際ニュースや論説を重視したクオリティ・ペーパーだった。酒やタバコの広告は載せず、広告も最小限にとどめ、ストイシズムを貫く姿勢を崩さない新聞だった。

共同通信外信部記者でニューヨーク支局長をつとめた藤田博司も『アメリカのジャーナリズム』（岩波新書）のなかで「速報原理に溺れず、質の高い報道を目指して少部数ながら独特の紙面を作ってきた……（略）」とモニター紙を紹介している。

特派員は取材のため長期間支局を離れ地方に出かけることがある。アメリカの地方紙は地域密着主義の編集でタブロイド判数十ページもあるにしても、たとえば地方名士のお嬢さんの結婚式は報道するが、国際ニュースをほとんど載せない。だから、どうしても国際ニュースに疎くなる。そんなときに頼りになったのが一日遅れで郵送されるクリスチャン・サイエンス・モニターだったと、藤田は回想している。

同紙の報道はこれだけにとどまらなかった。7月11日、29日にも日本政府が草案を書いたとするのは「フィクション」と断言する記事を載せ、追い打ちをかけた。

記事の筆者は同紙の記者ゴードン・ウォーカーだった。１９３０年代に入社し、大戦中はニューギニアやフィリピンで従軍記者として活躍、敗戦後にＧＨＱとともに来日し、丸の内の東京特派員クラブ（日本外国特派員協会の前身）を拠点に取材をつづけていた。

このスクープの裏には松方三郎の協力があったことをハル・松方は『絹と武士』のなかで明らか

にしている。

ハル・松方は当時、松方春子とよばれていた独身時代、三十歳だった。

米イリノイ州にあるサイエンス・モニター系のプリンシピア大学に留学し戦時中は母方の祖父、新井領一郎の故郷、群馬県に疎開した。いまは第三セクターのわたらせ鉄道となっているが、当時は国鉄足尾線の水沼駅から歩いて8キロほどの山村だった。

「この山岳地帯には食料となるものはほとんどなく、私たちはわずかな配給米を水のような粥にし、水辺に生えている芹や、掘り起こした筍をおかずにして飢えを凌いだ」(『絹と武士』)

戦後まもなく、ハルのもとに明るいニュースが届けられた。

クリスチャン・サイエンス・モニターの特派員が母校の教授に連絡したい、とのことだった。ゴードン・ウォーカーと大学時代に文学を教えてもらったロバート・ピールである。ピールはGHQ内に設置されたCIC(防諜隊)情報部員の一員として日本に派遣されていた。CICは日本の警察の協力を得て占領阻害行為を取り締まり、保安上必要な情報を収集するのが任務だった。

ハルは父正熊とともに汽車に乗る。弁当は蒸したサツマイモだった。プラットホームで真っ白なおにぎりを頬ばるお百姓さんのすがたを見かけ、うらやましかったと振り返っている。

待ち合わせの場所である第一ホテルの前に行ってみると、ふたりとも軍服姿、腰には拳銃を帯びていたのでハルはびっくりした。第一ホテルはゴードン・ウォーカー記者の宿舎だった。ふたりは仕事の話をもちかけた。

ピールは切り出した。

「日本の戦犯容疑者をさがして、いろいろ聞きただす仕事をしている。協力して欲しい」

ハルは知人や縁者のなかに戦犯容疑にかけられそうな人がいるのでことわる。

いっぽうウォーカーは「新聞記者の助手にならないか」ともちかけた。

「ゴードンの申し出のほうが、日米相互理解の一助となりたいという若い頃の私の夢にぴったりだったのでこれを受けることにした」

ハルはゴードンの助手となった。新聞にも政界にもまったく無知の素人だったので松方三郎に助けをもとめた。

毎日のように日比谷公会堂の、ネズミが走りまわる荒れ果てた共同通信本社を訪ねた。三郎は助力を惜しまず多くの人をゴードンやハルに紹介した。そのおかげでゴードンは他の記者が書けないような記事を書くことができた。そのひとつが新憲法草案要綱をめぐる秘話だった。

「多くの人」の名は明らかにされてはいないが、高木八尺や松本重治らがいたものと思われる。ふたりはともに在野にあったが、高木は南原繁総長が発案した東京帝大憲法研究委員会のメンバー、松本重治は「民報」を舞台に草案の内容や制定手続きをきびしく批判する論説を執筆していた。

「憲法問題ではむしろ松本さんが熱心でした。松本さんは松本烝治国務相や吉田茂外相としょっ中連絡を取っていました。（略）このテーマ（天皇制と憲法）は『民報』という新聞のレーゾン・デートルの部分であって、松本さんと僕が意見をすり合わせて、彼が1947年の3月に退職するまで二人で書いていました」（『戦後改革期の政論新聞』第二部「証言」）と長島又男は述べている。

「民報」は幣原内閣の草案要綱が発表される前に松本国務相の「密室のなかの制定作業」を批判し

「憲法制定会議」の開催をよびかけた。「憲法の改正とか、新憲法の制定とかいう場合には、その手続きがまず最も重要なのである。何となれば手続き如何によって草案の内容がほとんど決定されるからである。保守のみをこととする政府や御用審議会にまかせておいて、進歩的な民主的草案が出てくることを期待するのは樹によって魚を求める類いである」と松本は主張した。

政府は3月6日「憲法改正草案要綱」を発表、帝国議会（当時はまだ明治憲法下だった）で審議がはじまったが、金森徳次郎国務相は主権在民については「天皇を含む国民にあり」「君臣一如」と答弁するばかりで事をあいまいにするばかり。煮えきらない政府にたいし、昭和21年6月29日付「民報」社説は「主権在民を明確にせよ」と題し「主権在民を憲法に明記せずしては、民主的憲法はあり得ない。こんな簡単明瞭なことが、何故に場所もあろうに民主議会初の壇上で論議の種にされたり、ゴマかされたりするのであるか」と批判した。

こうしたいきさつを見れば新憲法は完全な「米国製」とは言い切れないが、ハルは憲法草案をめぐる取材から「一般には、新憲法は日本政府の発案になるものと信じられていたが、実はマッカーサー指導の下にアメリカ人によって起草されたものであった」と確信し英文のメモにしてゴードンにわたした。

「この情報をゴードンに伝えたとき、この事実を数年間は伏せておきたいと考えているマッカーサーがどんなに怒るかと考え、異常に緊張していたことを今でも思い出す。しかし、おびえながらも私は、これは看過すべからざる欺瞞であり、国民に真相を公表すべきだと信じ、あえて情報提供に踏み切ったのである」

だが勇気ある行動もＧＨＱの忌避にふれ、ゴードンもハルも〝危険分子〟としてマークされる。徳本が入手した昭和22（１９４７）年２月27日付けのＧＨＱ参謀第２部（Ｇ２）の秘密報告書には「ウォーカーは記者クラブのなかで最も左翼寄りの活動メンバー」として記載されていたという。

ハルも当然のことながらウォーカーと同列とみられ、情報提供者としてブラック・リストに記載された。〝危険分子〟とはＧＨＱではコミュニストと同義だった。

あるときハルは政府の終戦中央連絡事務局次長だった白洲次郎から突然「松方公の孫のあなたが共産主義者とは驚いた」といわれ、初めは何のことかわからなかった。弟の真が米軍情報部の一員として来日し、事情を話してくれ、やっと納得した。

真は戦時中、米国に留学していたが、ＧＨＱのホイットニー民政局長の部下として帰国した。単なる帰国ではなく、密命を帯びていた。

ハルは当時の事情を語っている。

「私の身辺調査を仰せつかっていたらしいんです。いえ弟はとっくに亡くなりましたけど、弟の友人からはじめて聴きました」（上坂冬子『ハル・ライシャワー』）

「進駐軍の検閲を無視したり、マッカーサー体制に批判的であったりするアメリカ人記者は危険分子と見なされ、私も彼らと行き来のあることから疑惑を持たれているというのである」（『絹と武士』）

政府とＧＨＱとの折衝にあたっていた白洲次郎はＧＨＱ筋から情報を手に入れ遠縁のハルにそれとなく警告したのであろう。

ウォーカーのスクープに激怒したGHQはMPを東京特派員クラブ（外国人記者クラブ）に出動させウォーカーを捜索したりした。

ウォーカーは以前からマークされていた。

マーク・ゲインの『ニッポン日記』にウォーカーは登場する。ゲインは1934（昭和9）年から3年間、新聞聯合や同盟通信上海支局で働いていた。上海支局では殿木圭一とともに取材に走り回った。

「当時は、ギンズバーグという名前でね。僕は、難しい英語の取材で間違うといかんような時には、マーク・ゲインをお供に連れて。イギリスのヒューゲッセン大使が代わって、サー・アーチボルド・クラーク・カーという難しい名前の新しい大使が記者会見するというので、まるで天皇の即位式みたいな儀式だったけど（笑）、そういう時には、彼を連れて行ったですね」（「別冊新聞研究」31号）

ゲインは戦後、「シカゴ・サン」紙の特派員として来日し、特派員クラブを拠点に占領下の実態を取材していた。

『ニッポン日記』の1946年4月31日（筆者注・30日の間違いであろう）に以下の記述がある。

「今夜プレス・クラブで会合があった。総司令部がことあるたびに何やかやとクラブに文句をつけてくるのは、どうしたことなのか。これが議題だった。ここ一、二週間ほどの間、とみにやかましくなってきた。われわれは陸軍のモーター・プールにある車を利用していたが、ここを閉鎖してしまった。自家用のジープを持っている連中はガソリンの供給が受けられなくなった。ある記者は歯医者での治療を拒否された」

対日理事会についての報道が、総司令部のお気に召していないのが原因のようだ。これが特派員たちの見解だった。

なかでも傑作のストーリーはウォーカーについての一件だった。かれは中国に出張し、さて帰国という段になったさい、総司令部は再入国を拒否した。「より重要な人物のため飛行機の座席やホテルの部屋を用意したので、貴下の分はありません」というのが理由だった。事実は韓国の米軍司令部からウォーカーが「無責任な報道をした」との抗議がきたための報復だった。

ハル自身も取材のため、ひとりで東京・代々木の共産党本部に足をはこび、解放されたばかりの徳田球一や志賀義雄ら日本共産党の幹部にインタビューした。獄中18年という試練に耐えた徳田球一は意外な一面を持っていた。共産党を終始、敵視していた吉田茂だったが、徳田には親近感をいだいていた。

「私の組閣阻止のためにその一党を以て夜中官邸を囲み塀を乗り越えて侵入したり、宮中の大膳部へ暴徒を連れ込んだり、例の二・一ストの時など最後まで頑強に抵抗を続け警官を手こずらせたり、厄介且つ怪しからぬ男ではあったけれど、他の共産主義者が、何んとなく嫌味で、悪辣で執拗であったに反して、悪感を抱かせるようなところは少かった。むしろ稚気愛すべしとも思われた」(『回想十年』)

吉田茂が自民党の控室にいる徳田球一を見かけ「君はいつ入党したのかね」と聞くと「今日、入党したんだ」と、そんな冗談を言い合ったこともある。

ハルもこうした徳田球一の人間的な魅力にひかれたようだ。

「みなさん、自分たちが願っていた民主的な時代がきたと、やせこけた頬に目を輝かせていましたね」

ハルはかれらの表情に日本の未来を見つけた思いだったのであろう。インタビューだけではなかった。赤旗を振り吉田内閣打倒を叫ぶデモの現場におもむき、加藤勘十や土橋一吉ら当時の労働運動の闘士たちとも顔なじみとなった。ハルはそうした労働運動の闘士たちにシンパシーをいだいていただろうし、白洲次郎から〝共産主義者とは驚いた〟といわれたのも肯ける。

ハルの弟を帰国させ実姉の身辺調査までやってのける執拗な情報収集の手はおそらく背後から協力していた松方三郎にも及んでいたであろう。ファイルにリストアップされたか、どうかは別にしてマークされていたとみてよいのではないか。

「当時、共同通信社編集局局長だった松方三郎は、私のいとこです。彼は、憲法施行に関するマッカーサーの書簡に異議を唱えていました。『何が日本の大衆の自由な表現なものか。作成の経緯からして紛れもなくアメリカ製ではないか。いかに占領下とはいえ、憲法までマッカーサーからいただかねばならぬ理由はない。民主主義アメリカの精神からしても理解に苦しむ』というわけです。私はもちろん日本人のナマの声として、これを英文のメモにしてウォーカー記者に手渡しました。彼は深くうなずいていましたから、記事として当然この意見を採用したでしょう」(『ハル・ライシャワー』)とハル・松方は語っている。

ハルは累が松方三郎に及ぶのを危惧し、ジャーナリスト生活をみずから断ち切った。

「冷戦が進駐軍支配にも暗い影を落としており、私が新聞記者を続けることは、一族に迷惑をかけるおそれがあるということが分かってきた。そこで私は新聞界との関係を絶ち、スウェーデン公使館に職を求め、占領が終るまでジャーナリズムの世界から離れた」

昭和21（1946）年1月30日、河上肇が他界した。

「或る日松方が神田の岩波書店へ岩波を尋ねて来た。あいかわらずリュックを肩にかけていた。松方が岩波に、河上さんの追悼会をやるから金を出してくれといった。岩波の顔はみるみる変わり、『君は何をいうんだ、ぼくと河上さんとの関係を知らないのか』と烈しい口調でいった。傍にいた私はまずいなと思った。岩波の病気は怒ったり興奮することが最もいけない。岩波は青い顔をして怒っている。ところが松方は平気な顔をしておった。そして、『知っているから頼みに来たんだ』といった。岩波が怒っているなかで松方は、河上が、岩波にすまなかったといっていたということを話した。すると岩波は実に意外そうにして『本当か』ときいた」（小林勇『断片・松方三郎』）

岩波は前年の9月、長野市で脳溢血で倒れた。興奮すれば血圧があがる。小林は、それを心配していた。

昭和2年、岩波文庫創刊のとき、河上肇はマルクスの『資本論』の翻訳をひきうけた。ところが河上は翻訳を中絶し、岩波書店のライバルである改造社の『マルクス・エンゲルス全集』出版に参加した。岩波も改造社版とは別の聯盟版『マルクス・エンゲルス全集』を企画していたが一冊も出せず挫折し、多大の借金を背負いその後始末を岩波が一手に引き受けたいきさつがあった。岩波はこの背信を怒り河上に絶縁状を送った。

「こういういきさつのある岩波に河上の追悼会の費用を出せと松方はいいに来たのだ。松方は、河上が岩波にはすまないことをしたといっていたことを、優しい口調で話した。それをきいて岩波の怒りは見る見る崩れて、『そうか、河上さんがそういっていたか、それならいい』と繰り返していた。そして松方の要求以上の金を出した」

岩波はそれから間もない同21年4月25日、死去した。享年64、岩波の度量の広さと同時に松方三郎の師を思う心をものがたるエピソードだったろうし、追悼資金は口実であって松方三郎の真意はむしろ、ふたりの和解にあったとも思える。河上肇は岩波への背信をおそらくは死のまぎわまで気にかけていただろうし、その思いを松方三郎が伝えたのであろう。こうして泉下の和解となった。

岩波書店が白帯、星二つの文庫版『貧乏物語』(大内兵衛解題)を出版したのは翌昭和22年9月5日、いらい版をかさね平成27年4月、76版を数えている。ともに没後ではあったにしろ和解の証しとなった。岩波茂雄が念願した『資本論』全12巻が向坂逸郎による完訳で第1巻が出版されたのは昭和22年9月、足かけ10年をへて同31年12月に完結した。

共産党共同細胞

昭和24(1949)年1月23日の第24回総選挙の結果、共産党は4議席から35議席に増やし、にわかにその存在感を示した。

共同通信でも共産党細胞の活動は活発になってきた。この年の1月22日、日本共産党共同通信細胞の機関紙「フラッシュ」第1号が発刊された。

共産党細胞はそれまで姿をかくしてきたが、党本部の方針にしたがい「細胞としての統一的な主張や呼びかけをみんなの前に示すことができる」として、姿をあらわした。経済部記者・木村昇の自伝『転起録』によると、共同通信細胞は共同発足まもない昭和21年初めごろ結成された。

木村は明治41年の生まれ、早稲田大学に入るが社会運動に身を投じ、全協(日本労働組合全国協議会)系の日本繊維労働組合のオルグとなった。昭和8年春、治安維持法違反の容疑で逮捕され、懲役3年執行猶予5年の判決を受けた。同9年9月出所、経済更正新聞の記者となり、その後、同盟通信をへて共同通信に入り農政を担当し、のちに論説委員をつとめた。

「むろん当初は秘密のうちに行なわれたのであるが、その中心メンバーは特信部にいた吉川吉太郎だった。いち早くはせ参じたのは外信部の小椋広勝、政経部の私(木村昇)、社会部の杉本恒彦(間もなく交通事故で死亡)。その後社会部の円山健次郎、地方部長をやっていた横井雄一、外信部の本田良介、佐藤重雄、それに発送や電務の若い連中がはいってきた」(『転起録』)

共産党細胞は日本新聞通信労働組合(新聞単一)共同支部、その後継となる全日本新聞労働組合(全新聞)共同支部のなかで、かなりの勢力を占めていた。このころからインボーデン少佐は共同通信をマークしていたようだという。

「フラッシュ」の発行名義人だった吉川は昭和21年前期の書記長、木村は中央執行委員をつとめている。細胞は23年前期の書記長、副書記長。レッドパージ直前の24年には書記長など、労組のなかで要の地位を保っていた。

こうした細胞の活動にインボーデンは神経をとがらし、新聞業界紙「新聞之新聞」に「シキセイジ」の匿名で文章を寄せていた。昭和24年2月18日付け同紙に書いている。

「最近私は、日本共産党が三五名の党員を当選せしめたので有頂天になり、共同細胞を利用して嚇かしの聞《ママ》く人間とみられている伊藤理事長にテロを加え、共同を占領する見込みを立て、いる由である。強力な共産党細胞が、共同通信社内で活動しているということを、地方新聞社が聞いたならば驚倒するかも知れない。この細胞は旧同盟の社員から成り、伊藤理事長と共同従組との間の契約は、事実上共同の経営権を従組に引渡したものであるとして全面的に賛意を表しているといわれる」(新井直之『新聞戦後史』)

急激に反共色を強めたＧＨＱのやり玉に真っ先に挙がったのが、共同通信、そのキッカケとなったのは、昭和24年2月、ロイヤル米陸軍長官の来日のさいの記事だった。

ロイヤル長官は「日本列島には戦略的な価値はない」とのべ「米国は日本を守る義務はない」と日本撤兵説をふくむ米国の新極東戦略を語った。これが外電でながれ、衝撃的な内容だっただけに共同はGHQの高官にコメントを求め「これは虚報であり、虚報を流したのは米国特派員で、かれらは自国を裏切りソ連と共産主義者の術策に陥ったものだ」という趣旨の記事を「GHQ某高官談」として出稿した。出稿前にインボーデン少佐に了解を得ていた。

おどろいたのは外国特派員たちだった。特派員は共同に「某高官とはいったい、だれか」と問い合わせてきた。編集局主幹の加藤萬寿男は「ニュース源はいえない」と断ると、インボーデン少佐にホコ先が向けられた。

「ニュースの出所や許可をあたえた理由を説明せよ」と詰めよった。少佐は「許可した覚えはない」と立腹、翌日、加藤萬寿男をよび出し事情説明を求めたが、加藤はニュース源の秘匿を押し通した。ジャーナリストとしては当然の行動ではあったが、この事件をきっかけにインボーデン少佐の共同攻撃は激しいものとなってきた。

ロイヤル長官発言事件のあと、さらに決定的な事件が起きた。『共同通信社50年史』をつぎに要約する。

昭和24年5月30日に行われた東京都公安条例反対デモについての共同通信が配信した記事にGHQはプレス・コード違反と警告した。

デモの最中、東京交通労働組合員の一人が都庁三階から落ちて死亡した。共同は「息子は三階から落ちたあとおまわりさんにけられたようだ」という父親の談話を流し、三階から落下の軌跡を点線で示した現場写真を出稿した。これが、組合員が警官に突き落とされたことを示唆するものだ、と受け止められたのである。記事も写真も当時、契約関係にあった共産党機関紙「アカハタ」に掲載された。

これが絶好の口実となり共同への圧力を強める。

共同はつぎつぎに対策を講じた。

伊藤理事長は6月20日の社員大会で「一切の責任は共産党細胞にあり、一片の紙切れで共同が解散される〝危機〟を切り抜けるため共産党員を経営から一掃することが唯一無二の方策である」と演説し、編集主査をおきGHQの検閲を受けそうな記事はないかと目を光らせたり、「アカハタ」への配信停止、そしてついに編集関係の共産党員10人を「資料室」という新セクションを設置して、ここに移籍した。資料室といっても名ばかり、ホコリだらけのいすとデスク8人分がポツリと置かれた一廓が資料室のすべてだった。

編集現場からの「隔離政策」である。GHQによるレッドパージに先行する共同独自のレッドパージが実施されていた、と新井直之は指摘した。

6月22日、インボーデン少佐は新潟市の新聞講座で「共産党のフラク（筆者注・フラクション、党員の小グループ）に災いされている共同から、共産党員を追放せよ」と言い放つ。さらに24日早朝、伊藤理事長の出頭をもとめ「命令ではないが、示唆する」と暗に理事長辞任を迫った。

伊藤理事長は水戸の出身らしく、水戸ッポ丸出しの硬骨漢、みずからインボーデン少佐に会おうともせず、交渉のさいには代理をあてていた。インボーデン少佐もおそらくは「失敬なヤツ」と思っていたにちがいない。

「伊藤正徳さんは、ほとんど司令部に顔出ししなかったですね。それが司令部に嫌われた大きな理由だったと思います」（江尻進「別冊新聞研究」第26号）

江尻は電通、同盟をへて共同通信論説委員になり、日本新聞協会に転じた。

市政会館の二階の角の大きな部屋に理事長室をかまえ、そこにこもって、用のある時には社員を呼びつけ、仕事をしていたという。部屋には外国製の大きな冷蔵庫が置いてあり、当時は貴重品だったウイスキーやバナナや果物、ケーキなどを入れており、お客が来るとそれを出して接待していた。

「伊藤さんは、そうしたやや高踏的な貴族趣味がある方でした。だから、司令部の連中に対応するのにも、少しそうした高ぶった空気があって、こちらから頭を下げてうかがうというようなことはやらなかったようでした」

インボーデンは7月2日付の新聞協会報で「通信と配布の独占」と題し論文を発表した。

論文はすこぶるヒステリックな調子、伊藤を名指してはいないが、伊藤憎しの感情にあふれていた。

一　共同はもったいぶった経営者の下で無能かつ無責任な通信社になってしまった。

二　共同は自社の記事が真実であるか否かを調べることができず、少なくとも一つの場合は虚偽で誹謗的な共産主義的記事を配信するという罪を犯した。

三　共同の経営者は根拠のない非難攻撃、あてこすり、虚偽により「文字による暗殺行為」にふけっている。

伊藤はおそらく、この論文発表を事前に察知していたであろう。

前日の1日、理事会で辞任を表明しており、理事会は4日、7日の両日、特別委員会をひらき辞任を受理、松方三郎が引きつぎ、松方体制が出発した。これまでの理事長制から専務理事制となり、編集局長に岩本清、編集総務に新井正義、大竹貞雄、編集局次長に殿木圭一、上野貞夫、水野政直が就任した。

専務理事になっても松方三郎の日常は相変わらずだった。

事件があると編集局にもぐり込む。自分で車をたのみ、どこかにすっとんでいってしまう。地方紙の社長との約束の時間がすぎても戻ってこない。代わりの人にお相手の援軍を願って待ちわびていると「ヤア」といとも気軽に部屋に入ってくる。人を待たせることも平気だが、待つことも気にとめない、と佐藤智子は振り返っている。

米国の中央情報局（CIA）の初代東京支局長、ポール・C・ブルームが着任してきたのはその前年、昭和23年だったが、その知られざる活動を明らかにしたのは元共同通信外信部記者・春名幹男だった。

「……第一ホテルの二七六号室を定宿に、活動を開始した。（略）ブルームは、日本の各界のリーダーたちから、トップレベルの正確な情報を集め、評価を加えてワシントンに報告する仕事に乗り出した」（春名幹男『秘密のファイル』）

春名はワシントン支局長をつとめ、この間10年かけて米国立公文書館などで大量の秘密文書を発掘し、米中央情報局本部でおこなわれたセミナーに出席し米情報機関の秘密文書に接触した。目を通した秘密文書類は10万ページにおよび、うち数万ページをコピーし読み解き、関係者にあたり、さまざまな証言を得て戦後の日米裏面史を書き上げた。株式会社共同通信社から出版され、のちに新潮社から文庫本として出る。

同書によると昭和24年、ブルームは毎月第2火曜日の午後6時から同10時ごろまで著名人を集めて夕食会を開いた。

報道界から笠信太郎（朝日新聞論説主幹）、松本重治（国際文化会館理事長）、松方三郎（共同通信社専務理事）、浦松佐美太郎（評論家）。学界から東大教授の東畑精一（農業経済学）、蠟山政道（政治学）。官界から前田多門元文相、財界から信越化学取締役・佐島敬愛《よしなり》の8人が常連として出席した。

ブルームはかれらを「八人のサムライ」とよんだ。

春名は「こうして八人を並べてみると、いずれも国際派でリベラル、という共通点がはっきりしてくる」と書いているが、興味をひかれるのは、蠟山、松方、松本、笠は東大新人会OBが結成した社会思想社の同人だったし、松方、松本、浦松は太平洋問題調査会で活躍した仲間であり、蠟山、松本、松方は近衛内閣の政策ブレーンであった朝飯会のメンバーだった。大戦前の知的連環が戦後の占領期間にまで重用されている、この意外な戦後裏面史はまことに興味深いものがある。

夕食会では財閥解体、農地改革、教育制度、労働組合、地方自治といったテーマが話し合われた。その日のテーマによって、ゲストが加わった。日本の政治問題を論じたときに吉田首相がみずから足を運んできたことも何度かあったという。ブルームはそうした議論をまとめ翌日走り書きで内容を記録した。毎週金曜日になると小柄な日本人の大学教授がやってきてタイプ打ちをした。これがブルームのリポートとして米国に送信されたわけだ、と春名は書いている。

ブルームは極秘情報の入手を意図したのではなかった。リーダーたちとの懇談で占領行政に必要な情報分析の材料を集めていたのであろう。横浜の外人居留地で貿易商の息子として生まれ、少年時代は横浜ですごし、米国のエール大学を卒業した。ブルームは一生をかけて、日本に関する欧米の出版物を集め、希少本や古地図、美術品など7000点にものぼった、と春名は書き「究極の知日派」と評している。CIAのもつイメージとはかけ離れたブルームの横顔だった。

レッドパージ

松方体制が発足しておよそ1年、思いもかけない事態が出来した。レッドパージである。

南北に分断された朝鮮半島はキナ臭さをまし、米ソ間の冷戦が深まるにつれ、米国の占領政策は急速に反共産党の色合いをつよめ、名だたる反共主義者である連合国軍最高司令官（ＳＣＡＰ）マッカーサーはカードを切った。

昭和25（１９５０）年5月3日の憲法記念日に「日本共産党は合法の仮面をかなぐり捨て、公然と国際的略奪勢力の手先となり、外国の権力政策、帝国主義的目的および破壊的宣伝を遂行することを引き受けたのである」

と声明し、日本共産党弾圧方針をはっきり打ち出した。そして6月6日の吉田茂首相にあてた書簡で、マッカーサーは共産党幹部の公職追放を指令した。政府は中央委員24人を公職追放し、翌７日「アカハタ」編集幹部17人を追放した。レッドパージのノロシだった。

6月25日、朝鮮戦争が勃発した。

北朝鮮軍が38度線を突破し、韓国軍、米軍を主体とする国連軍が朝鮮半島の一角まで追い詰められると、弾圧はさらにきびしいものとなった。日本は後方支援基地という重大な任務をになっていた。妨害・破壊活動をやられたら、作戦遂行もお手上げ、未然に防がなければならない。それには、まず報道機関の口をふさぐことが焦眉の課題だった。翌26日、はやくも「アカハタ」の30日間の停刊を指令、その後無期限に延長された。つぎの狙いは「アカハタ」以外の報道機関だった。

7月18日、マッカーサーは吉田茂首相あてに書簡を出した。

「日本において共産主義者が言論の自由を濫用してかかる無秩序への扇動をつづける限り、彼等に公的報道の自由を使用させることは公共の利益のために拒否されねばならない」

7月24日、GHQ民政局公職資格審査課長ジャック・ネピア少佐は、東京・日比谷の第一生命ビルにある最高司令部に在京の新聞・通信、NHKと地方紙の代表として新聞協会代表を個別によび、口頭でつぎのように伝えた。

「マッカーサー元帥の出した指令により各社の社内の共産分子全部を解雇せよ。これは命令ではない。各社の社長の責任で実行せよ」

共同通信からは松方三郎が出席した。

このときのネピア少佐と松方三郎のやりとりがGHQ文書のメモランダムに残されている。

「1950年7月24日、主要公共報道機関から下記の責任ある人物がかれらの機関から共産主義者を追放する件についてネピア少佐との協議を要請した。

a　午前10時、日本放送協会会長古垣鉄郎氏との協議（略）

b　午後1時、共同通信社長松方義《ママ》三郎氏が自社から共産主義者を追放することについて論議するためにネピア少佐を訪れた。

松方氏は、SCAP書簡の基本方針を理解しており、破壊活動分子のプロパガンダによって潤色されることのない真実を普及する強固な通信社を確立するために、その基本方針を遂行する行動をとることを切望している、と述べた。ネピア少佐は、その行動はSCAPと内閣総理大臣の全面的な支持を受けるだろう、と述べた。松方氏は7月26日水曜日が実行可能な目標期日となるであろう、と同意した」（明神勲『戦後史の汚点　レッド・パージ』）

つづいて東京新聞、朝日新聞、毎日新聞、読売新聞、日本経済新聞、時事新報の代表と協議した。各社代表は、マ書簡の趣旨は理解しており、社内から共産主義者およびその同調者を排除することを約束した。解雇に反対するものは、だれひとりいなかった。

「つたえられるところによると、ネーピアのいいわたしは強圧的なもので、出頭した新聞代表者にたいして、朝鮮戦争でたたかっているアメリカに協力するかどうかと真向からたたきつけるように問いかけ、イエスかノーかどちらかで答えろとおしつけて、うむをいわさぬ気がまえだったという」

レッドパージで解雇された共同通信記者の小椋広勝は「思想」（昭和35年8月号）に「権力と新聞の自由――SCAP時代と今日」のなかで、おそらくは威圧感に満ちた密室のなかでのやりとりを、こうしるした。

その4日後、7月28日午後3時、在京5新聞社、2通信社、NHKの計8社の従業員336人が共産主義者、その同調者であるとしていっせいに解雇が通告された。

7月28日編集局入り口の掲示板に専務理事松方義三郎の名で、つぎのような告示がはり出された。

「共同通信社は情報ならびに報道の中枢機関として今日特別に重要な任務を負うものと考えるが、マッカーサー元帥の書簡ならびにその精神にかんがみ、もはや共産主義者またはこれに同調する分子を社内に包容することはできないとの結論に達した。よって社は今二十八日付をもって先（人事欄）の諸君に対して解職の申渡しをした」

33人が解雇された。

外信部では部長の本田良介、デスクの池上幹徳、外経主任小椋広勝をはじめ、社会部の不破新、田島淳など資料室の10人、さらにニュースとは直接かかわりのない電話交換室やタイプ係の女性社員など、徹底したものだった。

しかし、細胞設立に走り回った木村昇の名はなかった。

木村は「私は早くから違う任務に携わっていて組織から離れ、非公然化していた。あとで聞いた話を総合すると、このメンバーを決める際私の名も俎上になったそうである。それをはずしてくれたのは人事部長をしていた永山公明君だという」と書いている。

組織から離れたと言っているが、党籍から離脱したのだろうか。違う任務というが、それは何であったのか、そのあたりの詳しい説明はない。共産党が地下に潜り、火炎ビン闘争を展開していたころ、武装闘争の教科書ともいうべき「球根栽培法」など非合法出版物が木村のもとに流れてきた、というから党籍離脱とは考えられない。また木村の古くからの同志であり、時事通信記者の川添隆行の回想によれば、川添が「社会党に偽装入党しようか」と言ったところ「そんなことはいけない」とピシャリと抑えられたという。

こうした事実からみるとパージ対象者のリストアップはかなりズサンなものであったろう。松方三郎は全新聞労働組合共同支部の委員長、橋場儀作と書記長の田英夫をよび33人の解雇を通告した。

「いくら理由を聞いても『占領軍の命令だ』の一点ばりで、明確な理由は言わない。一方的に『今日中に荷物をまとめて退去せよ！』と言うだけなのである」と田英夫はその著『真実とはなにか』で書いている。

松方専務理事と押し問答を繰り返して、編集局へ戻ってみると、ある人は編集局長の机の上に立ち上がって演説をしている。まさに騒然たるありさまだった。すぐ職場大会を開いて対策を協議し、組合としては、このまま同志を見殺しにはできない、断固反対ということになった。

社員の首を切るには解雇理由の明示が必要だ。ところが、なんら明示もなく、ただ「占領軍の命令だ」というのは没論理もはなはだしく、まさにファッショ的であったろう。

被解雇者のひとり技術部の石井英二がのちに職場新聞「日刊　いしころ」に回想を寄せた。「いしころ」は共同通信労組の若手有志が取材、編集し毎日発行していた手書きガリ版刷りの〝日刊新聞〟だった。

「当日、滝口連絡局長から呼び出しを受け、二階の会議室に行くと、同僚十人ほどが集まっていた。滝口局長が手に持っていたものを出し『総司令部の命令により、共産党員およびその同調者は本日をもって解雇する。直ちに私物をまとめて社外に出るように』と、解雇者の氏名を読み上げた。全員から抗議の声が上がり、滝口氏に次いで松方専務理事に会い、見解を求めた。松方氏は『諸君は社に不利益を与えたため解雇するのではなく、占領軍総司令官の命令による。それは日本国憲法に優先する』とだけ答え、らちが明かない」

松方三郎は「占領軍の命令」だとし、さらに憲法を超越する超法規的措置だと言い切っている。しかし、朝日新聞社長・長谷部忠の証言によるとネピアとの会談では、長谷部は「命令」とは受け取っていない。

マッカーサー書簡をよりどころにして共産党員を解雇するのはムリであり、新たなディレクティブ（命令）を出すべきではないかと反論、押し問答をくりかえしたが、ネピアは譲らなかったという。しかし、ＧＨＱ文書のメモランダムは「押し問答」には触れてはいない。

「新聞社のレッドパージは、あくまで、新聞社自身の判断と責任において行われることをたてまえとしたものであるといわねばなりません。占領軍の命令だから、仕方がないということにしたほうが、やりやすいことはわかっているのですが、それは事実に反してしまいます。他の新聞社がどういう扱いをしたかは知りませんが、私は、どこまでも、占領軍の示唆によって、私の判断と責任においてやるというたてまえはつらぬきました」（『戦後史の汚点　レッド・パージ』）

この証言は貴重である。当初から長谷部は〝絶対命令〟ではないと受け止めていたのである。

田はのちに「共同通信の労働運動　五十年の歩み」に一文をよせた。

「昭和二十五年七月二十八日という日を私は忘れない。全新聞共同支部の書記長だった私は、この日突然、橋場儀作委員長とともに松方専務理事に呼ばれ、三十三人にのぼる『レッドパージ』を通告された。それはマッカーサー占領軍最高司令官の指令という〝絶対命令〟の形で、『その日のうちに社内から退去すべし』という冷厳なものだった。

その夜は、三十三人の人たちと、狭い組合書記局で徹夜した。一歩社外に出れば、もう守衛のピケで社内に戻れないような状態だったからである。（略）

そんな中で、お昼近くだったと思う。秋吉総務局長が守衛と丸の内署の刑事に守られるようにして書記局前に現れ、再び『即刻社外退去』を求めた。激しいやり取りが書記局入り口で続けられた後、やがて数十人の警官隊が共同通信の入り口に整列したのである。〝警官隊を社内に入れるとは〟――憤激に血が沸き返るのをこらえ、これ以上混乱を激化させてはならないと、橋場委員長とともに三十三人の社外退去を認めたのだった。

三十三人は沈痛な面持ちで静かに列をつくって出て行った。記者としても優れた人たちばかりだったこの三十三人を失ったことは、共同にとっても大きな損失だった」

翌日は朝から雨だった。編集局入り口から書記局まで警官隊で埋め尽くされたなか、解雇された33人は雨のなかを出て行った。小椋広勝は「思想」（昭和35年8月号）に、その怨嗟を書きのこした。

「十年前の七月二十九日の東京は小雨がふっていた。その雨のなかを、私は二十人の仲間といっしょに共同通信社の建物からおい出された。（略）ぬれながら歩いていく自分が、家をおわれた犬のように感じられた。同盟通信社十年、共同通信社五年といっしょに働いてきた社の幹部は、何というしうちをあたえたことだろう。一言のねぎらいも、一言の同情の言葉もかれらは私にあたえなかった」

小椋は明治35（1902）年の生まれ、東京商大（一橋大学）で大塚金之助に学び卒業後、法政大学商業学校の教員となった。プロレタリア科学研究所を拠点に活動していたが、昭和３（１９２８）年3月、三・一五事件で共産主義者として逮捕された。昭和12年同盟通信社に入社し、英文部に属した。共産党細胞の結成には真っ先に駆けつけた。レッドパージ後は世界経済研究所理事、立命館大学教授をつとめ、『社会主義入門』（レオ・ヒューバーマン　岩波新書）、『戦後の世界経済』（三一書房）などかずかずの著書、訳書を手がけた経済の専門家だった。

昭和6年、『マルクス・エンゲルス全集』の出版をめぐり改造社と岩波書店を柱とする5社聯盟が争ったことがあった。

発行されずに終わった「聯盟版」の資料を探していたところ、意外な発見があった。

大原社会問題研究所雑誌（ＮＯ６１７　２０１０・３）に記載された「翻刻『日本マルクス主義文献』ｗｅｂ版の公開に寄せて」（久保誠二郎　東北大学大学院博士研究員）の「附論　聯盟版『マルクス・エンゲルス全集』について」のなかで聯盟版の翻訳者リストが紹介されている。

河上肇、市川正一、佐野学、志賀義雄、野坂参弐（参三）、向坂逸郎らの名にまじって嘉治隆一や笠信太郎、さらに小椋広勝の名があった。20年前、立場の多少のちがいがあったにせよ、ともに左翼陣営のなかで活躍していた、松方、小椋のふたりは戦後は対峙し、ひとりはパージの執行者、そして他は追われ行くものと明暗がわかれた。勝者と敗者、あるいは異端審問の執行者と殉教者という二分論では批評しきれない運命的な結末を感じるのである。

小椋は人情味にあふれた人柄だった。『興亡』のなかに、そのエピソードが紹介されている。

昭和16年12月8日、香港島のホテルに滞在していた米紙デトロイト・ニューズの記者グエン・デユーは侵攻してきた日本軍によって抑留され、同島のキャンプに収容された。香港支局の小椋は、飢えに悩まされていたデューの世話をすることになり、食料の確保に走りまわった。「メガネの奥に優しそうな目をもち、遠慮がちに、恥ずかしそうに話す彼に、日本人のなかにしばらく触れることのなかった誠意を感じた」とデューは著書『Prisoner of the Japs』に書いている、という。

小椋は昭和43年11月死去した。同志だった木村昇は追悼会に出席した。会には恩師であった大塚金之助をはじめ立命館大教授の井上晴丸や堀江正規ら多数が集まり、木村は「あらためて小椋の広い活動範囲を知っておどろいた」と述懐している。

レッドパージ反対の先頭に立って闘っていたのは全新聞共同支部の書記長田英夫（社会部）、副委員長松尾博文（外信部）、組織部長の田島淳（社会部）だった。もう一人の副委員長、杉山市平はパージされていた。委員長の橋場義作は病気のため長期欠勤中だった。

田英夫の祖父は台湾総督だった男爵田健治郎、父は日本ホテル会長をつとめた田誠、学習院高等科時代は陸上競技部に属し、旧制高校陸上界きっての短距離ランナーだった。「暁の超特急」とよばれた吉岡隆徳直伝のスタート・ダッシュで活躍した。東京帝国大学入学直後の昭和18年学徒出陣で応召、海軍に入る。横須賀の竹山海兵団で3000人の予備学生といっしょに訓練を受けた。

大隊長は「水兵さん」という海軍生活を面白く描いた映画のシナリオを書いた人物だった。「君たちのなかにはスポーツの一流選手だったものがいる。その腕前をみせてもらおう」ということで野球、剣道、柔道、陸上競技、相撲などの分隊対抗試合を催した。同期生に慶応大学野球部の外野手・別当薫がいた。田は別当と相撲をとったが、ぶっとばされた。田は体は大きくない。相撲では不利である。そこで独特の戦法を編み出した。持ち前のスタート・ダッシュで突進し勝ちをにぎる。しかし別当には通用しなかった。別当は戦後、プロ野球の世界に入り、阪神タイガース、毎日オリオンズの中心選手としてファンを楽しませた。

基礎訓練が終わればいよいよ実戦に備える訓練である。田は第16震洋特別攻撃艇隊長として八丈島に配置された。エンジン2基を搭載したベニヤ製のモーターボートのへさきに爆薬をつめ、敵艦に体当たり攻撃を敢行する海の特攻隊だった。しかし出撃命令が下る前に敗戦の日を迎えた。

昭和22年5月、東京大学経済学部を卒業し共同通信社に入社した。

「たまたま私の父が共同通信社の松方三郎氏を知っており、紹介状をもって、当時は東京・日比谷にあった共同通信社に出かけていった。ネズミが走り回っている、だだっ広い編集局の真ん中の大きな机の上に、足をあげて新聞を読んでいる紳士がいた。それが松方氏だった。『君が田さんの息子さんか。新聞記者になりたいって……。そいつは弱ったな』というようなことを呟きながら、前を通った人を『シンちゃん、シンちゃん』と呼んだ。エライ人がえらく気軽な呼び方をすると思ったが、それが岩永信吉という当時の社会部デスクだったわけである。

岩永信吉は、岩永裕吉の長男、東京帝大を卒業し昭和12年に同盟通信に入社した。

『この人が田さんの息子さんなんだけど、新聞記者になりたいそうだから、試験をやってくれよ』という。すぐに東亜部という所に連れていかれ、英文の通信文を渡されて、翻訳しろというのである。怪し気な翻訳をしたらただ一言、『良かろう』と言ったので、内心『しめしめ』と思った」（田英夫『真実とはなにか　わが体験的ジャーナリズム論』）

ところがその後、松方三郎から電話があった。

「こんど九月に試験をやる。お前さん、ちゃんと試験を受けて入った方がいいぞ」ということで試験を受け正式に入社した。同期生は3人だった。その一人に不破新がいた。父不破嵯磨太は同盟通信の社長だった。

昭和23年3月、社会部に配属された。社会部長は坂田二郎。昭和27年4月29日、坂田はモスクワ「一番乗り」を目指してヘルシンキからモスクワに入った。対日講和条約と日米安保条約が発効した翌日のこと、政府の許可を得ない渡航だった。

『秘密のファイル』（春名幹男著）によると当時の吉田内閣の官房長官・保利茂が松方三郎に文句をつけた。

「困るじゃないか」

「記者というものは、ニュースのある所にはどこであれ、飛んでいくものですよ」

あわてて部長を釈明のため走らせる、ぶざまな姿勢は見せず、即妙の応対ぶり。ジャーナリストの顔をのぞかせ、問題にはならなかった。

レッドパージ前年の昭和24年に戻る。激動の年だった。

7月5日、国鉄総裁下山定則が出勤途中に三越デパートに立ち寄りそのまま失踪し、翌6日未明に常磐線北千住駅―綾瀬駅間の線路上で轢死体となって発見された。同月15日、中央線三鷹駅で無人電車が暴走し脱線転覆しながら線路脇の商店街に突っ込み6人が電車の下敷となり即死、負傷者

20人の惨事となった。8月17日、東北本線松川―金谷川駅間でレールが外され列車が転覆、乗務員3人が死亡するなど国鉄がらみの事件がつづけざまに発生した。

中国では人民解放軍が南京に入城、上海を占領し、国共の内戦が決着にちかづき、解放軍の勝利が決定的となった。朝鮮半島では北緯38度線をはさんで韓国軍と北朝鮮軍が一触即発の緊張下で対峙していた。

こうした国際情勢を背景に占領軍の政策は、反共色をつよめ、民主化から「反共の防波堤」となるべしと姿勢をかえる。さらにインフレにあえぐ経済の立て直しをいそぎ、緊縮財政政策を実施した。6月1日、行政機関定員法を施行し、公務員28万人、国鉄職員10万人の人員整理を迫る。7月4日、下山総裁は3万700人の第一次解雇通告を発表した。

下山事件は、こうした事態のなかで発生した。

田は当時、警視庁の記者クラブを担当していた。総裁行方不明との第一報を聞いて三越にかけつけた。総裁の専用車がそのままだった。運転手が調べられオロオロしている。新聞各社の記者はだれも来ていない。話を聞き回ったがサッパリ要領をえない。その夜は豪雨だった。翌6日未明、総裁は常磐線・綾瀬駅付近の線路上で轢死体となって発見された。田は現場に飛んだ。

父の田誠はかつて鉄道省観光局長をつとめたこともあり、下山総裁と旧知の間柄だった。

「その日」と田は書いているが、はっきりした日付はわからない。失踪前日だったかも知れない。田誠は国鉄ビルのトイレで下山総裁と出会った。たいへんだな、とねぎらいの言葉をかけた。総裁の表情には自殺をほのめかすような兆しはなかったという。

7月15日、下山事件の初動段階が一段落して、帰宅したが、電話がかかってきた。「すぐ三鷹へ行け」。三鷹駅に駆けつけた。駅前に飛び込んだ電車の下敷きになった人たちが掘り起こされていた。

共同社会部は部員のほぼ三分の一が三鷹の現場に参集し、天望閣という料理旅館に取材拠点をかまえ〝合宿取材〟をしていた。田は同期生の不破新とコンビを組み、取材に走り回った。社会部長は坂田二郎である。

「田英夫とか、不破新とか、木下健二とか、羽仁進とか、若い連中が大量に僕の社会部に入ってきたわけです。そこに大事件が続発したわけです。（略）大変な事件ですから、もう叱咤激励するより仕様がないわけですよね。右も左も分からないような者を、とにかくしりをひっぱたいて取材活動をやらしたんですから、彼らにすれば、随分こき使われたと言ってます」（坂田二郎「別冊新聞研究」第28号）

このときの若い記者たちは「坂田八万騎」といって、坂田を慕って集まった。坂田は38歳。

「元気がいいわけですね。元気がいいのと、われわれも若い時には、それなりにしごかれたですから、やはり、若い者はしごかにゃ駄目だ、という気持ちがありますからね（笑）」

「……久しぶりに新人がきたということで、大いにシゴかれた。連日、朝9時から深夜までの勤務が続き、どなられっぱなしの日々だった」と田は述懐している。

取材のヤマ場がすぎたころ社会部長は斎藤正躬に替わった。

その三鷹の現場で新旧部長の交代部会が行われた。当時のあわただしい空気が察しられる。田ら若手記者は、少年のおもかげを残しているほど若かった。仕事の話に夢中になり、酒をのみ、フスマを取り払った座敷で角力をとったり、柔道をした。そんな姿を斎藤正躬はニコニコしながら見ていた。

斎藤正躬は水戸高校時代に日本共産青年同盟水高細胞に所属し、軍事教練反対闘争や校友会民主化闘争に参加し昭和8（1933）年の卒業寸前、逮捕、起訴され、水戸高を退学処分された。翌9年3月、当時、新聞聯合通信業務局長不破磋磨太の紹介で新聞聯合に入社した。不破は古野伊之助の盟友、ともに国際通信社の記者だった。

盧溝橋事変が起きると松方三郎とともにただちに中国に特派され、地上部隊に従軍し、空軍部隊による奥地爆撃、八路軍（共産党軍）掃滅作戦に従軍した。

「今から思えばすべてが原始的だったが、手製の発信器などを担いで、山野を駆けめぐることに、全身を打込んで悔いるところがない、まずそうした生活だった。見たこともない驢馬の葬式を出してみたり、長城の上に立って、西方何千里、はるかにヒマラヤの雪を夢見たり、まことにお目出度い時代ではあったが、彼はその中でも、優れて夢多き若者であった」と松方三郎は『追悼　斎藤正躬』で斎藤を偲んでいる。

久我豊雄（元共同通信編集局長）の回想によれば、

「北京の総大将だった松方さんの手引きで、当時北京にいたオーエン・ラティモアと、ひと晩蒙古を『論じた』ことも、二人を刺激したに違いない。松方さんの影響も大きかった。よく遅くまでダベったものだが、戦争の話はそっちのけで、話題はゴビの砂漠からタクラマカンの砂漠に飛び、ラティモアはスウェン・ヘディンに発展した。敦煌やロブノール湖の話、ヒマラヤの物語り、しまいにはコンロン山系の探検プランまで飛び出したのを覚えている」（『追悼　斎藤正躬』）

戦争をわすれて探検のユメを語りあう情景が目に見えるようだ。水戸高の同級生だった中村顕一（法政大学教授）に「松方三郎という男はえらい男だなあ！」と語っていたという。

田と不破は駆け出し記者だったが、特ダネも書いた。

事件の翌日午後はやくも、吉田茂首相は「共産党は虚偽とテロを常套手段として、民衆の不安をあおっている」と声明を出した。事件の全貌は明らかになっていないのにかかわらず、共産党の仕業と言わんばかりのプロパガンダに乗り出した。新聞はこれをデカデカと報道する。「これはおかしいぞ」と田と不破は語り合った。

7月17日付け朝日新聞朝刊をみると一面トップで「二容疑者に逮捕状」「両名とも共産党員」「不安あおる共産党　首相声明」といかにも共産党の謀略事件と思わせるような紙面構成だった。

社説も「三鷹事件を直視せよ」と題して取り上げた。

「この事件の目標が、社会不安を激発し、社会的混乱を引き起し、人心の動揺をあおり立てることにあることは、およそ想像にかたくないだろう」と前置きし、社会情勢は昭和22年11月のゼネスト直前のフランスに酷似している、と指摘する。このときフランスでは共産党の指導のもとにゼネスト態勢はほとんど完成していたが、ゼネストは失敗した。なぜ失敗したのか。

フランスでは鉄道がらみのさまざまな事件が起きていた。地下鉄で重要部品の一部が持ち去られたり、スト側の組合員が力づくで機関士の乗り組みを妨害したり、鉄道線路の妨害がひんぴんとして続出し、汽車はしばしばストップを余儀なくされ、旅行は安心してできないという不安を醸成した。「こういった反社会的な出来事がゼネストに対する国民の反感をそゝったことは確かでそれがゼネストを失敗に導く少なくとも一因をなした」と指摘し、これが長い歴史をもつフランス総同盟の分裂を招いた、としている。

そして「このフランスの事例は日本の一部の扇動者にとっては最も鋭い実物教育である」と警告し「このような情勢に直面して、最近わが国の労働組合の健全分子の間に、扇動者に対する強烈な批判の傾向が目立ってきたことは注目すべき事実である」と共産党指導下の産別会議に台頭しはじめた、革命路線を批判する民同派（産別民主化同盟）の動きに目を向け、「それは組合内部の一部極端分子のゴリ押し的な戦術に対して、組合員自身がこれを自主的に防衛する傾向となってあらわれている。（略）それは決して安直ないわゆる分裂騒ぎではない。政治活動と組合活動との限界を自覚し、自ら自分自身をまもろうとする組合本然の姿への復帰と見るべきであろう。われわれは、労働組合の内部にこのような健全な動きがいよいよ活発に展開されることを望むと同時に、国民一般が、不安を情勢扇動するものに対して、あくまで鋭い批判を怠らぬよう期待してやまない」と結ぶ。

事件の全体像がはっきりしていない、しかも事件の翌日そうそうに、扇動者と健全分子という善悪二分論の図式でいかにも共産党の謀略と思わせるような論理展開で断罪する。吉田首相のプロパガンダそっくりの文脈だった。それと同時に「民同派」に肩入れする姿勢を表明していることは注目されよう。

国鉄労組三鷹電車区分会長の飯田七三と中野電車区分会長の山本久一に逮捕状が出たのは首相声明と同じ16日のことだった。だが警察は一向に執行しない。これは何かある、と感じたふたりは三鷹電車区に行ってみた。飯田は同僚に囲まれニコニコしている。カメラマンが写真を撮り、さっそくインタビューする。

「逮捕されたとか、行方不明とかいわれているが、ごらんの通り逃げ隠れする理由はない。証拠がないから逮捕できないと思う」

談話をまとめて送稿した。デスクは「これは面白いスクープだ」と大喜びした。スクープを完全なものにするには山本に会わなければならない。中野電車区は空っぽだった。どうしたのだ？ と聞くと中野署にデモに出かけたという。署の前で抗議集会が開かれていた。不破と並んでしばらく聞いていたが、突然不破が「議長！」と発言を求めた。

「わたしは共同通信の記者だけど、いま飯田さんに会ってきた。警察権力は自信がないから逮捕しないのだ。山本さんに会わせてくれ」とやった。しかし「ブル新黙れ！」「帰れ！」「だまされるな」と激しいことばをぶっつけられる。騒然となった。だが、不破は一歩も引かない。懸命に応酬する。若い女性が立ち上がった。「わたしは赤旗の記者だが、この人たちの言い分も、もっともだと思う。取材させてもいいのではないか」と加勢する。議長も「そうしよう」と言うと10人ほどの労組員が議長の周りに並んだ、そのなかに山本がいた。談話をとり送稿した。

「逮捕状が発せられた元中野電車区運転士同分会闘争委員長山本久一氏（46）は十六日午後十一時中野電車区分会員約卅名とゝもに中野署に出掛け逮捕状の事実につき質したが、要領を得ないま、中野電車区に引揚げた。山本氏は次のように語った。

『自分になぜ逮捕状が出たのか理由が判らない、事件には何らの関係はない。逃げも隠れもしない、出頭しろといえばいつでも出向いて行く』」

当時は朝日、毎日、読売の3社も共同通信に加盟しており、各社ともこの記事を掲載した。なかでも読売は一面トップに扱った。

その記事が出た17日、警察は飯田、山本の分会長をはじめ国鉄労組員や共産党地区委員など12人を逮捕した。このうち三鷹電車区検車係の竹内景助をのぞく全員が共産党員だった。

東京地裁での第一審では「共産党員の共同謀議という検察側の主張は、空中楼閣である」として、党員被告全員に無罪の判決が下り、竹内景助の単独犯行であるとした。第二審も同様だった。

田は「私にとっては、この事件は権力の持つ恐ろしさ、インチキを身をもって体験した出来事だったのである」と書いている。下山事件は迷宮入りとなったが、背後にはやはり権力犯罪の疑いがつきまとっている。こうした事件取材の経験が田英夫のその後のジャーナリスト活動の原点となったことは明らかであろう。

ところが、三鷹事件の最中に不破は共産党員として資料室に〝隔離〟され、現場から遠ざけられてしまい、パージで首を切られる。

「新聞記者になってから、労働組合運動の中へ首を突っこみ、入社して三年めなのに一九五〇年（昭和二十五）には共同通信の労働組合の書記長になりました。労働組合の中には、当時かなり共産党勢力が出てきていて、活動も活発でしたから、それも一つの刺激剤になったかもしれません」

(『特攻隊だった僕がいま若者に伝えたいこと』)と告白した。不破は筋金入りの共産党員だったし、共産党細胞たちも活発に運動していた。おそらく田もかれらにシンパシーをいだいていたと思われる。レッドパージは33人だけでは済まなかった。8月そうそう、さらに第二次レッドパージのうわさが社内に流れていた。反対運動を指導する3人だった。

GHQは、反対運動の模様を撮影し、それを提出するよう共同通信に指令していたという。写真には常にこの3人のすがたが写っていた。

なんとしても第二次パージを避けたいと松方三郎は考えた。

「そんなある日、総務部の女性が私の所へやってきて歩きながらメモを渡してくれた。見ると、『今晩八時に日比谷公園入口で松』と書いてある。松方専務理事からのメッセージだった。どうしようかと思った。松方さんは当面の敵である。同時に世話を受けた先輩でもある。この事態について経営者側の考え方も聞いておく必要があるのではないかと考え、会うことにした」

丸の内の外人記者クラブに連れていかれた。

「まずいことになった。君の立場もわかるが、デモや抗議の集会の写真を見ると、どうしても君が先頭に立ってやっているのがよくわかる。このままでは首切りは必至だ。これは僕個人としての提案だけど、君は辞表を出したらどうだろう。自分の方から辞めてしまうんだ。それ以外に方法はないね」(『真実とはなにか』)

田はどう処置したらよいか、とっさに判断がつかなかった。レッドパージの不当さ、会社の態度の曖昧さを松方三郎にぶっつけ、その夜はわかれた。

田は辞表提出をいったんは拒否したが、結局は辞表を出した。しかし受理されず、12月に静岡支局への転勤が発令された。田島、松尾にたいしては編集局長の岩本清が説得にあたった。松尾は辞表を書いて依願退職した。

松尾は昭和23年、東大学法学部を卒業し共同通信社へ入社し、外信部に配属された。退職後、中部日本放送に入社し、東京支社論説委員をつとめ、日本ジャーナリスト（ＪＣＪ）会議副議長、初代ＪＣＪ東海代表幹事、立命館大学、近畿大学などの教授を歴任した。

田島は辞表提出をこばみ、8月16日、パージ対象者として解雇された。

社会部長の斎藤はレッドパージには、かねてから不満をいだいていた。「おらあ、やめる」と言いだし、社に顔を出さなくなり、そんな状態が三、四カ月もつづいた。「考えなおせ」「感情論的シンパはおかしい」と周囲から説得されたが、けっきょくは社会部員に手紙を書き、社を去っていった。

「社会部の皆さん

私は十二日、松方専務理事に辞表を出しました、それは社会部員を含む第二次首切りが行われる場合、退社する、という意味のものです。辞表の理由はいうまでもなくこんどの首切りにたいする反対にあります、私は私の部の部員が社をやめさせられることに反対するばかりでなく、こんどの首切り全体に反対なのです。（略）

私は第二次首切りをやることは社を破壊することだと思って反対するのです、私の友人は社に止まって社をよくすべきだと忠告してくれました、しかしこのように自分の主張が通らなくなった以上、私はもはや社にとどまっても役立つようなことは、できないと思うので職を去ります。社に残る皆さん、どうぞ本当の共同をきづきあげるため努力して下さい」

この手紙は、実は斎藤正躬の直筆ではない。

「斎藤の意を体して斎藤と親しかった被解雇者の一人が書いたものであった」と新井直之は、斎藤から直接聞いた話として記録している。直筆ではないとはいえ斎藤の真情が吐露されたものと見てよいだろう。手紙の一節を死の直前までそらんじていたという。

レッドパージにたいして職制がおこなった全国ただ一人の抵抗だった。

松方三郎は慰留につとめるが、斎藤は聞き入れない。

「辞めるという彼を引とめるのに大骨を折らされたが、理屈は彼のいう通りなのだった。大概の場合、いうこととやることが一致しないのだが、彼の場合、それが一致しているだけのことなのだった」(『追悼　斎藤正躬』)

斎藤正躬はそれほどの歳でもないのに社内では斎藤のジイサマとか、単にジイサマとよばれ、だれからも慕われていた。笑うと人なつっこい、いかにも優しげな能の翁面そっくりの表情となる、その風貌からは想像もつかない硬骨の士であり、行動派だった。

のちに南極観測の話が出たさい真っ先に手をあげたのが共同通信に復職し2度目の社会部長をつとめていた斎藤だった。ときに45歳である。

厳冬の2月、北海道・濤沸湖で行われた南極観測隊の第一次訓練にも、また4月に乗鞍岳での雪中訓練にも参加した。山の道具店で防寒帽から防寒靴にいたるまで、それもブルー系統で統一して整え、さっそうと現地に乗り込んだ。乗鞍での雪中訓練のさいも、一流の登山用具専門店でスキーからスキー靴を買い求め参加した。

「ぼくはスキーをはかなくちゃ一歩も外に出られない所（スエーデン）に五年もいたんだからね……」

と自信のほどをみせた。ところが、いざスキーをはいて山小屋を出ようとするが一向に前に進まない。平地なのに一歩も前進しない。これにはさすがの斎藤正躬も参ってしまい折角のスキー用具は小屋に預けたまま徒歩で山頂に向かったという。

隊員の候補者たちは、いずれも冬山の経験者であり、山のベテランぞろいだった。永田武隊長や西堀栄三郎越冬隊長から南極探検の話を聞き社会部員にその難しさをブッていた。だが身体検査で心臓に障害が見つかり、南極のユメはくずれ去った。あとを本社に戻っていた田英夫に引きついだ。

斎藤は田に言った。

「君は新聞記者として行くのじゃない。隊員として行くということを忘れるなよ。（略）いろいろな肉体的な仕事を先頭に立ってやれ。ボクが君を選んだのは、君は文章が下手で書けるとは思えないが、身体だけは丈夫だし、そういう作業をやるにはいいと思って選んだのだ」

田は、このことばを忠実に守った。

朝6時40分、起床ラッパが鳴る。すぐ飛び起き、観測船「宗谷」甲板の上で犬そりを引っ張るカラフト犬の糞を掃除したり世話をする。つらい仕事だった。おかげで観測隊に信頼され南極に着いたら犬ゾリ隊の一員になることができた。

「隊員なみにやれ」がその後の共同通信南極同行記者の申し送り事項となった。
田は36歳で社会部長となった。共同通信始まっていらいの若い部長だった。その後、文化部長をつとめ、昭和39年ＴＢＳに入社、解説室長兼ニューススコープのキャスターとなる。ベトナム戦争の実態を伝えた「ハノイ・田英夫の証言」に対する政府の圧力もありキャスターを辞任、報道制作部長、調査部長に就任したのちＴＢＳを退社し、参議院議員（社会党）の道を選ぶ。「真実を」の思いはことごとく政治権力によって押しつぶされた。ならば政治の世界で信条を実現したい、という思いもあっただろう。

話をレッドパージに戻す。

レッドパージに反対する言論弾圧反対同盟朝日班の機関紙『国民と共に』ＮＯ１　１９５０・8・18号（『一九五〇年七月二八日――朝日新聞社のレッドパージ証言録』）に斎藤が当時の心境を語っている。

「私は何故辞表を出したか　首切りに反対した斎藤社会部長」と題したインタビューである。

「――辞表を出された心境をさしつかえない範囲できかせて下さい。

斎藤　ぼくの首切り反対は第一次の三十三人をさすのか、第二次をさすのか、部員も非常に考えさせられているとのことだった。あの時のぼくの気持ちは第二次の首切り反対でした。それでは第一次の方は大賛成なのかと言えば、そうではない。仮処分の審訊が行われるのか、どうかは知りませんが、労働組合としても同僚としても法廷の問題として争うのが当然だと思う。

百何十社に記事を送っていた共同としては〝正確であること〟〝事実であること〟これを守らな

ければならないが、真面目にそれを守ってきた人たちがはっきり社の編集方針を侵した事実がある限りは別として、そうでもないのに首を切られるということは納得出来ない。人格から言っても仕事からいっても尊敬している部員が対象になっていることには、やはり部長としてぼくは反対なのです。あとから、あとからこういうことが続くようだったら仕事は出来ない。もちろん第一次首切り後も編集方針は変えられていないし、ぼくもそういう点は駄目を押して大体いままでどおりやってい､ということは、はっきりした。

しかし、今の空気は一種の恐慌状態を社内に現出しているし、これからもますます深刻になるので、ぼくは社会部長をやって行く自信がなくなった！　それで首切に反対し続けてきたが、ぼくの考えがいれられない状態なのでやめるほかないと考えたのです。

ぼくはこういう状態がずうと続くなら、通信屋は残るだろうが、本当の日本の通信社は残らぬ……という考え方しかできないのです」

慰留運動が社会部を中心に展開された。

共同本社のある日比谷公会堂から新橋に向かう田村町の一角に観光ホテルという、名前ほど立派ではないが、共同の社員がしばしば会合や臨時宿泊に利用したホテルがあった。第2次パージ発表の前夜の8月15日、その二階大広間、といっても何の飾りもない殺風景な畳敷きの広間で緊急の社会部会が開かれた。斎藤正躬も出席した。

当時、社会部員だった山田一郎がそのときの情景を記録している。

「パージのころの記憶は最も生々しい。観光ホテルで社会部の部会が深夜までつづき、斎藤さんの辞表提出をめぐって議論が沸騰した。要するに部長をやめるべきではないということだった。そのとき斎藤さんが泣いたのである。彼は肩をふるわせ声を殺して泣いたが、それでも声は洩れた。

『斎藤さんの辞表を受理しないでほしい』

という申し入れを社の幹部にするという部会の結論がでた。すでに午前零時を過ぎていたが、松方さん、田村源治さん、田中正太郎さんなど、当時の専務、常務理事の所へ手分けして訴えに行くことになった。私は長与道夫班に属して霊南坂の松方邸に行った。いろいろの曲折があって、結局、斎藤さんは共同を去った」

レッドパージとは何であったのだろうか。北海道教育大学名誉教授・明神勲は説明する。

「冷戦の激化と占領政策の転換を背景に、占領後期の一九四九年七月から五一年九月にかけ、GHQの督励・示唆のもとに、日本政府、企業が共産主義者および同調者とみなした者を『政府機構の破壊者』、『生産阻害者・企業破壊者』『社会の危険分子』『アカ』等の名のもとに民間企業や官公庁等から約三万名の公務員・労働者・労働組合幹部・共産党幹部・在日朝鮮人団体幹部等を一斉に追放（罷免・解雇）した反共攻勢であり、『思想・良心の自由』（憲法第一九条）を蹂躙した戦後最大の思想弾圧事件である。そしてそれは、『思想・良心の自由』にとって戦後最初の、そして最大の受難史であった」（『戦後史の汚点　レッド・パージ』）

ここで注目すべきは「GHQの督励・示唆のもとに」という指摘である。レッドパージの関係者は、ほとんどがGHQによる超法規的な絶対命令ととらえていたが、明神はGHQ文書を読み解き、パージは絶対命令ではなく、GHQの督励・示唆によって政府、企業経営者が主体的におこなったとしている。

しかし企業経営者はＧＨＱの「絶対命令」として解雇を強行した。いわば虎の威を借りた、詐術的な解雇だった。

「マッカーサー占領軍最高司令官の指令という〝絶対命令〟の形」（田英夫の証言）、「解雇は占領軍総司令官の命令による。それは日本国憲法に優先する」（石井英二の証言）、あるいは『通信社史』も「新聞報道関係から赤色分子追放を指示した」と書いており、いずれも例外なく「命令」「指示」と受け取っている。

ここで思い出されるのは昭和3年3月15日の共産党員一斉検挙のさい、京都帝大の経済学部教授会が、共産党弾圧という時勢に便乗するかのように〝問題の人〟とにらんでいた河上肇教授に辞職勧告を突きつけた事件である。

松方三郎は「社会思想」誌上に「教授の辞職強要問題」と題し、これは「要するに共産党員検挙なる大芝居で人目を幻惑せしめ、そのどさくさまぎれに曾て睨んで居た人間をやり玉に上げんとしたのであって、全然火事場泥棒的筆法である」と批判の筆をとった。

レッドパージもこれと同じ構図だった。ＧＨＱが共産党幹部を追放し、アカハタの無期限発行停止を指令した。これを好機ととらえ新聞・通信・放送各社は社内の党員を一掃する。火事場泥棒的筆法と評した松方三郎の言葉そっくりの構図が再現されたのである。しかし松方三郎は批判者ではなく、執行の司祭として登場を余儀なくされた。

新井直之は、レッドパージにひそむ違法性をつぎのように解説した。

「〈レッドパージ〉の問題点の第一は、それが犯した行為に対する処罰としての解雇ではなく、犯すかもしれないという惧れに基づく解雇であって、いわば予防拘禁的性格を持つことであった。（略）占領軍は、朝鮮戦争下、前線に最も近い〝基地〟である日本の報道を厳しい統制下に置き、それによって日本人の朝鮮戦争に対する見かたや情報を一元化し、そしてそのことによってスムースに〝基地〟としての機能を日本に果たさせようとしたのであった。そのとき報道界から〝危険な〟人物を排除する基準として使われたのは、すでに『した』行為ではなく、『共産主義者およびその同調者』という〈思想〉であった。したがってむろん、〈レッドパージ〉は憲法一九条の思想・良心の自由の保障を踏みにじるものであった」（『戦後ジャーナリズムの断面』）
「行動」ではなく「思想」を対象とした、ということであって、これはかつての治安維持法の亡霊がふたたび姿を現してきたことにほかならない。

　当時の首相・吉田茂は『回顧十年』のなかでつぎのように書いている。

「後に行われた官民各界からの共産主義者の追放、すなわち、いわゆるレッド・パージは、何しろ党員及びこれが同調者を一方的に解雇することであって、憲法に保障された基本的人権、特に法の下における平等の原則に抵触し、労働基準法の均等待遇の規定に違反するものではないかとの法律問題が生じ、現にそうした角度からの反抗も行われた。しかし、解雇は単に党員たるの故をもってするものではなく、まして思想の理由によるものでもなく、ただ日本共産党の現実の動向から判断して、これら分子につきまとう破壊的危険性の故に解雇するもの、すなわち社会防衛の考慮からするものであった。従って憲法その他に反するものでなかったのである」

社会防衛のために破壊活動の恐れがある危険分子をあらかじめ排除するという論理だが、予防措置という概念が現今の法体系と整合するのであろうか。

当時、憲法は「新憲法」とよばれ、だれもが主権在民、基本的人権、戦争の放棄といった文言をたいせつに思い、拍手を送っていた時代だった。新憲法の、この理念をだれもが大事に心のなかにしまっていた、そんな時代だった。そこへ憲法を踏みにじるような事件がおきたのである。

しかし新聞経営者はだれひとり反論せず、シッポを巻いて退散した。ジャーナリズムの責任も、そして気概も放棄してしまった、無残なすがたをさらけ出したのだった。

『通信社史』、『共同通信社50年史』や『共同通信の二十年』は、レッドパージを占領軍の命令による共産党員とその同調者の解雇と、いわばその現象面を記述するだけで、思想・良心の自由への侵害という本質的な面について、なぜか一言もふれていない。また『共同通信の労働運動　五十年の歩み』も「食うのがやっとの時代だった。職を奪われた人の苦難は想像するに余りあった」と記述するだけである。

新聞の墓碑銘

昭和25（1950）年7月29日、新聞はレッドパージを報道した。
日本経済新聞に掲載された共同通信の配信記事は以下の通りだった。

「報道界の赤色分子解雇」
朝日、毎日、読売、日経、東京の各新聞社
日本放送協会、時事通信社、共同通信社は最近
数次にわたるマッカーサー元帥から
吉田首相に送られた共産分子の活動に関する
書簡の趣旨に従い廿八日午後それぞれ各社内の
共産党員とこれに同調する分子の解雇を申渡した。
現在判明している全国における解雇数次の通り
朝日七十二、毎日四十九、読売卅四、日経廿
東京八、放送協会百四、時事通信十六、共同通信卅三（共同）

朝日新聞朝刊は共同通信の配信を見出しを変えて掲載したと思われるが、見出しには「報道界の〝赤〟追放」の文字がおどっていた。

記事は事実を報じてはいるものの、解雇の背景や真実をおおい隠してしまい、これでは読者にとっては、ちんぷんかんぷんであろう。しかもベタ記事あつかい、紙面の目立たないところにそっと置かれていた。触らぬ神に祟りなし、のありさまだった。報道界の大量首切りである。本来ならば一面のトップ記事だ。解雇の背景を解説し、識者談話やさらに社説まで動員して報ずべき事件だったろう。

なぜ解雇されるのか、書簡の趣旨に従いとあるが、趣旨とはいったい何なのか、まるでわからない。しかも見出しは「共産党員ら解雇」が順当なところなのに、被解雇者を「〝赤〟追放」「赤色分子解雇」とまるで犯罪者のようにあつかった。昨日まで同僚だったのに、である。「アカ」という用語は戦前の治安維持法体制下では「非国民」あるいは「国賊」と同様に国体を破壊する〝不逞の輩〟といった意味合いで使われていた断罪用語だった。それが戦後まもないこの時期に紙面に登場しているのは驚くほかない。

明神勲はレッドパージが残した負の遺産のひとつとして「反共的な意識、『アカ』を恐れ嫌悪する社会心理の培養・再編・強化」を挙げ、そのお先棒をかついだのは新聞だと指摘する。「レッド・パージ実施の約八ヵ月間、マスコミは反共主義の大々的宣伝を連日のように繰り返しおこなった。この間多くの国民は反共というシャワーを毎日浴び続けることになり、これによって多くの国民のなかに反共的意識と共産党を嫌悪し恐れる心理が培われ強められたことは疑いえない。

公然たるレッド・パージとその宣伝機関となったマスコミは、反共主義、反共的意識の巨大な培養器であった」

戦時中、戦争報道に狂奔した新聞は戦後になってもその体質は変わらず、品をかえ反共プロパガンダを展開する。新憲法によって報道の自由を保障され、戦後民主主義ジャーナリズムの旗をかかげ再出発したはずの新聞だったが、真実の報道からかけ離れたこの記事は新聞がみずから書いた「新聞の墓碑銘」だった。

「報道されている事実は一つ一つ正確な客観的事実であるとしても、真実にほど遠い。そういうことはいくらでもある。記者クラブ中心の現在の〝発表ジャーナリズム〟に対して、人びとが物足りなさを感じ、不満を強めているのは、この『事実と真実の落差』ではないか」（『ジャーナリズムの思想』）と原寿雄は、客観報道主義という美名のなかに隠蔽された欺瞞性を警告している。レッドパージそのものを論評したものではないにしても、ジャーナリズムが内包する危険性を剔出した。

田英夫も社会部長のとき、入社早々の新人に「事実と真実は違うのだ」と説き、のちに『真実とはなにか　わが体験的ジャーナリズム論』（社会思想社、1972年）を上梓し、ジャーナリズムの社会的責任を訴えた。

「政治の主人公である国民が、主人公としての責任を果たすためには、常に世の中で何が起っているのか、とくに政治の世界でどのようなことが行われているのかということの『真実』の姿を知っていなければならないはずである。そして国民がそれを知る手段は、通常、テレビや新聞などのいわゆるジャーナリズムであるはずだ。

従って民主主義が本当に守られ、国民が政治の主人公であるということが具現するためには、ジャーナリズムが常に世の中の『真実』の姿を伝えられるようになっていなければならないはずである。なんらかの権力が、その力にものをいわせて自分たちに都合の悪い事実を、国民に伝えないようなことがあったならば、もはや民主主義は絶対に守られないはずである。

だが残念ながら現在の日本では、政治権力が経済的権力と手を握って『真実の報道』を抑圧しているのが実態である」

朝日新聞記者、梶谷善久は気概を放棄したジャーナリズムをきびしく批判し『一九五〇年七月二八日――朝日新聞社のレッドパージ証言録』のなかで記した。

「近い過去に新聞は二度死んで、二度よみがえった。一回目の死は太平洋戦争中に訪れた。政府、大本営の虚偽の発表をそのままに報道し、戦争に対する一片の批判も紙上に出なかったことは、新聞の死でなくてなんであろうか。（略）レッドパージにいたっては、言論の自由の完全な死という外はない。それは朝鮮戦争を契機として、一切の戦争批判、戦争反対の動きを封殺しようとする占領軍の緊急措置であった。これに対して新聞、通信、放送の経営者は、まったく抵抗を示すことがなかった」

梶谷はレッドパージにより朝日新聞から追われたひとり。不当解雇を訴えた裁判に勝ち、のちに復職するが、当時は社会部員、朝日労組の委員長だった。

レッドパージに直面した産別会議傘下の全日本新聞労働組合（全新聞）はただちに真っ向から反対し、7月29日つぎのような声明を出した。

「ジャーナリストとして節操を堅持した人や、積極的な組合活動家は『共産主義者に同調せる者』というような理由をつけられて弾圧の犠牲になった。（略）今われわれが抵抗の努力をいささかでも惜しむならば、反動の魔の手は、われわれから最後の生活権さえも奪い去ってしまうであろう」

声明を出したものの全新聞傘下の各単組の動きはきわめて鈍く、闘いの姿勢は見えなかった。

そうしたなかで共同労組の取り組みはきわだっていた。

「解雇を免れた全新聞共同支部の役員たちの行動は、ずば抜けて活発・尖鋭であった。残留役員たちは、パージ以後ビラや声明などで、レッド・パージの不当を訴え続けた。

『勇気を出そう！

組合員のみなさん、

組合に前例のない大弾圧が加えられた。（略）

勇気を出して社の圧政と闘い、われわれの組合を守ろう！』」（『戦後ジャーナリズムの断面』）

しかし、反対闘争は役員たちのかけ声だけに終わり、組合は足元から崩壊のみちをたどる。

パニックに襲われたかのように脱退者が相つぎ、パージから1週間後の8月5日、写真、技術の両班が脱退し、7日には庶務、人事経理、厚生資材、8日に通信、放送、整理の各班が脱退し、地方でも札幌、仙台など脱退がつづいた。脱退者続出の痛手を負いながらも全新聞共同支部はパージ反対をよびかけ、闘争をつづけるが、脱退者による新組合結成の動きもはげしくなってきた。社内には結成ボイコットを訴える支部ニュース「せんようせん」がばらまかれ、騒然たる空気につつまれた。

共同支部はしだいに壊滅状態においこまれる。

「混乱と不安が職場を支配した。本社の出入り口は正面玄関を残して閉鎖され、従業員が社外で被解雇者と立ち話をするのもはばかられる雰囲気だった」（『共同通信労組五十年の歩み』）

9月30日、脱退者が共同通信労働組合（共同労組）を結成した。参加者は959人、共同通信における最大の組合となった。結成大会のスローガンは「特定政党による組合支配の排除」をうたい、共産党との決別を宣言した。

闘う力もなくなった全新聞共同支部は10月25日、パージ組をきりはなし、新しい組織をつくろうという声が高まり、12月17日、全共同労働組合（全共同）を結成した。130人が参加した。

ある組合員は回顧している。

「……何人かの優れた方々が去って行かれました。組合が分裂し、第一、第二、たしか第三組合まであったと記憶して居ります。私と彼は、パージ反対の意思表示をした第一組合百人の中に居りました。政治的なものは何も持って居りませんでしたけれど、ただ納得出来ない、それだけの理由でした」（森野智子『森野朔郎お別れ式』）

政治的には無色であっても不条理な……と感じられたのであろう。

「彼」とは森野朔郎、ながく文化部記者をつとめ、科学部長、文化部長、編集局デスク、株式会社共同通信の出版局長を歴任した。

組合は3組織に分裂してしまった。翌26年6月、各組合の組合員数は共同労組1044人、全共同143人、全新聞共同支部3人、無所属44人と記録されている。

パージに反対した全新聞共同支部は3人を数えるのみ、その姿をとどめてはいたものの完全に崩壊した。

パージ組を分離したが、なおも反対運動をつづけた全共同の書記長をつとめた井出新六は書いている。

「全共同は、レッドパージは憲法や労働法に真っ向から背反すると受け止め、少数組合ながら『正統派』と称していた。ストを打つ力もなかったが、時々、外信部デスクの近くで許可なしにゲリラ的職場大会をやった。私がマイクで怒鳴り、当時の労担（労務担当重役）滝口義敏常務が〝取り締まり〟にきたりした。松方専務（理事）に団交を申し込むため専務室にずかずかと（おずおずと）入ったこともあったが、相手にされなかった」（『共同通信労組五十年の歩み』）

反対運動は崩壊し、新井直之は「無残な新聞労働者の敗北の歴史である」と総括した。

組合からも見はなされたパージ組は言論弾圧反対同盟を結成し、壁新聞で市民に訴えたり、また共同通信社を相手に「不当な解雇」として法廷闘争に持ちこんだ。

争点は要約すればつぎの3点だった。
一、共産党員またはその支持者であることを理由にした解雇に効力があるのか
二、解雇の効力についての裁判権が日本にあるのか
三、訴訟に関して労働組合に当事者適格性があるのか
一審、二審とも敗訴、最高裁判所に持ち込まれた。

昭和27（1952）年4月2日、最高裁大法廷で決定が下った。裁判長は田中耕太郎、またも全

面敗訴である。

最大の争点「一」についての決定理由のよりどころは昭和25年7月18日付け吉田首相あてのマッカーサー書簡である。

その要旨はこうだ。

「マッカーサー書簡は直接には日本政府に対し『アカハタ』およびその後継紙や同類紙の発行を無期限に停止することを指令したようではあるが、書簡の趣旨や他の資料とともに考え合わせてみると、共同通信社のような報道機関から共産主義者又はその支持者を排除すべきことを要請した指示であることは明らかである」

そしてつぎに、こう述べる。

「命令指示は憲法をはじめとする法令に優先する。したがって共同通信社が最高司令官の指示により共産党員やその支持者の首を切ったのは、法律上の効力がある」

最高裁は総司令部の指示と判断し、その超憲法的効力をみとめたのである。以後、この決定が判例として確立した。

共同通信を追われた技術部員の石井英二は仲間4人と「ふたば書房」という小さな書店を開いた。店があるわけではない。取次店に払う保証金もない。中古の自転車を買い、毎日神田の取次店まで行き、売れそうな本や雑誌を現金で仕入れる。共同通信地下の隅に机二つを並べて店を開いた。本の外売りも始めた。自転車に本を積み、都庁、農林省、ジャパン・タイムズに販路をひろげた。やがて新橋に借家ながら店を持った。

外信部長本田良介は明治43年2月4日生まれ。学習院高等科から東京帝大仏文科を卒業し同盟通信に入り、パリ特派員などをへて昭和24年外信部長となった。解雇されたのち日本共産党機関誌「アカハタ」やアカハタ編集局が発行する書籍、パンフレットなどを英訳するジャパン・プレス・サービスを設立し代表取締役となり、日本ジャーナリスト会議の副議長をつとめた。

少数組合となった全共同の書記長をつとめた冠郁夫は「この本田さんがレッド・パージの対象になるということを予想もできませんでした。その本田さんが社を去られる前に、しょんぼりとして部長デスクの引き出しの整理をしているすがたを今でも忘れることはできません」と書いている。（鳥居英晴『興亡』）

小椋は共同通信幹部を「無慈悲」とまで批判した。

「太平洋戦争のあいだにも、新聞記者が反軍的な記事をかいたとか、親米英的な思想をもっているとかといって軍部が新聞社の幹部に処分をせまったことが少くなかった。しかしそういう場合幹部はかならず記者をかばったものであった。民主的なＧＨＱの指令はファッショ的な旧日本軍閥の命令よりも絶対的で、リベラルな戦後の新聞幹部は戦犯的な旧幹部よりも無慈悲なのであった」

新井直之も同盟のリベラルな社風に触れている。

「実際、共同の前身の同盟通信社は政府から多額の補助金を受ける（戦争の激化とともに補助金の額は収入の過半を占めた）国策通信社でありながら、社風は対照的にリベラルで、学生運動による退学者などを平気で採用した。前身の新聞聯合から同盟にかけて、社員が治安維持法違反で逮捕されても、解雇することなく、留守宅にキチンと月給を送り続けた。社会部長すら逮捕されたことがあったが、長期にわたるその投獄期間中後任を置かず、釈放までポストをあけておいた。場合によっては、逮捕された夫のかわりに妻を投獄期間中勤務させて、月給を払うこともした。レッド・パージによる被解雇者の何人かは、それらのことを自分の経験として持っていた。それなのに、レッド・パージでは、そのような手段は一つも行われなかった」(『戦後ジャーナリズムの断面』)

逮捕された社会部長は栗林農夫、山上正義が私淑していたプロレタリア俳句の俳人で昭和16年2月、治安維持法違反の容疑で玉川署に逮捕された。

「この話を聞いたとき、三吉(大屋久寿雄)は全く信じられない気持ちであった。同僚もみんな三吉と同じ気持らしく、彼らは口々に官憲の暴圧を罵った」(大屋久寿雄『戦争巡歴』)

労働組合がなぜ、もろくも崩れてしまったのか。

最大の要因は労働運動の分裂にあった。

戦後の労働運動は、共産党の指導下にあった全日本産業別労働組合会議(産別会議)が主導権をにぎっていた。傘下には電産、国鉄、鉄鋼、機器、全炭など有力21単産、当時の組織労働者の40%以上にあたる組合員163万人が属し、戦後初期の労働運動において重要な役割を果たした。

しかし昭和22年の2・1ストが連合国軍最高司令官の中止命令によって挫折したことから、産別会議内部の自己批判の声が高まり、翌23年2月、産別民主化同盟(民同派)が結成された。革命路線を主張する共産党との決別だった。

民同運動は2年足らずのうちに労働運動の主導権をにぎり日本労働組合総評議会(総評)の結成につながる。

レッドパージが労働組合運動における主導権交代のバネになったことについて、当時、全逓民同派として活躍し、その後全逓委員長をつとめた宝樹文彦は次のように証言している。

「……国鉄労働組合が民同派対共産派の対立に対して、当時、マッカーサーのレッド・パージがあり、これは日本の共産派対民同派について、民同派の有利な立場を築くための最大のバネになったことは間違いありません」（『戦後史の汚点 レッド・パージ』）

新聞界でも民同派の動きは活発だった。

レッドパージ直前の6月30日、朝日労組、毎日労組、読売労組は産別傘下の全新聞から脱退し、地方紙労組にもよびかけて14組合、1万800人が参加する日本新聞労働組合連合（新聞労連）を結成した。

「日本新聞労働組合連合（新聞労連）結成大会は、この情勢下（朝鮮戦争勃発、「アカハタ」発行停止、共産党幹部追放など、筆者注）に予定どおり、六月三〇日の午前一〇時から、東京・有楽町の毎日新聞東京本社講堂で、ひらかれた。（略）各代表のほか、GHQエーミス労働課長代理としてウィルソン女史が出席して祝辞を述べた」（日本新聞労働組合連合『新聞労働運動の歴史』）。

綱領は「われわれは新聞の社会的使命の自覚の前に立って、言論の自由を護り……」とうたい、さらに運動方針では政治的中立主義を強調し、「赤色労働組合」路線の反対をかかげた。レッドパージを予想していたかのような新聞労働運動の右翼的再編成であり、GHQの意向に沿う再編成だった。

1年前の三鷹事件のおり、朝日新聞の論説子が「政治活動と組合活動との限界を自覚し、自ら自分自身をまもろうとする組合本然の姿への復帰と見るべきであろう」と指摘したが、しかし、全新聞共同支部の副委員長だった長与道夫は新聞労連を「御用組合」と見ていたようだ。

「……正直にいってぼくの仕事は（新聞労連）成立にブレーキをかけ、いかに御用組合的な色彩が強いかを新聞労働者に知らせることに集中した。規約草案、綱領などを検討しては批判した。（略）当時を思い起すと労連の誕生にはもちろん必然性もあったが、ムリも多かったとの印象を消すことができない。副委員長をやめた直後、労連の発足大会を傍聴して、数日前の全新聞中央委のさかんな議論にくらべて発言の少いのにおどろき、こんな『異議なし大会』では労連も伸びまいとたかをくくったことを思い出す（略）」

共同労組が分裂した組合を統一し新聞労連に加盟したのは4年後の昭和29年9月、第9回定期大会だった。賛成148票、反対49票で可決した。この時点でも新聞労連にたいする不信感が根強く残っていた事実は注目されよう。

発足早々の新聞労連ははやくも、敗北の歴史の第1ページをみずから開く。

25年8月1日、拡大中央執行委員会を開き、レッドパージを容認する方針を決定した。

「こんどの解雇問題は、組合運動を逸脱した行動にたいして加えられたやむなき特別措置であるとわれわれは考えるのである。この人たちが従来組合運動にたいして強引に要求して来たものは何であったか。共産党の理論のみを正しいとする独断に発足して、民主主義のあらゆる約束をじゅうりんし、組合員を彼等の意図する権力闘争にかりたてることではなかったか。そこにはいささかの人間性の尊重もないのである。こうしたことがいかに『民主主義の寛容』の中とはいえ、いつまでも許されるものと考えていたならば虫がよすぎるといえよう」

労連参加の各単組もこの方針に従いパージを容認する。毎日新聞労組はおよそ1カ月後の8月22、23日、臨時中央委員会を開き「慎重審議」の結果、「会社の措置を承認する」とはやばやとホコを収めてしまった。

これを報じる機関誌「われら」の見出しには「報道関係の〝赤〟追放」の文字が躍っていた。ここには言論の自由、報道の自由への迫害だという、ジャーナリストとしての危機意識はひとかけらもなく、追われ行くものにただ石を投げつける敗北主義者のすがたがあるだけだった。組合運動の主導権あらそいに身をやつして、真の敵を見失ってしまった行動だった。

新聞労連は『新聞労働運動の歴史』の「刊行のことば」のなかで「愚直なまでの社会正義・スジの護持と、その裏側にみせる現実的な『柔軟性』……」と運動の軌跡を要約している。「愚直なまでの社会正義・スジの護持」とは幹部の戦争責任を糾弾、民主化を要求し、新聞製作の人民管理までに発展した読売争議を指しているのであろう。また現実的な『柔軟性』は産別からの脱退、労働戦線の再編成、そしてレッドパージへの対応であろう。

パージ容認は現実的な「柔軟性」としているが、新井直之は、このような新聞労連にきびしい目を向けた。

「いうならば、新聞労連は、対立者としての共産党員や同調者、ひいては全新聞を、新聞労働戦線から追い出すためにレッドパージを承認し、あえて抵抗しなかったのである。それは、労組を弱体化するために解雇を実施し、占領軍に抵抗しなかった新聞資本とまったく異なるところのない思考の論理であった」(『一九五〇年七月二八日——朝日新聞のレッドパージ証言録』)

こうした事態のなかで松方三郎はどんな発言、行動をしたのか、それを語る資料はない。

「三郎は三十三名の社員を解雇しなくてはならない羽目に陥ったが、この中には古くから共に働き腕利きの記者であった仲間もおり、しかも彼らの政治的立場が必ずしもはっきりしていなかったので、三郎にとっては辛い立場に立たされた」(『絹と武士』)

当時、編集局次長だった殿木圭一は『追憶文集』のなかで、つぎのように語っている。

「(前略) まだ共同に籍を置いているある消息通が、共同通信時代の松方の危機とか苦悩とかいったものを三つに分けて分析しているので、参考までに紹介しておきましょうか。

第一は、例のレッド・パージ。このとき松方は三十三名の党員と同調者を解雇しなければならなかった。これは、松方にとっては大変つらいことではなかったか、というわけ。(略)」

編集局長の席にあった岩本清はこの『追憶文集』にこう記している。

「共同のパージは全社で三十三名を数えたが、その多くが社の第一線で働く有能な人達だっただけに『共産党員およびその同調者』という理由で、これらの人々を解雇することは、松方さんとしては堪え難いことであったに違いない」

その証言のいずれもが、つらい立場、苦渋の選択、耐え難い……とふれるだけであって、ジャーナリストとしてレッドパージをどのように受け止めたのか、という肝心なところが欠落している。

レッドパージはいわばジャーナリストの信条をためされる踏み絵的な事件だった。

斎藤正躬はパージに反対し、ジャーナリストとしての信念をつらぬき退社した。

いっぽう松方三郎にしても事の重大さは認識していたであろうが、パージに与する立場に立った。おそらくは心ならずも、であったろうが異端審問の司祭となった。辞表を出した斎藤正躬を説得するさいの「理屈は彼のいう通り」という言葉からも推定できるが、パージにひそむ非合法性や憲法が保障する思想・信条の自由に反するという認識をもっていたにちがいないのに何故、パージに踏み切ったのか、の疑問がのこる。

ひとつの理由は共同通信「生き残り」の選択であったろう。

共同通信は国策通信社であった同盟通信の古い殻をぬぎすてて再出発してから5年しかたっていない。ロイターやAPなどにくらべれば、まだヨチヨチ歩きの赤ん坊にすぎない。通信社の社会的使命を思えば、ここで社をつぶすことはできない。生殺与奪の絶対的な権力をもつ総司令部に反抗したら、社の運命はどうなるか、火を見るよりも明らかであろう。

前年の6月、伊藤理事長は社員大会で「一切の責任は共産党細胞にあり、一片の紙切れで共同が解散される〝危機〟を切り抜けるため共産党員を経営から一掃することが唯一無二の方策である」と演説しており、共同通信幹部のあいだに危機感がのしかかっていたことは事実であろう。こうした事情がパージを受け入れる、おおきな要因であったにちがいないし、すでに共産党員排除の意志を固めていたのであろう。前年に共産党細胞を資料室に隔離したことを思えばレッドパージ容認は当然の帰結だったともいえる。

伊藤理事長の後任に決まったとき松方三郎は編集局に全社員を集めて就任の演説をし、共同をめぐる「危局」を訴え社員の協力をもとめた。

「いわゆる社の危機なるものは、今日なお現存しておると考え、このことは戦争中はやった言葉で使いたくないが、いわゆる挙社一致の気持が少なくてもこの際社全体として作られて、その上に立って社の将来の問題が解決されるということは、社の経営、社の立場からいっても、社員諸君の立ち場からいっても、極めて大事なことではないかと思います。（略）とにかく私は、今日の場合は共同というものをお互いの力でお互いに守ってゆく、そのために力を合わせるということでありま す。どうかその点、諸君が十分考えて、この危局を切り抜けるために協力されることを要望しま す」

さらにパージ直前の共同労組の主導権を共産党細胞がにぎっていた、という背景もあった。

前年、10人の共同通信共産党細胞が資料室に配置換えになった時点で細胞は松方三郎を〝味方ではない〟と見ていたようだ。

資料室事件をたたかった細胞は闘争を総括し、そのなかで「松方氏に対する『幻想』の危険性をあきらかにした」と「フラッシュ」に書いた。これを示唆する資料が存在する。『共同通信社理事会議事録第一集』である。

レッドパージから1カ月後の8月29日の理事会で松方三郎はつぎのように述べた。

「去る六月末以来の補給金闘争以来組合内部で共産党フラク（フラクション、党員の小グループ）の活動が活発となり、とうていこのまま放置するわけにはゆかないと考えておったのであります。ことに共同におけるフラク問題は昨年六月以来一年間にわたり懸案となっていたものであり、責任者として当然何等かの処理を必要と考えておったものである。……過般の解雇通告により合計三十六名（内二名は依願退職）の解雇者を出し一応整理ができたので今後はこの種の問題で御迷惑をかけることもないと考えている」

ここではっきりしているのは、あくまで企業防衛の論理を前面に押し出したことであろう。

専務理事は経営の最高責任者であると同時にひとりのジャーナリストでもある。責任者として企業を守るべきか、それともレッドパージに反対しジャーナリストとして正統の道を選ぶべきか。きびしい二者択一の局面に立たされたが、企業防衛の立場を選んだ。

さらに松方三郎には国策に協力する国通、同盟の両通信社での経験からニュースにプロパガンダを持ち込んではならないという信念があったにちがいない。ネピア少佐との会談で「破壊活動分子のプロパガンダによって潤色されることのない真実を普及する強固な通信社を確立するため……」と述べている。国策通信社は国家との運命共同体であり、それが短時日のあいだに、もろくも崩壊した現実を目のあたりにしてきた。そうした体験がレッドパージにおける行動原理になったのではないか、とも思えるのである。

しかし、それがパージに与した免罪符になるわけではない。

7月31日には、新聞・通信・放送各社の代表とともにネピア少佐とレッドパージの進行状況と問題点への対応を話し合い、8月11日には裁判対策について示唆を得るため会談している。前年の「細胞隔離」のときから排除の経営意志があったことは明白であろう。それが苦渋の選択……であったにせよ、レッドパージにたいしては確信的な執行者だったことは否定できないであろう。

朝日新聞社長・長谷部忠は執行者としての苦衷を記録した。

どう対応するか。選択肢は三つあった。梶谷善久編『レッドパージ　失われた人権と報道の自由』によると

第一は、占領軍が指令を出すなど相当の手続きを踏んでこないかぎり、応ずるわけにはいかないと申入れを断る。

第二は、朝日新聞の責任者として、従来の方針の責任をとって辞任し、後継者の手によって処置する。

第三は、私の責任で私の手によって処置をし、しかるのちに私が辞める。

と考えたが、長谷部は第一案は、非常な冒険でとり得なかったとしている。発行停止や存続への懸念があったためだろう。第二案は、後に残る者に重荷を負わせることになるから、と第三案を採用した。

松方三郎もおそらくは、これと同じ思考の道をたどったのではないだろうか。しかしレッドパージに対する発言はなく、その行動を知る手がかりはない。

明神勲は『戦後史の汚点　レッド・パージ』のなかで、パージはGHQによる超法規的な絶対命令だという神話を否定して「GHQ、日本政府、最高裁判所、労働委員会および企業経営者の密接な協力と共同によって実施されたもので」、この5者は「『共同責任』を負う。特に、GHQ、日本政府、企業経営者および最高裁判所の責任は重く、（略）『共同正犯』に該当すると言えよう。（略）みずからが犯した『国家的犯罪』を償う重い責任が課せられている」。

そしてさらに「『共同正犯』に協力・加担しその推進の『潤滑油』の役割を果たした労働組合幹

部も『従犯』（正犯の実行行為を容易にする犯罪）ともいうべき役割を果たしており法的責任は別にして道徳的責任を免れない」と述べている。きびしい論告である。

パージいらい半世紀以上のときが過ぎたが、このジャーナリズム敗北の検証、総括はほとんどなされていない。

朝日新聞レッドパージ証言録刊行委員会が昭和56年7月28日、晩聲社から出版した『一九五〇年七月二八日——朝日新聞社のレッドパージ証言録』と梶谷善久編『レッドパージ——失われた人権と報道の自由』（1980年7月　図書出版）、新井直之の『戦後ジャーナリズムの断面』など、数えるほどしかない。

レッドパージから四半世紀がすぎた1980年8月、新聞労連は『新聞労働運動の歴史』を大月書店から出版した。明神勲が「従犯」と断罪した労働組合幹部の代表ともいうべき新聞労連は同書のなかで「労働者を守るべき労働組合は弱体化または右傾化して、大衆は立ち上がれず、結局、新聞も他の産業も、パージに対する有効な反撃は起こらないままに終わった」と記述するだけだった。いわば評論家的な記述であり、なぜ闘争を組み得なかったのか、解雇された同僚たちの復権や生活にどう取り組んだのか。そうした自己検証や総括の弁は見当たらない。

こうした情況のなかで明神勲がＧＨＱ文書など数多くの文献・資料を読みとき、レッドパージは連合軍最高司令部の「超法規的な絶対命令」によるものだという、司法をはじめ今なお多数の信者がいるこの「神話」を否定した意義は大きい。

レッドパージでゆれていた共同通信の政治部で一人の東大生が電話取りをしながらジャーナリズ

ムの実習をしていた。新井直之、東大新聞研究所の第一期生だった。二年生の夏休みが近づいたころ夏休みの期間中に新聞社の現場で実習してみたいという学生を募った。希望した学生は朝日、毎日、読売……と順番に振り分けられた。新井はたまたま共同にあたったという。2カ月の実習期間が終わったとき編集局長（岩本清）に今年中に学部の単位をすべて取得し、3年目は卒論を残すだけになると話した。すると秋に入社試験を受けてみないかとすすめられた。合格した。卒業までの一年間は学生でありながら記者でもあるという生活がつづいた（鳥飼新市『追悼　新井直之』）。

新井直之と長年、文化部でいっしょだった上田融も回想した。

「あるとき『ちょっと私用なんだが手伝ってくれないか』と相談を持ちかけてきた。五〇年当時、吹き荒れたレッドパージ。その中で新聞労働者、特に共同通信から追われた人たちに、当時の話を聞こうというのだ。近くの貸し会議室を借り、重量感あるトランク型テープレコーダーを持ち込んだ。先輩の記憶を少しずつ呼び戻しつつ聞き書きする作業だった。『新聞戦後史』（栗田出版会）などで取り上げてはいるが、レッドパージというあらしの中で労働組合がなぜ抵抗しなかったのかが、新井さんにとっては釈然としないものがあったようだ」（同書）。

新井の共同通信におけるレッドパージを詳細に論じた論文は『新聞戦後史――ジャーナリズムのつくりかえ』（1972年）や『戦後ジャーナリズムの断面』（1984年）におさめられ、ともに双柿舎から出版された。

パージからすでに半世紀もの時日が過ぎ去った。しかし、その傷跡は関係者の心のなかに、いまなお刻印されている事実を忘れてはならないだろう。

平成26年7月、花伝社から出版された『国策通信社「同盟」の興亡』のなかに「パージは、関係者に今日に至るまで心に傷を残している。そのことに触れないで欲しいという申し入れもあった」との記述がある。

職を奪われ、生活の基盤を失った関係者は、前歴を隠し再就職するが、パージの事実がバレて再び首を切られた例、なれない仕事について苦労を重ねる例など社会から疎外され、まるで犯罪者のように息をひそめて生活する姿が浮かぶのである。パージは思想の自由を奪っただけではない。人並みに生きる、という最低限の権利をも剥奪した。

日本弁護士連合会会長（当時）の宇都宮健児は平成22年8月31日、最高裁判所長官竹崎博允あてに「最高裁による人権侵害事件である」として関係者の人権救済を求める勧告書を提出している。事件後60年以上も過ぎ、被解雇者は高齢であり、鬼籍に入ったものも少なくない。そうした状況でもなお人権回復を求めるのは、レッドパージがいかに法の正義に反し、不条理なものであったかを物語る証しであろう。

全国紙脱退

昭和26（1951）年は新聞界転機の年だった。

新聞の自由競争の足かせであった新聞用紙統制令が撤廃され、増ページや増紙が自由にできるようになった。全国紙にとっては好機到来だった。

「新聞用紙統制撤廃を契機に（中略）新聞は戦前の姿を取り戻し、ページも増えて新聞らしい新聞の編集ができるようになった。こうして自主独立をえた新聞界は、ここに完全な自由競争時代を迎えるわけである」（『読売新聞百年史』）

同社は首脳部の人事を刷新し、代表取締役編集主幹に安田庄司、常務取締役営業局長に務台光雄をあてた。務台はのちに「販売の鬼」とよばれたほどの辣腕をふるった人物である。東京、大阪、名古屋などの大都市周辺を拠点とした、いわば都市ローカル紙から脱皮し、真の意味での全国紙をめざす安田、務台体制のスタートだった。

「読売の今後の発展は、まだ余地のある地方進出以外に手はないとみた安田は、本紙面の刷新をはかるかたわら地方版の拡充も再三にわたって試みた」（同百年史）

しかし、各県にしっかりと根をおろした地方紙の基盤は思いのほか強固だった。

「……地方版紙面の大刷新を行い、統合版地区では八ページ、定価百七十円としたが、地方への紙は思ったより伸びなかった」（同百年史）。

地方版の拡充、増ページ、専売店の増設などなど地方紙切り崩しにさまざまな手をうったものの、思うように伸びない部数対策に、全国紙3社は切り札ともいえる手段を講じる。

「1952（昭和27）年9月4日午後2時、朝日の信夫韓一郎、毎日の渡瀬亮輔、読売の安田庄司の代表3氏が、共同本社に専務理事松方義三郎を訪ね、3社の共同退社を文書で申し入れた。（中略）創設当初から常に共同運営の主柱だった3社の脱退通告は、残る加盟社と共同に強い衝撃を与えた。それはまた日本の報道界全体を巻き込む一大異変でもあった」（『共同通信社50年史』）

共同通信の経営基盤は新聞組合主義であり、新聞社や放送会社が分担金を出し経営する仕組みとなっている。3社の分担金は月額1800万円、共同の総収入7480万円のおよそ25%を占めていた。自社の通信網で内外のニュースを十分まかないうる、自社通信網の維持経費と共同への分担金の調整が緊急事となってきたというのが脱退の理由だった。

この理由はいくぶんかは事実だったにしても、しかし建前論であって、地方紙の生命線をにぎる共同をつぶし、その勢力をそぐという遠大な経営戦略だった。

――これは、地方紙にとっては、たいへんな出来事ではなかったかと思いますが……。

「それはもう命がけでしたね」と当時、京都新聞社長の白石古京は振り返っている。白石は共同通信理事会の副会長をつとめていた。「僕は当然予期していましたね。地方新聞を経営していまして三社の腹の中はわかっていますからね。地方紙を併呑しようというのが『朝日』『毎日』『読売』の考え方ですから、『共同』を脱退すれば、『共同』は財政的に破綻してしまうという見通しの下に三社は脱退して、地方新聞の糧道を断とうという考え方ですからね」(「別冊新聞研究」第11号)

新井直之は3社脱退を「地方紙にたいする挑戦」と論評した。

「販売競争の形をとってきた新聞産業の企業間競争は、一九五二年を画期として、新しい様相を呈し始めた。この年以後、新聞産業は『朝日』『毎日』『読売』三大紙の独占化が進行し、過当競争はほとんど三紙を推進力として行われることになる。(略)三社の『共同』脱退は、三大紙による独占化過程の第一歩にほかならない。(略)三社の脱退は『共同』弱体化によって、間接的に地方紙、中小紙各社に打撃を与えることを意図していた。いわばそれは三社の地方紙、中小紙にたいする挑戦を告げるものであったと言えるだろう」(『戦後のあゆみ　新聞ジャーナリズム』)

新聞産業の市場は限られている。パイの大きさは決まっている。部数を伸ばすには他紙の市場を奪うしかない。

そこで大資本にものを言わせ、中小紙の市場を乗っ取るという、弱肉強食の資本主義の論理にしたがって行動する。紙面で正義を説いても、裏では「わが社の新聞を購読していただければお鍋をつけます、お釜をサービスしますよ」と節操のない販売合戦をやる。「新聞は上半身と下半身は別人格」という自嘲の言葉を耳にしたこともある。

昭和27年11月8日には朝日、毎日が京都市内で専売を申し入れ、25日には「大阪読売」が創刊された。同紙の創刊は京都新聞や神戸新聞にとっておおきな打撃となった。

「それは大変な年でした。そういう機会をとらえて販売拡張をやるわけです。その時分から景品はありましたし、何かの機会があれば販売拡張ばかりやってました」（「別冊新聞研究」第11号）と白石は振り返っている。

3社脱退は経営戦略というのが定説だが、その裏には意外な事情も隠されていた。

松本重治が「別冊新聞研究」（第12号）で東大新聞研究所所長の内川芳美、上智大学名誉教授、春原昭彦のインタビューにたいし以下のように述べている。

「……正力さんが松方三郎君と喧嘩しましてね。正力さんが、テレビ、カラーテレビかな、テレビそのものだったかな、その時に松方三郎君がテレビ尚早論の意見を出したように思うんです。それでその正力さんが主唱して『朝日』と『毎日』と一緒に『共同』から三社脱退した。その時に、正力さんがぼくを一晩飯に呼んで君が代わりに『共同』をやってくれればおれたちは三社復帰するよう努力するからなんていったことがあります」

——松本さんが『共同』をおやりになれば、三社は復帰するというのは正力さんの個人的な考え方だったんでしょうか。

（松本）そう思います。

——三社の間で了解ずみのことではなかったのですか。

（松本）いや、そうではなかったように思います。脱退した張本人が正力さんですからね。

——三社の共同脱退の理由はテレビ問題ですか。

（松本）ええ、テレビ尚早論を松方君が書いたんです。

正力の住まいは逗子、松本は鎌倉市小町の岩波茂雄の家の離れを借りて住んでいたので帰りがけに横須賀線でよくいっしょになった。

日本テレビ放送網構想が読売新聞に公表されたのは昭和26（1951）年1月1日だった。その後、テレビ実験局開設の申請書を提出、さらに10月2日、日本テレビ放送網株式会社の名で電波監理委員会に免許を申請し、足早にことはすすんでいった。

テレビ放送は正力松太郎にとって原子力導入とともに、その華麗なる生涯を締めくくる大事業だった。しかし「正力構想」は日本テレビ1社で全国向けの放送をする独占事業であるべきだ、というものであったから、当然のことながら反対もつよかった。

「この構想の急速な進展は、既存のＮＨＫや開局前後の民放ラジオ局関係者に大へんなショックだった」（松田浩『ドキュメント放送戦後史I』）

同書によれば当初、時期尚早論をとなえていたＮＨＫは、早期開局と方針を変え「ＮＨＫ一本、民営反対」で動き出した。日本テレビ対ＮＨＫの対決は「言論戦のうえでも火花を散らし、もはや手のつけられない過熱状態に達していた」と松田は書いている。松方三郎の時期尚早論は、こうした情勢のなかで発表され、正力のゲキリンに触れたのであろうか。松方三郎は昭和21年5月からＮＨＫ理事となり、同25年5月辞任したが、ＮＨＫ陣営の一員として発言したのであろう。

脱退の裏事情についてはまた別の説もある。「別冊新聞研究」（第4号）で加藤萬寿男はつぎのように語っている。

——この問題について何か裏話は……。

私の聞いていている範囲では、本田親男さん（毎日新聞社長）が鹿児島に行ったところ、鹿児島に立派な新聞が出ている。これはみんな「共同」からの配信でできているが、「共同」の社費の大きな分担は三社とか「ＮＨＫ」です。おれたちが出している金で、地方新聞が潤っているという考え方になったのです。最初に三社脱退の火を付けたのは本田さんだというふうに聞いております。

元共同通信社長の福島慎太郎も「毎日火付け説」を語っている。「別冊新聞研究」（第20号）によると

「私は、役人を辞めましてから『毎日球団』という会社に入って、傍系会社ではあっても『毎日新聞』にいたわけですが（略）そのころ『毎日新聞』の内部でみていると『毎日』が三社脱退の首謀者だったようなんです。（中略）三社が脱退すれば『共同』が運営困難になって、場合によって縮小もしくは廃止せざるをえないだろうという計算があったので『共同』からの脱退を決めたんでしょうね」

全国紙3社の不満はつねに分担金にあった。社費分担の基本は発行部数だった。発行部数が多ければ分担金も大きくなる。部数１０００万部の新聞社は10万部の新聞社の１００倍の社費を負担しなければならない勘定となる。もちろん、社費負担はこのように単純なものではない。部数×定価に一定の係数をかける方式となっている。係数は割引率であって、部数が大きくなれば割引率も大きくなる。したがって１００倍という勘定にはならないにしても、3社の負担はおおきいものがあった。共同通信発足いらいの2、3年間、3社の負担額は50％前後を推移していた。

3社にとっては同じ分量のニュースを配信してもらっているのに、なぜ地方紙より高額の分担金を背負わなければならないのか、これが不満のタネだった。そこで出てきたのが「利用度論」であ

る。共同のニュースを紙面に載せている割合で分担金をはじき出すという考えだった。

しかし、いっぽうでは地方紙側にも不満があった。新聞制作費に占める共同に支払う分担金の割合が、大新聞のそれにくらべてはるかに大きい、これは大新聞の分担の割合が小さすぎるためだという主張だった。だから、共同通信理事会の主たる議題は社費分担をめぐる全国紙対地方紙のせめぎあいだった。毎日新聞の本田社長の考えには、こうした社費負担をめぐるソロバン勘定が背景としてあったわけだ。

昭和24年1月の理事会で本田は「利用度論」を持ち出した。一見、もっともな主張だが、部数の多寡によって分担金を負担する組合主義という通信社の理念を否定する主張だった。

3社の脱退の背景としては経営戦略というのが定説だが、正力と松方三郎のケンカや毎日新聞本田社長の「おれたちの金で地方紙は潤っているではないか」といった、感情論あえていえば勘定論が脱退へのきっかけとなったのであろう。

共同通信は創立7年にして収入の大幅減という危機に見まわれた。

「正直いってこの凶報を聞いた時、目先が暗くなったことを覚えている」（今井幸彦『通信社』）。

通信社にはジンクスがあった。寿命10年説である。これまで、国際通信、電通、新聞聯合、同盟通信、満州国通信など通信社が生まれたが、いずれも短命だった。「目先が暗くなった」というのも決して誇張ではなかったろう。

地方にも波紋はひろがる。

「空前絶後の一大異変が起こった。共同は今後どうなるのだろうか」

北九州総局につとめていた油屋秀雄は、『回想　共同通信社50周年』に不安におびえる、地方の様子を書きのこした。

北九州総局は、西部本社のある朝日、毎日の両社にニュースを提供し、社員も30人ちかく在籍しており、脱退にともなう余剰人員の処遇が議論されていた。

「そのころから総局内に変なウワサが流れた。共同解体論、時事（通信社）との合併説、新会社設立など、耳にするのは不安材料ばかり。そのうちに転勤先の決まった者から逐次異動を始めた。一方、数人が依願退職という名目で余儀なく共同を去った。翌年春、われわれ8人で再出発した」

全国紙側からみると、この脱退劇はまた異なった見方も出てくる。

高田元三郎は著書『記者の手帖から』につぎのように書いた。

「……共同創立の中心的組合社であった三大新聞社が、脱退するという不幸な事態が起こった。これは共同の側に、伊藤のいう協力の精神に欠けるところがあり、三社が創立の精神を忘れたことから、起こったものであろうが、共同自体が経営上大きな困難に逢着したのみならず、組合通信社の理想的な形態がこわれてしまったことは、まことに残念である」

3社の代表が共同通信社をおとずれ、このむねを伝えたとき松方三郎は「そうですか」と言い、慰留する言葉をのべなかった、という。松方三郎の意外な応対に安田はおどろいたらしい。当然、待ってほしいと言うだろうと思っていたと加藤萬寿男は振り返っている。

「松方さんのところへ、こういうことで『共同』を脱退すると言ったら、あっさり引き受けました。安田氏は、分担金の減額とか何か、話があとに続くものと思っていたと言うんです。松方さんはそ

ういう点、大物といえば大物です」(「別冊新聞研究」第14号)

3社脱退後、一定期間は3社からの分担金の支払いを受ける規定もあり、あとあとの付き合いもあることだからということで加藤は田村源治とふたりで3社回りをした。まず朝日の信夫韓一郎のところへ行ったら「これはみみっちい話ですよ。金の問題だ」と言った。読売の安田庄司は「なぜ引き留めなかった。おれのところは外電が弱くて困るんだ。どうしたらいいんだろう」と相談を持ちかけられたという。

翌9月5日、松方三郎は全職員に3社脱退の経過を説明、8日に第48回理事会が招集され対策を協議し、「共同の維持強化により3社に対抗する」との決議を採択した。理事会終了後、松方三郎は編集局にすがたを見せ、危機打開の決意を表明し「脱退したことにより、3社はそもそも共同とはなんであったかを、あらためて知るであろう」と全社員の奮起をもとめた。

共同は、新聞組合主義の理念を再確認し、月額550万円の経費節約と加盟紙の分担金35%増額でこの危機をのりきった。しかし、3社脱退後の経営は苦しく、3社並みの賃金をとの要求をかかげる組合との対決がつづく。

「分担金増額」と、あっさりいうが地方の支局員の苦労は並たいていではなかった。山形支局員だった渥美好邦が別に苦労を書きのこしている。

「朝、毎、読の三社が共同を脱退して、支局が一番困ったのが、地元紙からの共同分担金の集金。急に社費が増えたため一、二カ月遅れは仕方がないが、私は月末になると山形新聞営業部の販売課に常駐、販売店が新聞代を納めに来るところを狙って、二千円、三千五百円と、社費の内金として

〝横取り〟していた。仕事とはいいながらいやな思いをした」

3社脱退は、しかし地方紙にとっては分担金の負担が増えるにしても、むしろ歓迎すべき事件でもあった。全国紙に顔を向けたがる共同を自分の方に引きよせるまたとない機会だった。

「……三社が『共同』を脱退したのでよかったと思うんですよ。今にして思えば……。最近の『共同通信』の経営というのは、非常に楽になっちゃった。努力するものですから……」（白石古京「別冊新聞研究」第11号）

共同を脱退したものの3社は外電面の弱さに音を上げ、対策に苦慮していた。強化するには複数の外国の通信社と契約しなければならない。それには多大のコストがかかる。昭和30年ごろ早くも共同の外信を求める声がおこってきた。31年秋、新聞大会の席上、毎日新聞代表が共同理事会の副会長に外信の供給を申し入れた。

共同加盟社のなかには「かってに脱退しておいて、つごうが悪くなると再びニュースを売ってくれというのは、あまりにもムシがよすぎる」という反対もあった。当然の感情論ではあったが、国家代表通信社を標榜するからには、たとえ外信面だけでも3社が復帰するのは、望ましいことだった。

同年10月16日の理事会は復帰問題を協議した。議論は紛糾したが、国家的見地に立つという大義論が感情論を抑え満場一致で供給案を可決した。

3社脱退のおり松方三郎は「3社はそもそも共同とはなんであったかを、あらためて知るであろう」と述べた。はやくもこの言が現実となった。

いらい半世紀すぎたが、さらに深刻な脱退の後日談がある。

平成23（2011）年の暮れ、共同通信から外信記事とスポーツ記録の配信を受けている朝日、読売の2社が「受信契約は結ばない」と通告してきた。その理由は「経費節減のため」となっていた。両社の対外発表では、共同の代わりに時事通信から配信を受けるとしている。

当時の社長石川聡は「外信記事解約の〝衝撃〟」と題し、共同通信社友会会報第53号（2012年3月31日）にその驚きを書いている。

「……55年ぶりの外信記事の受信打ち切りであるが、今回は総収入のわずか1％台の減収に過ぎず、財政面での影響はほとんどない。衝撃があるとすれば、全く別の面である。それは全国2紙がここまで財政的に追い詰められたということだ。広告収入がピーク時の半分以下、1000億円以上も減るという事態に直面し、厳しい経費節減対策を講じる中で、最も大事なニュース素材の仕入れまで着手せざるを得ないという事実はまさに衝撃的である」

消えた警官

経営危機に直面した共同通信だったが、ジャーナリズム史上にのこる事件をスクープした。「消えた警察官」――菅生事件である。

昭和27（1952）年6月2日未明、大分県菅生村（現・竹田市）巡査派出所で爆発がおき、共産党員ら5人が逮捕され、大分地裁で懲役10年から1年の有罪判決を受けた。控訴審の福岡高裁の審理中、事件当夜から姿を消した市木春秋と名のる人物が現職の大分県警警備課の巡査部長、戸高公徳であることを被告がつきとめ、昭和31年9月末の第3回公判で弁護団が発表した。戸高は事件前から共産党シンパをよそおい菅生村の共産党細胞に接近していた。その記事を「アカハタ」で読んだ、当時社会部の国会担当だった原寿雄は、共産党員による爆破事件という単純なすじがきではなく、ナゾの多い事件であることに気がついた。

「特捜班をつくり、戸高を捜しだそうではないか」と提言し、デスクの山崎稔をキャップに6人の特捜班が生まれた。デスクをのぞけば、いずれも二十代から三十代前半の若手記者だった。戸高を見つければ事件の核心が一気につかめる。そんな思いからだった。

特捜班とはいえ、それぞれ決まった仕事《ルーチン》がある。戸高捜しだけにかかわっているわけにはゆかない。毎日の仕事をこなしながら戸高の行方を追った。いったいどこに隠れているのか。

事件当初、戸高は大分県警所属だったが、特捜班は都内に潜伏しているのではないかと見た。それというのも警視庁職員録（昭和29年）に「巡査部長　戸高公徳（大分）」と明記されているのを特捜班が見つけたからだった。さまざまな情報をあつめ、その真偽を丹念につぶしながら、最後にのこったのが新宿コマ劇場の裏手にある春風荘というアパートだった。

戸高が潜伏しているのを確認し、特捜班が戸高をつかまえたのは昭和32年3月13日のことだった。事件のカギをにぎる戸高は福岡高裁の法廷に立った。その陳述で5人の被告は有罪から無罪の判決を勝ちとった。しかし、だれが計画し、だれが実行したのか。真相は闇につつまれたままとなった。警察権力による犯罪という疑惑だけがのこされた。

事件から半世紀ちかくすぎた平成8（1996）年12月、ノンフィクション作家、坂上遼が『消えた警官――ドキュメント菅生事件』（講談社）を上梓した。この事件は決して〝過去の事件〟ではない、今なお、重い課題を私たちに突きつけているという思いからだった。エピローグで坂上は「やはりこの事件のことは書いておかなければ、という気持ちが強くなったのは、小泉内閣以来政府が固執してきた『組織犯罪処罰法』いわゆる『共謀罪』の新設にあった」と、執筆の動機をしるしている。

坂上はみずから探訪記者と称する。「探訪」という、筆一本を持ち市井を歩き回り、世のありさまを探る明治時代の古いことばをあえて称したのもジャーナリズムの原点を、そして使命を自覚するためであろう。

「菅生事件の醍醐味は、『調査報道』で鎬《しのぎ》を削る各社の特ダネ合戦にある。今日マスメディアが、さまざまな危機に直面している中、ジャーナリズムを活性化させるのは『調査報道』しかないと私は考えている。その典型が、菅生事件での各社の独自の活躍であり、とりわけ共同通信特捜班が、市木春秋こと戸高公徳氏を捜し当てるまでの地道な取材は、今日でも十分通用するばかりか、むしろ『発表報道』にならされた記者には苦痛かもしれない。しかし、これが取材の原点であることはいまさら言うまでもないだろう」

『消えた警官——ドキュメント菅生事件』の著者、坂上遼は「あとがき」で共同通信特捜班の活動を評価した。坂上遼は元NHK社会部記者の小俣一平のペンネームである。

「菅生事件は後味の悪いしこりを残しながら、私のジャーナリスト活動の原点となった」(『ジャーナリズムに生きて』)と原寿雄は書いた。レッドパージで消えたかのように見えたジャーナリズムの精神が健在していた証しだった。

調査報道の手本ともいうべきスクープではあったが、しかし、取材に走り回った記者たちはのちに反省のことばものこした。表面にあらわれた現象だけを追いかけていると事件の本質が見えないまま現象報道に陥ってしまう、と特捜班のひとりだった斎藤茂男は省みる。

「しかし、どこかにその事柄の本質、その現象の示している意味を発見する糸口があるのは間違いない。そのためにその現象を全体の状況のなかで位置づけてみるという作業をしないと、より深い報道というか、本質に突き当たった真実の情報が読者に伝わっていかないことになるんじゃないか。

菅生事件の報道の場合でも、単に戸高という消えた警官を捕えた、あるいは被告人が無罪になったということで終わったんじゃ事件の本質に刺さった報道にならないわけで、なぜ警察官がそんな山村へ潜入してまで国家権力によるそのようなフレームアップ、組織的な権力犯罪を起こしたのかが、全体状況のなかで位置づけられ、明らかにされていく、そういう報道がないと意味がなかっただろうと思う」（『夢追い人よ』）

新体制

全国紙脱退による財政危機を回避したものの、ほっとしている間はなかった。共同経営陣はあらたな難問に直面する。なりを潜めていた共同労組が賃上げ要求、労協改定などをかかげ、はげしい攻勢に出た。

昭和31（1956）年4月、組合は賃上げ要求で1時間のストを決行した。7年半ぶりのストライキだった。

社は中労委に斡旋をもとめた。ストのあと斡旋案プラスアルファで妥結したが、組合に甘すぎると理事会で非難された。

松方三郎は切り札を切る。労使協調路線である。対決をつづけても、ことは解決しない。労使間の懸案だった労協問題を昭和33年の春闘で決着にみちびいた。

「この労働協約の特色は、何といっても労働条件をはじめ一切の問題について、事実上『組合の同意』を必要とするという基本精神が盛り込まれたことだ。さらに組合の考え方を織り込んだ編集綱領が決まり、労協の条文に入れられた。あたらしい編集綱領は『編集権は経営者が握っている』という占領下での考えから抜け出して、組合と社との間で協議して決められたところにも大きな意義があり、新聞界の中でも注目された」と共同労組も懸案解決を高く評価した。

編集綱領の協議は、一字一句まで議論し検証するという徹底したものだった。

その努力の一端をのちのちまで伝えたいと、当時労組役員だった中村泰次が「実に熱心な話し合いがあり、思い出も少なくない。ここでは基本的な点について報告、当時の〝心〟を伝えたい」とその思いを書きのこした。

共同通信の前身である同盟通信は国家に奉仕し、戦争に協力し、その目は国民ではなく、国に向けられていた。いまだに世界には中国の新華社、ロシアのタス通信といった国営通信社が存在していることから見ても、これは通信社の宿命なのかもしれない。労使間の話し合いは、共同の前身である同盟通信が国策通信社であったことへの反省が出発点となった。

「『日本国民を代表する国際通信社』とか『国民が関心を持つ真実のニュース』といった表現はそのような思いの結晶であった。国民（NATION, PEOPLE）、国家（STATE）、政府（GOVERNMENT）の概念の相違についてては時間をかけて随分話し合った。ナショナルインタレストを『国民の関心』と読むか『国家の利害（国益）』と解釈するかで意味するところは全く異なってくる。『真実』『事実』についても検討した。こうした、論議、検証を経て、文脈が組み立てられ、一字一句が煮詰まっていった」と中村は書いた。

「各社の綱領によくある不偏不党、中立、公平、公正といった表現がないのも特色である」ともいう。こうした言葉は時代によってブレてくる。立場によって解釈がちがってくる。ダブルスタンダード（二重基準）である。あいまいな言葉を極力さけ、編集綱領が制定された。

共同通信は、その前身である同盟通信の戦争責任について封印したまま出発し、今なお封印を解いていない。編集綱領制定の話し合いは国策通信社の反省から出発し「国民が関心をもつ真実のニュースを伝える」という理念を宣明した。非公式であるにしても戦争責任についての総括だったとも言えるだろう。

懸案は解決したものの労使間の緊張は松方三郎の意に反して高まるばかりだった。

共同労組の攻勢はいよいよ、はげしくなる。闘争スケジュールは春夏秋冬に設定されていた。春の賃上げ（春闘）、夏の補給金闘争、秋の賃上げ（秋闘）、暮れの補給金闘争が年中行事となり、ストを構えながら社を追いつめる。共同労組はボーナスを補給金とよんでいた。ボーナスというと、いかにも、よく働きましたね、これはご褒美です、といったニュアンスがある。毎月の給料だけでは生活できない。それを埋め合わせるのが補給金だというわけだった。

昭和33（1958）年の暮れのボーナス闘争では12月2日に3時間のストを手はじめに、以後5日夜まで計64時間56分の共同通信史上最大のストライキを決行した。

松方三郎はストライキには手を焼いていたようだ。

「ただ組合がだんだん強くなってストライキをやり始めるので困っていた。ストライキはきらいだったし、組合交渉は一番いやがっていたんじゃないかな」と殿木圭一は証言している。

秘書の佐藤智子も松方三郎の苦衷を書いた。

「ベースアップ、ボーナスと年四回のストが慣例となってしまった共同の、結果がどうであろうと経営者として冷酷になれぬ彼の弱さ、仕事を愛し、部下を愛し、共同をとりまくきびしさを知りながら、どうすることも出来なかった胸中を、悩み苦しみを表に出せぬ性格を、どれだけの社員が知っていたのだろうか」

組合の要求はつねに「3社並みの賃金を！」だった。

朝日、毎日、読売3社並みの仕事をしているのだから賃金もそれに見合うものを、これが組合の論理だった。しかし財政負担の多くを担っていた3社が共同通信から脱退し、共同の財政状況はきびしいものとなっていた。組合の要求はよくわかる。だが社の台所事情を理解してほしい、賃上げしたいが、金がないのだ。こうした問答のくりかえしだった。のちのことだが、社は経費節約のため、2本一組となっている蛍光灯を1本外したこともある。みみっちい話だが、それが共同通信の財政事情だった。

翌34年2月、思い切った手をふたたび打った。新体制の発足である。

それまで3人の常務理事による局別担当制を廃止し、局の仕事は局長が全面的に負うこととなり、常務理事は専務理事を補佐するだけという事実上のタナ上げだった。

もう一つの柱が編集局の再編成と総務制の廃止だった。内信局、外信局、整理局の3内局を編集局に一本化し、総務制をやめて局次長とする。そしてかつての組合役員を登用し、さらにレッドパージのさいに対峙した斎藤正躬を編集局デスクに据えた。

手はじめは春闘だった。

組合側の賃上げ要求にどうこたえるか。社側は妙案をひねり出す。34年度予算には全職員一人あたり平均2000円の増給が組み込まれていたが、非組合員である社側職員の給与改定を我慢してもらい、これで浮いた原資を賃上げにまわした。当然のことではあったが、社側職員の不満はつのった。『共同通信社の二十年』はこう書いている。

「あるものには社の姿勢にたいする疑惑を深め『新体制』への批判を強める結果になった。五月の理事会においてもこの措置にたいして一、二批判のことばがあった」

『共同通信社50年史』も「ところが、当の管理職の中にはこの措置に不満を持つ者が現れ、5月の理事会でも『管理職の犠牲において組合員の給与改定を行うべきではない』と指摘された」と書いている。

春闘をのりきったものの、社内に不満分子をかかえる結果となった新体制は、秋のベア問題や年末闘争ではやくも、つまづく。

秋のベアは組合の要求をほとんどのんだ形でおわり、理事会では「組合の要求がそのまま通った形となったのはたいへん遺憾」「共同の労務対策はあまい。いま少し強力にやって欲しい」など批判が噴出した。

つづく年末のボーナス闘争では、労組は12時間のストを社に通告した。新体制派の幹部は、通信社の使命であるニュースの流れを止めないためにも労組の要求をのむべき、と進言、0・1カ月分を上積みし、ストを回避した。

この上積みは理事会の意向にそうものではなく、12月16日の理事会に「理事会の意向に沿いえなかった責任を痛感している」と進退伺いをだす。理事会は松方三郎退席後、秘密会にきりかえ協議した。会長の広中伝二（西日本新聞社社長）は松方三郎に辞表提出をもとめ、常務理事岩本清の専務理事昇格をきめた。新体制派の全局長も専務理事岩本に辞表を提出し、松方三郎の労使協調路線は崩れ去った。

共同再建の原動力として力を注いだ新体制はわずか10カ月足らずで挫折したが、辞任の意思はなかったと見てよいだろう。理事会に辞表ではなく、進退伺いを出したことが、それを物語る。しかも任期はまだ残されており、新体制は発足したばかり。その実を見とどけたいという思いを胸のうちにしまっていたであろう。

「(辞任の) 理由は、最近の年末手当問題、少しさかのぼれば秋のベア問題が中心であるが、必ずしもそれだけではない。記事の偏向問題などについても最近いろいろいわれていることはご承知の通りだ。専務理事は理事会に対立することはできないが、時には考え方が食い違って難しい立場にぶつかることもある」と文書であいさつし共同を去っていった。

理事たちは、松方三郎の言によれば「理事会に出る人は、大部分は新聞社でたたきあげた人ばかり」である。それぞれが地方経済界の枢要の地位にあり一国一城の主だ。いずれも確固たる経営理念をもち、理事会の席上で共同の経営陣にきびしい要求を突きつけていただろう。理事会はおそらく苦痛に満ちた場所だったにちがいない。

そうしたなかで東京タイムズ社長の式場隆三郎は異色の存在だった。精神科医だったが、「白樺派」の作家たちや柳宗悦やバーナード・リーチなどと親交をもち、貼り絵画家・山下清の才能を見出し、物心両面からささえた人物だ。昭和23年に公職追放を受けた岡村二一の後を引き継ぎ社長をつとめていた。松方三郎は、「白樺派文化」を共有する式場に親近感をいだいていた。

式場は理事たちの「組合対策があまい」「記事が左翼偏向にすぎる」などきびしい意見や注文に見向きもしないで黙々と机の上の原稿用紙にペンを走らせていた。

「共同は今年で創立二十年になるが、式場さんみたいな理事は後にも先にもたった一人だった。ぼくの立場からいえば、何十人の理事の中に一人、式場さんみたいな理事があったことが、どのくらい有難いことであったか。今でもその場の光景を思い出しながら、式場さんのことを懐かしく思うのである」（『式場さんの想い出』）

川崎造船所のストライキのさい、思い切った労務政策で争議を解決した義父・幸次郎の豪腕が頭をよぎったのではないか。幸次郎はワンマン経営者であった。思い通り経営の腕が振るえた。共同の経営は、これとはまったく異なる経営環境だった。頭の上に理事会が重しのように乗っていた。「専務理事は理事会に対立することができないが……」という言葉が、それを物語る。組合主義通信社の宿命といってしまえば、それまでだが、無念の思いがのこったであろう。

秘書の佐藤智子は最後の日のすがたを書きとどめた。

「やめる松方さんは、明るく、自分で本を縛り、書類を整理し、額をはずして退散の準備をする。『有難う』の一言を残し、十数年住みなれた市政会館を、後もふりむかず去っていった」

松方三郎が去り、編集局長岩本清が専務理事に昇格し、常務理事の局別担当制が復活した。共同内部では「この異動が職場全体へのロコツな反動攻勢のあらわれであることはあきらかである」（日本ジャーナリスト会議共同支部機関紙「ジャーナリスト」22号　１９６０年2月5日）と受け止める者も少なくなかった。

河北新報の社長、一力次郎は理事会の長老格、松方三郎とはともに軍部を批判した間柄、去りゆく松方三郎に謝意を表した。

「松方氏はその半生通信社で過ごされ、戦後は専務理事としてまっしぐらに通信社を指導してこられた。（略）これまでに通信社を発展させられたことは一に松方氏の人柄によるものと思う。世界に類例のない通信社を育てられた松方氏を誇りと感謝をもって送りたい」

辞任の理由

しかし辞任の背景は、労使協調路線の破綻だけではなかったようだ。正史からは削除される事情がうごめいていたにちがいない。『追憶文集・松方三郎』の座談会のなかで殿木圭一が、それを示唆している。

「共同の組合は、世間なみに実力行使をどしどしやるようになって、松方は三たび危機に見舞われた。それに経営上の困難も伴って、松方はついに背水の陣を敷いた。三十四年のいわゆる新体制である。この新体制、初めはうまくいったようだが、結局裏目と出て松方は共同をやめなければならなかった。その辺のいきさつは、いろいろ差しさわりがあって詳しく述べることが出来ないが……。」と口をにごしている。

同盟通信時代の後輩、中屋健一は、いかにも喧嘩っぱやい。

当時は西洋史を講じる東大教授、松方三郎辞任後すぐさま筆をとり、文芸春秋（1960年2月号）に「松方三郎がアカと言われる時代——松方専務理事の辞任で明るみに出た共同通信をめぐる新聞通信界の内幕」の題名で書いた一文で、共同理事会を批判するとともに共同社内の、いかにも人間くさい動きをバクロした。

『共同通信社50年史』はただ「共同理事会を批判した」と書くのみで辞任劇の背後にある、権力争いや欲望にまみれた、さまざまな人間ドラマを封印している。しかし、中屋は容赦なくかつての先輩、同僚たちに批判のことばを投げつけた。

「去る十二月十七日の東京のある新聞に一段で次のような簡単な記事が掲載されていた。

『共同通信社は十六日午後第百三十一回理事会を開いて、松方三郎専務理事の辞表を受理、後任に岩本清常務理事を選任した』

これは単なる一通信社の首脳人事の更迭にすぎないことかも知れない。しかし、共同通信社というわが国最大且つ有力な新聞組織が任期満了を待たずに、専務理事の更迭を行ったということには、何か特別の理由があるに相違ない」

特別の理由とは何か。新聞業界紙「新聞之新聞」12月18日号はつぎのように解説する。

「〃松方専務理事を退陣させる計画が、かなり以前から進められていたようだから、これは一種の陰謀ではないか〃、とする見方もあり、この見方の裏付けとして松方専務理事は、責任を感じたからこそ進退伺いを出した。もし最初から身を退かなければならないものであれば、進退伺いではなく最初から辞意を表明したに違いない。常識的にいって松方専務理事は辞意がなかったといえる、進退伺いが受理されて、あとから辞任届を書いているのをみればわかる。だから前々から松方排撃の動きがあったと思える」

年末手当0・1カ月分の上積みでストライキを回避したとき社内に妙なウワサがばらまかれた。

「〃松方はアカだ、アカだから労組に協力している〃という噂がばらまかれたのはこの時であった。

何でも自分の気に入らないもの、反対するものに対して、〝アカだ〟という一声できめつけてしまうことが、いかに乱暴であり危険であるかはいうまでもない」と中屋は言葉の暴力を糾弾した。

そして「年末手当で理事会を無視というのは単なる口実であり、松方氏から筋の通った説明を受けて〝総評が来年四月までに、朝日とNHKと共同を乗取る〟というデマに乗じ、〝松方はアカだ〟という宣伝で、追出しを策したのだと見てよい」

「もう一つ、〝社内不統一〟の責任という松方追出しの理由もばらまかれたようだ。それは確かにある程度事実だ。しかし、それは通信社というものの公的な使命を忘れ、自己保身に憂身をやつしつつある多くの幹部社員と通信社をして外国通信社と対等に持って行こうと考えている松方氏や少数の幹部たちの意見対立と、定年を間近に控えた老朽記者のサラリーマン化が松方氏の気に入らぬ存在になったことによるものであろう」

かつて在籍した社の先輩たちの権力をめぐる人間くさいドラマだけではなく、通信社の理念を忘れた理事会を中屋は批判する。

朝日、毎日、読売の全国紙3社の脱退によって地方紙の発言力が強くなった。

岩永裕吉や古野伊之助が理想として描いた通信社像は国家代表通信社《ナショナル・ニュース・エイジェンシー》だった。松方三郎は、その継承者だった。外国からのニュースを受けるだけではなく、日本のニュースを外国にむけ発信する。

だが、地方紙にとっては外向けのニュースは余計なもの、そんな余裕があるならば分担金の減額に回すべきだというのが、地方紙経営者のいつわらざる気持ちだったろう。わが社の通信社《マイ・ニュース・エイジェンシー》で結構という通信社観だった。

「金は出来るだけ出さずにニュースだけはたくさん貰おうというのが、ここ一、二年目立って来た傾向だといえる」

と中屋は書き、さらに続ける。

「共同が現在行っている海外への国内ニュースの放送などは、地方紙にとっては無用の長物ということになりかねない。そういう無駄な金を使うのなら、自社の共同に対する分担金を減らすべきだと考える地方紙もないわけではない。海外へ共同のニュースを送ることによって、海外の通信社からのニュースも改善されてゆくのであるが、近視眼的な地方紙の経営者には、そういうことは全く理解出来ないようである」

そして最後に「今回の問題は根本的に考えて見ると、朝日、毎日、読売の三社が、昭和二十七年十月以来共同通信社を脱退したことに因を発するといっても差支えない」と三社脱退を批判する。脱退によって共同通信は経済的打撃を受けただけではなく、ナショナル・ニュース・エージェンシーとしての威信を著しく傷つけることになったことがより重大だ、と指摘し、三大紙が共同を脱退した瞬間から三大紙自身も自らかつて日本の大新聞としての地位を捨てて、地方紙と同じレベルの競争に入ったというべきである、と言う。

かつては朝日の緒方竹虎、毎日の高石真五郎などの大新聞人は、通信社育成のために大いに努力したが、今やこういうジャーナリストは極めて少数になってしまったようで、NHK会長の野村秀雄氏はその数少ないジャーナリストの一人だった、という。

「松方専務理事の辞任を招いた共同通信社の現理事会の方向は、始めからこれらの世界通信社に伍して国際場裡に打って出る気概に欠け、共同通信社をして狭い日本の国内だけを対象とし、対外活動を無視する小通信社の地位に止めようとするものであって、そこには何らの発展性も期待することが出来ない」

「今や地方新聞の狭量な利己主義の下に左右されようとしている共同通信を救う途は、朝日、毎日、読売の三社が完全復帰すること以外にはないと私は考える」

と中屋は主張した。

中屋は血気さかんな人物だった。

昭和13年秋、中国華南の情勢がにわかに逼迫し、福岡誠一は香港出張を命じられた。先に出張していた北支総局長の松方三郎が香港ホテルに滞在していた。

ある日のこと、松方三郎がホテルに中屋を呼び出して説教していた。

「松方君がいつになく、厳しい顔をして、こっぴどく叱ったことがあった。何でも、中屋君が持前の癇癪を起こして朝日新聞の連絡員をぶん殴ったためであった。中屋君はマニラで上院議員に鉄拳を加えた前歴があり、朝日は聯合の有力な組合社であったから、ここらでお灸をすえておかなければ、というところであったにちがいない。中屋君もこのときばかりは神妙にかしこまっていたが、今となってはほほえましい想い出である」と福岡は述懐している。

「松方専務理事という人物は、今の日本には数少い国際人であり、小さなリュックサックを肩に、片手でタイプライターをさげて、自分の家の前の通りを歩くようにニューヨークやロンドンの町を歩ける人である。世界各国の新聞通信界の首脳者とも対等に友人づきあいの出来る貫禄と才能の持ち主である。共同通信社の国際的地位を高め、かつて同盟通信社が故岩永裕吉、古野伊之助両氏の下に、世界の大通信社の列に伍したことを忘れてはいない人なのである」

と中屋は退任を惜しんだ。

中屋は昭和23年、東大講師をへて、同37年教養学部教授となる。専門は米国史、登山が趣味であり、日本山岳会理事、日本ペンクラブ理事をつとめた。

レッドパージで共同を追われた小椋広勝も『権力と新聞の自由』のなかで批評した。

「注目すべきは、組合への譲歩＝アカ＝追放という考え方とビヘイビアが新聞界にますます定着しつつあることである。松方氏はGHQの指示によって、われわれを追放した人である。この人がアカといって追放されるところまで事態はすすんでいるのである。（略）新聞界と新聞でどうしてこのようなことがおこなわれるのだろうか」

組合との協調路線は「アカ」だという論理の野蛮な飛躍の犠牲となったといえよう。

社員たちの松方三郎への思いは強い。

『共同通信社50年史』は「戦後の物資欠乏の折、リュックサックに弁当箱を入れ、赤坂霊南坂上の自宅から歩いて通う。旅に出ると、リュックサックにいっぱい本を入れて、好んで3等車（当時の普通車）に乗った。理由を聞かれると『2等に乗ると知ったヤツがいて、本が読めないからネ』と答えた。松方の『知ったヤツ』は大変に多く、交友関係は多趣味を反映して多方面にわたっていた。登山家として知られ、日本山岳会会長を2度務めた」と書きとどめた。

家族や社員たちは『回想——共同通信50周年』や『追憶文集』にそれぞれの思いをのこした。

「そのころ、単車に乗っていた私は、いつものように日比谷公会堂の楽屋口前で、愛車を磨いていた。そこへふだん着のようなラフな服装をした初老の人が近づいてきて、単車に触りながら『君！なかなかいい車じゃないか』『おじさん！　危ないから触っちゃだめだ』『分かった、分かった、頑張れよ！』。こんな短い会話を交わした。その直後、先輩から『専務の松方さんだぞ』と教えられ、冷や汗を流した」（有賀昭吉）

単車はハーレーダビッドソンと並ぶオートバイの名車、英国製のトライアンフだった。

酒も煙草もたしなまなかった松方三郎の楽しみは食べることだった。専務理事付の運転手をつとめた岡田喜助は回想している。

「松方さんは食べものやおいしい所をよく知っておられた。銀座の吉田（日本そば）、築地の江戸銀、上野の蓮玉（庵）、溜池の大福屋、四谷の鯛焼（これはしっぽまであんこが入ってる）、NHK（内幸町）の裏にあったスパゲティ、銀座二丁目の天竜（元関脇、中華料理）など。ここでは天竜さんが松方さんのお帰りになる時いつも『先生今日の味はどうですか』ときかれる。そんな時に塩かげんを注意されていたことを、何回か聞いたことがある。須田町にあるやぶそばには時々行った」

「この食道楽の父の為に母は嫁いでから三十年以上もお料理の稽古に通い続け、その腕前は抜群で、いつも父や私達子供も舌つづみをうつおいしい料理を作ってくれた。（略）お正月といえば暮に必ず肩にリュックサックをかけて一人で雑踏の築地市場に買い出しに行った。いつもおでんの材料を沢山買いすぎて、せっかく重いリュックを背負って帰ってくるなり、母に叱られていた。おでんの他に、栗きんとんや伊達巻をそれは沢山買って来てくれた。（略）父は〝うにごはん〟の発明者ではないかと思う。あたたかいごはんをお茶わんについで、真中に穴をあけ、バターとねりうにを入れてまぜ、のりを巻いて食べる。これは本当においしくだれでも何膳もおかわりをして食べる」（長女・友子）

「松方三郎専務理事（当時）の家族が赤城山ろくの友人宅に疎開していて、その家財を運ぶため見えられた松方さんをお世話したこともある。例の野人型の下駄ばきにリュックサックを背負って来た松方さんに、帰りにジャガ芋を持たせてあげた一幕もあった」と前橋支局長だった桃井幸吉は回顧した。

　松方三郎はいつもリュックを背負っていた。

　昭和26年9月、サンフランシスコで対日講和会議が開かれた。共同も特派員団をくみ、取材合戦に参加した。そのおり、欧米の通信社を歴訪していた松方三郎がふらりとサンフランシスコに立ち寄った。古めかしい空のリュックを背負っている。

「何かいい本があれば買いたいと思ってね」

　串田孫一は「歴程」に「黄色い傘」と題し書いている。

「虎の門の近くで出会った時には『立山』へ行くか、と言って、そういう名前のレストランへコーヒーを飲みに入った。ビルの地下にあって、この立山は登らずに下るんだと言われた。丸善の店の中でも出会ったが、雨の、煙るような降り方をしている日の銀座で、横断歩道をわたって行くと、向うから、もうそろそろ外套を着てもよさそうな寒い時なのに、ワイシャツの腕をまくりあげ、小学生の使う黄色の傘をさしておられた。毎日会っている仲間のように私に『やあ』とひと言いってすれちがって行かれたが、私は息の詰るような親しさを投げ掛けられた想いだった。そして振り返えると、松方さんの黄色の傘には、ひよこが三匹ついていた」

耳の会

松方三郎の人間像を語るうえで欠かせないのは「耳の会」だ。

「松方さんを囲んで会を持とう」と言い出したのは草野心平だった。

心平の回想によると、昭和23（1948）年ごろのある日、銀座の「たくみ」でたまたま松方三郎に出会った。ふたりはそこの中二階にある「門」という喫茶店でコーヒーを飲みながら雑談するうち、どっちが言い出したか「毎月一回、日を決めてここで会おうや」ということになった。

「ほかの人を誘ってもいいが、それはそっちで決めて」というので、心平の周囲にいる詩人や哲学者、画家など名だたる野人が集まり、耳に快くひびく話しをしようではないか、とそんな趣旨から始まった会だった。

「会の名前を考えようや」と心平が言った。「耳の会」では、と島崎蓊助が提案し、それに決まった。耳という字づらが心平の気に入ったものらしい、と島崎は回想している。

島崎は戦争の響きが聞こえはじめた若き日、上高地の常さんの小屋に3カ月も居候をきめこんだ。そのとき初めて松方三郎の名を聞いている。

「ボクにはまだ面識のない人ではあっても、曽ての常さんの話から親近感の持てる人だった」

島崎蓊助は島崎藤村の三男、川端画学校に通うがプロレタリア美術運動に参加、その後はベルリンに留学するものの絵のほうはそっちのけで千田是也らと共産主義運動に熱中した。昭和3年に帰国、同19年招集され、陸軍報道班員として中国戦線に送られた。昭和十年代の半ばの初夏、小梨の花が真っ白に咲きそろう季節に山に入り、常さんの小屋に3カ月ほど居候をした。常さんは本名、岡野常次郎、河童橋のちかくに小屋をかけ、ふるさと飛騨の柴犬とともに五十年もの間、イワナをつったり山案内をしながら山にこもり続け、浮き世ばなれした山人だった。山本茂実の『喜作新道』にエピソードが紹介されている。

秩父宮が勢津子妃とともに北アルプスに遊んださい、案内役をつとめた。そのさいのことである。こともあろうに勢津子妃を「おかみさん」とよんだ。秩父宮は皇位継承順位第二位だ。お付きの人はあわててしまった。当時は不敬罪が存在した時代だ。

しかし常さんにはとっては人様の女房は身分の上下・貴賤の区別なく、すべては「おかみさん」だったのであろう。いちどは教えられた通り「ヒーデンカ」と口にしたものの「おかみさん」にまた逆もどり。「常さんはおかみさんでよろしい」という秩父宮の一言で丸くおさまった。

常さんが島崎に思い出話をいろいろしてくれた。

「愛犬のわずかな気配で外界のことが知れる。誰か来る、この勘に狂いはないが、ある吹雪の日にひょっこり松方さんが訪ねて来た日のことを話した。入口の板戸がカタカタ鳴ると、冬山に遭難者が出るか、何か不吉な知らせが多いものだそうだが、好いしらせにも犬は敏感なものだそうだ。常さんをしたって小屋を訪れる人は多いが、松方さんには特別の感情をもっているように思えた。仔犬が生れたら差し上げる約束をしていたがあいにくその年に限って流産しちゃって、と残念そうにしていた。山の歴史を共有する間柄というものは、長い体験から、山の息づかいを的確に察知する研ぎすまされた鋭い感性も共通のもので、常さんにとって、『話せる』相手の一人が松方さんだったようだ」

島崎が松方三郎に面識を得たのは、その数年後、耳の会の席上だった。

会のはじめから参加していた坂本徳松は「話は時事閑談が主で、論旨は穏健であったが、話し方にまる味があり、ふっくらとして豊富であった」と「歴程」に回想をよせる。

坂本は国際政治の評論家、日本ベトナム友好協会を創立したり、アジア・アフリカ人民連帯日本委員会、日本カンボジア友好協会理事長などをつとめた。『ローザ・ルクセンブルグ』の評伝や『ネール　平和と独立の指導者』『ガンディー　真理のたたかいとインド解放』などの著書がある。

会場は何回か変わったが、最後は赤坂霊南坂の松方邸になった。

「会がはじまる前に、松方さんから山の話、アルプスの今昔談を聞き、あるときは岸田劉生の麗子像その他、河上肇の書軸など、目の方の楽しみも多かった。マルクスが編集長をした『ライン新聞』の最終刊号の赤刷りも、はじめて松方さんにみせてもらった」

米を一食分と会費少々を持ち寄った。あるときご馳走にすき焼きがでた。盛り皿も取り皿も、一式すべて益子焼、みた目にゆたかで、あたたかであった。酒をのまない松方三郎だが、心平や会員たちのために酒を用意した。酒席がたけなわになると棟方志功の土の香り高い「弥三郎ぶし」の名調子が出たり、心平の「十六ささげ」も出たし、高知出身の坂本は「よさこい節」をどなった。

みなの都合もあって、そうたびたびの会合もむずかしくなり、年に一度にしようや、となった。けっきょく毎年一月二十三日午後四時に松方邸に集合することがきまった。これは心平の発案で「一、二、三、四」と語呂よく憶えられるからだった。「一、二、三、四」と心にはずみをつけながら、毎年のようにホテル・オークラわきの霊南坂をのぼるのは楽しかった、と坂本は回想した。

父子二代にわたる会員の陶伊凡は振り返る。

「親爺も（あの世）二十年ぶりに出遇った松方さんに〝やあ、しばらく……〟と例の皮肉な調子で、〝うちの息子が私の墓を造ってくれるんですって？　松方さん　本当ですか……〟等と話しているのではないでしょうか」

北原白秋の甥の山本太郎はいちばん、歳若い会員だった。心平がときどき山本の書を評し揶揄した。

「太郎の書は松方と同じくらい下手だが、下手なりにおもしろい」

山本は「ぼくの書はいつわりなく小学生の手習いにすぎないが、松方さんの「書」なら、これは年齢というものの、おのずからにじみでた、ケレンのないマロヤカなものだ。禅機などという下手をよそおった風もない。ともかく自然体なのである」と書いているが、その自然体は『追憶文集・松方三郎』の題字に用いられている。

「純日本風の松方邸には、当然の如く洋の東西を問わず一級の芸術品が、これまたこの家の主同様、少しの仰々しさもなく、落着いて飾られていた。〝眼福〟というおみやげまでついていた事になる。更に、この会の馳走はコハクの美酒と、いかにも明治びとをおもわせるスキヤキ鍋と決っていた。

（略）松方三郎さんの顔も（よそゆきのそれは知らぬが）〝耳の会〟のまんなかで、いつも満月のように笑っていた。あの慈眼と、松方さんより前に亡くなられた夫人の清楚な挙措はいまでも僕の眼底にはっきり残っている。集うものが、おおかた野人といえる連中。つまり世界を自己流に渡る人達だった事も、松方さんの志向を象徴していたのかも知れない」

松方三郎の人となりを簡潔に要約した山本は二十代の前半だった。東大独文科卒後、詩誌「零度」をへて「歴程」同人となり、第一詩集『歩行者の祈りの歌』を刊行。昭和45年『覇王紀』で読売文学賞受賞。昭和50年『ユリシィズ』『鬼火』で藤村記念歴程賞を受賞した。

「耳の会」の顔ぶれをみると心平の趣向もあったろうが、いずれの面々も正統から距離をおき、反俗の精神の持ち主だったのも松方三郎の意にかなう選択だったろう。

エベレスト南壁

報道の世界から身を退いたものの席を温めているひまはなかった。

昭和37（1962）年4月24日、2度目となる日本山岳会会長に就任、43年4月8日退任し、三田幸夫に引きついだが、大きな責務が肩にかかっていた。日本山岳会宿願のエベレスト登頂である。

日本山岳会がエベレストに取り組んだのは昭和38年だった。この年、エベレスト登山を申請し「1966年登山」の許可を得た。エベレスト委員会を設置、実行委員メンバーも決まり、さあ、いよいよという段階になった。ところがネパール政府が昭和41（1966）年春、突然ヒマラヤ登山の全面禁止を打ち出した。

登山禁止の措置が解かれたのは昭和44年のこと、さっそく松方三郎が2月10日カトマンズに飛びネパール政府と折衝した。すぐに許可がおりた。大塚博美を中心に準備に取りかかった。大塚はマナスル登山隊に三次にわたって参加した日本山岳会きってのヒマラヤ通だった。

牛乳会社で粉乳を袋につめるアルバイトをしていた植村直己が大塚によびだされた。

「ドングリ君、これからエベレストへ偵察に出てくれないか」

ともに明治大学山岳部の先輩、後輩のあいだがら、である。ドングリは植村の学生時代からのあだ名だった。

エベレスト初登頂は１９５３（昭和28）年5月29日、ジョン・ハントを隊長とする英国隊のエドモンド・ヒラリーとシェルパ、テンジン・ノルゲイによって果たされ、スイス隊、中国隊、アメリカ隊、インド隊がつづいた。英国隊はネパール側の東南稜から登頂し、スイス隊、インド隊も同じコース、中国隊はチベット側の東北稜から、アメリカ隊は東南稜と西稜の2ルートからそれぞれ登頂を果たした。

エベレスト山頂につづく山稜には東北稜、東南稜、西稜の三つがある。これが、すべて登攀されてしまった。残されているのは「壁」からの登攀だ。当時の登山界は、岩壁を直登する時代に移っていた。日本の若い、先鋭的なクライマーたちは夏であれ冬であれ、果敢にアルプスの壁に挑戦していた。アイガー、マッターホルン、グランドジョラスの三大北壁を登りまくっていた。

アルプス三大北壁が登られたからには、残された目標はヒマラヤの８０００メートル級の岩壁直登しかない。ヨーロッパの登山隊は岩壁直登のルートにねらいを定めていた。

ネパール政府の登山禁止解除のおかげで、日本にヒマラヤの岩壁直登の先陣をきる、またとない機会がやってきた。これを逃す手はない。

「登山の持つパイオニア・ワークとしての要素から考えると、従来の東南稜からのノーマルルート経由で登頂する計画だけでは納得出来ないものがあった。（略）70年の春に南壁を登攀し頂上に立つ。これをサポートするため東南稜からサポート隊が頂上に向かい、そこでランデブーする、というものであり、簡潔であるが、大胆で力強く、70年代の日本のバイタリティーを象徴するにふさわしいものであった」（毎日新聞『エベレスト』）と大塚博美は書いている。

大塚は植村に言った。

「エベレストの南壁、世界未踏の大岩壁から登頂しようという計画なんだ。その可能性がはたしてあるか否か、調べてきてもらいたい」

偵察隊のメンバーは隊長の明大山岳部ＯＢの藤田佳宏のほか、植村、菅沢豊蔵、いずれも明大山岳部出身者、それに加え、立教大山岳部出身の毎日新聞記者の相沢裕文の4人。

昭和44（１９６９）年4月23日、羽田を出発、5月18日ベースキャンプに到着、アイス・フォールを突破し5月27日、高度６４００メートル、南壁の基部に達した。偵察隊はそこでスケッチをしたり、登攀コースを検討し、南壁登頂の可能性ありと報告した。

8月2日、第2次偵察隊のメンバーが発表された。目的は南壁の試登、どこまで高度がかせげるか。

隊長は宮下秀樹、副隊長は田辺寿、中島寛、佐藤之敏、小西政継、井上治郎、植村直己、大森薫雄のメンバーだった。

8月20日、羽田空港を飛び立ち、9月12日にはクーンブ氷河の上にベースキャンプを設置し、10月1日、南壁下部６６００メートル地点に前進ベースキャンプ（ＡＢＣ）を設けた。

10月5日、南壁に取り付く。ザイルをのばし、尺取り虫のように一歩一歩、高度をかせぎキャンプを設営しながら当初の目標である８０００メートルをめざす。

10月31日、午前9時、７５００メートルに設営した第5キャンプを出発。岩壁に固定されたザイルをたどって正午に前日の到達点７８５０メートルにたどりついたころ、南壁はすっかり深い乳白色のガスに包まれていた。山頂まであと１０００メートル、第２次偵察隊は所期の目標を達成した。

翌45年1月、本隊のメンバーが発表された。総隊長松方三郎、登攀隊長に大塚博美ら30名の大部隊である。隊員のほとんどが日本山岳会の会員で大学山岳部出身者で占められていたが、社会人山岳会所属の先鋭的なクライマーである山学同志会の小西政継、伊藤礼造、第２次ＲＣＣの吉川昭の３人が名をつらねる。

エベレスト南壁遠征隊の全員がベースキャンプに集結したのは同年4月11日だった。

植村直己は述懐している。

「4月11日、総隊長松方三郎さんが中島道郎ドクターとベース・キャンプ（ＢＣ）に到着した。七十歳になられる、きれいな白髪の松方さんは、稀薄な空気がさすがにこたえるのか、顔色はあまりつやもなく挨拶するにも呼吸が荒そうだったが、総隊長の声に接して、やはり一同の気持は引き締まった。松方さんはその後、食堂前の広場に椅子を出して腰をかけ、双眼鏡でじいっと観察していた。『アイス・フォールはなかなか厳しいもんだね』と一言、われわれに言われた。その厳しい関門を私たちは突破していよいよ南壁に向かおうとしている。松方さんの一言は私に勇気を与えた」
（『エベレストを越えて』）

70歳の５０００メートルは壮年の８０００メートルに相当するといわれ、ＢＣまでの登りに酸素マスクを装着した。「隊長が一番先に酸素を吸っちゃ申し訳ない」と言ってたそうだ。

エベレスト遠征にでかける前の話である。第一銀行の頭取、酒井杏之助がある夜、能狂言を観に行ったら松方三郎にばったり出会った。

「あなたはじきにエベレストに行かれるのじゃないですか」と聞いたら、

「ええあさって出かけるんです」と落ち着きはらっていたそうだ。

4月5日、三浦雄一郎のスキー隊のシェルパ6人がアイス・フォールを登攀しているさい氷の橋が陥没し死亡した。

スキー隊はエベレストからのスキー滑降をめざし、エベレスト登山隊と同時に入山していた。さらに9日登山隊のシェルパのひとりがアイス・フォールを突破中、落下してきた氷のブロックに直撃され、クレバスに転落し遭難死した。

暗い事故つづきで松方三郎がベース・キャンプに入ったころ、隊の雰囲気は沈みきっていた。

そんなある日のこと、ベース・キャンプの食堂で宴会が開かれた。

「さあ、きょうはひとつ陽気にやりましょうや」と言ったのは中島寛だった。中島は一橋大OB、第2次南壁偵察隊に参加し8000《メートル》に到達している。

「隊長、どんな歌からか、まずリクエストして下さいよ」

「そうだな、じゃあ……。〝黒猫のタンゴ〟を歌おうじゃないか」

皆川おさむが歌った当時のヒット曲だった。意外に若々しい曲の選定に食堂テントに集まった隊員たちがわいた。

アイス・フォール突破に苦闘する隊員を双眼鏡で見守っていた松方三郎は4月15日、エベレスト南麓の山村、クムジュンに下山した。

4月17日、登頂メンバーの割りふりが発表された。南壁隊はリーダーの小西以下10人、東南稜隊はリーダーの松浦輝夫以下16人。大塚隊長は南壁を優先するということではなく、並行して東南稜から登頂する、とつけ加えた。植村は東南稜隊だった。

登頂メンバーがきまり、難所にザイルを固定したり、食料やキャンプ資材の荷上げなど登攀への準備作業がつづけられた。だが、またも悲運に見舞われた。

4月21日、成田潔思隊員が高度障害でたおれ、第一キャンプで体調をととのえていたが突然、心臓麻痺で死亡した。28歳の若き隊員の死に登山隊は動揺した。

たび重なる悲運に打ちのめされた大塚隊長のもとに松方総隊長からの手紙がとどいた。成田隊員の火葬のこと、遺骨の大きさのことなど、こと細かに指示し、

「朝からエヴェレストを拝んでいるが、新雪が積もっていくのが気にかかる。気象台長〈長田隊員のニックネーム〉がついていることだから大丈夫と思っているが、ここにいると全体の動きが全くつかめない。あと一カ月兄等の健康を祈ってやまない。あわてずに、しかし機会はつかむこと。

クムジュンにて

四月二十七日

三郎」

「私はこの手紙を手にして、松方さんの暖い心遣いに思わず泣けてしまった。〈略〉登山のリーダーはいつでも孤独できびしい決断をせまられるが、エヴェレストでは最後に甘えて泣けることが出来たのは幸せであった。修羅場のなかにあって、松方さんは仏さんであった」

悲しみにくれている余裕はない。東南稜隊のルート工作はつづく。5月9日、サウス・コルに6

人用テント二張りの第５キャンプを設営、翌10日、８５１３メートルに最終キャンプを設けた。頂上まで余すところ、３００メートル。

11日、絶好の日和となった。雲ひとつない。午前６時10分、松浦輝夫と植村は真っ赤な30メートルのザイルを結び出発した。南峰につづく雪稜をたどる。

真下は何千メートルの奈落の底である。しかし、アイゼンの爪はよく利く。２時間弱で南峰のピークに達した。

「今までにない速いスピードだ」

９時10分、松浦につづいて植村が頂上に立った。

だが、南壁隊は苦闘を強いられていた。

４月16日、６６００メートルに前進キャンプを設営、17日には小西、中島寛、吉川昭が７０００メートルの通称軍艦岩に達した。26日、７２５０メートル、27日には７５００メートルと着実に高度をのばす。しかし、第４キャンプの建設もまだなされていなかった。ルートの困難もあったが、キャンプを上へ伸ばそうにも荷揚げをサポートする人手に不足していた。小西の孤軍奮闘のありさまだった。

５月６日午後２時、７５００メートルに達した。前年の秋、張ったオレンジ色のテントは落石でズタズタになっていた。古いテントをひきはがし、２人用のテントを張り、第４キャンプを設営しそこでひとりぼっちの夜をすごした。

しかし、７５００メートル以上のルート工作は一人では仕事にならない。吉川昭に第４キャンプまで上がってもらい、５月８日、落石に見舞われながらも二人は一歩一歩、高度をかせぐ。

「虚空にとびだした身体のバランスはもう限界だった。指先がもう何度岩から離れそうになったことか」

小西の苦闘は、もはや極限状態、死との対峙だった。この日かせいだ高度は２００メートルに過ぎなかったが、酸素ボンベのバロメーターはゼロを指していた。

５月10日、加納巌、嵯峨野宏が小西組を引きついだ。小西パーティーが固定したザイル３本に加え、さらにザイルを伸ばし７８５０メートルの分岐点に達した。ここは、その後の南壁登攀隊の行動をみれば成功、不成功の分岐点だった。右ルートは雪田につながり、左ルートはガリー（急峻な岩溝）となっている。前年の小西・植村パーティーは右ルートをとり８０００メートルに達している。加納パーティーはそのまま南壁を直登して左方に向かい８０５０メートルの高度に達した。だがザイルを使い果たし、ここで力つきた。

１９７５年９月24日、クリス・ボニントンを隊長とする総勢17人のイギリス隊が南壁（南西壁ともいう）からの初登攀に成功した。翌76年、ボニントンはその登頂記録『エベレスト南西壁』（原題Everest the Hard Way）を出版した。同書にはボニントン隊がいかにサポートに全力をあげたかが詳細に記録されている。

たとえば、第４キャンプは７２２０メートルの地点に設営されたが、ボックス型テント５張りの豪華なもの。設営にあたった人数も４人である。小西がたった一人で２人用のテントを張った日本隊とは比較にならない。キャンプへの荷揚げに動員された高所シェルパは実に33人で、８３２０メートルに設営された頂上アタック用の最終第６キャンプまで荷揚げしたシェルパは６人を数える。クムジュン出身のミンマとよばれる23歳のシェルパは4回も第6キャンプに足を運んでいる。

　日本隊は第6登をなしとげた。

「日本初の登頂」のタイトルはのこるにしても国際的には注目されたわけではなかった。それよりはむしろ、失敗したとはいえ偵察隊および本隊による南壁登攀の実績が高く評価されている。

　ボニントンは『エベレスト南西壁』日本語版序文のなかで日本隊に感謝の意を表した。

「登山とは、各世代が他の体験から学び、その上に築き上げていくことによって、進歩が得られるスポーツである。この『エベレスト南西壁』がそれを示している。わたしたちの成功は、過去五回にわたる遠征に負うところが大きく、なかでも一九七〇年春と一九七三年秋の日本隊からは、多くのことを学び、秋に登山すべきことを教えられた。

　本書は、南西壁への試みの最終章となるべきものである。わたしは、わたしたちの仲間、とくに日本の仲間たちが、本書の多くの部分を構成していることを、読みとっていただければ、と思う」

　イギリス隊は分岐点から左ルートをとり、クーロアールを抜け、その上部に第6キャンプを設営、上部雪田を横断し南峰から頂上に達した。

　ボニントンは日本隊の失敗について以下のように分析している。

「一九七〇年の春、日本隊が非常に強力な遠征隊を編成して再びこの岩壁にやって来たとき、彼らはこのチムニーを最善のルートとして選んだが、ロック・バンドのすぐ下の岩場にほとんど雪がなく、第五キャンプの設営が困難だったため、南西壁の登頂に失敗した。それに、雪が少なかった結果、落石もはげしかった。日本隊が失敗したもう一つの理由は、おそらく同時に二つのルートを試みる決定を下したことだろう。一方のルートが困難になってくると、どうしても楽なルートのほうへ傾きがちなものだ」

「東南稜からの登頂には成功したものの、未踏の南壁を断念したことで、隊員の心が一種の敗北感にさいなまれたのは事実である」と隊員の毎日新聞社会部記者、佐藤茂は『エベレスト』に書いた。

「計画の全部について目的を達したわけではないが、両度にわたって登頂に成功したことは、いろいろな条件を考えに入れれば、まぎれもない大きな成果であった」（『エベレスト——一九七〇年』）と松方三郎は総括した。

登山史はパイオニア・ワークの歴史だ。エベレスト登山史から見れば第6登にすぎない。

「しかしこの南壁上を８０５０メートルまで詰め得たという事実は、今後何時、まただれが、この南壁からの登頂に成功するにしても、永久に忘れられることはないだろう」と松方三郎自身が言うように、この事実がエベレスト登山史上に残る業績だった。ボニントン隊が８０００メートルまでは日本隊の切り開いたルートをほぼ忠実にたどり、頂上に達している。

大塚は昭和23（１９４８）年明治大学を卒業したものの、もっぱら山ばかりの生活、三次にわたったマナスル登山隊にも参加し、就職することなんてまるで頭になかった。

昭和33（１９５８）年暮れ、松方三郎を訪れた。

「テレビ局に就職したいのですが」

「よしわかった」

その場で日本教育テレビ（現テレビ朝日）開局準備室の松岡謙一郎に電話をかける。

「謙ちゃん、テレビにはフィールドワークができる人材が必要だよ」

謙一郎は松岡洋右の長男、昭和16年、東京帝大を卒業し同盟通信に入社、社会部に配属された。在籍のまま海軍に入隊し、東京・築地の海軍経理学校にかよった。太平洋戦争がはじまるとサイゴン司令部に派遣され、昭和18年末には海軍省にもどり、報道部員をつとめた。

帝大に在学していたおり、李香蘭にファンレターを出したのがきっかけで、李香蘭とのつきあいがはじまる。

「桜の季節が終わりかけたころ、夜の青山墓地を歩いた印象が強くのこっている」（『李香蘭　私の半生』）

食事はたいてい赤坂の「瓢亭」だった。京都南禅寺瓢亭の分店、歴代の総理や文化人に愛された高級日本料理店である。店に入ると女中頭のお時さんが気をきかせて人目につかないように上手にさばいてくれて一番奥の部屋に案内する。食事がおわると裏口から別々に出る。

「私は心のどこかで求婚を望んでいたと思うが、松岡さんはついぞその気配を見せなかった」

謙一郎は戦後、岡村二一が創設したサン写真新聞に入り、その後はテレビ界に転じた。

面接試験は新橋にあった日本教育テレビ局開設準備事務所だった。

旺文社の赤尾好夫社長、東映の二所宮文雄専務、文化放送、朝日新聞の関係者らが立ち会った。

松方三郎が、大塚の定職にもつかず山に入れ込んだ生活について説明する。

「それじゃ、キミ、ニコヨンとかわりないじゃないか」

と二所宮専務が笑う。しかし、就職は即決した。当時、日雇い労働者の日給が240円だったので

「ニコヨン」が、その代名詞となっていた。

同盟時代、二人の接点はほとんどなかった。おそらく謙一郎のテレビ時代に交渉をもったのであろう。松方三郎は昭和28年8月、郵政省電波監理審議会会長に就任し4期12年つとめており、松岡謙一郎は日本教育テレビの開局準備室時代からテレビ界に入り、取締役編成局長、映画局長、副社長を歴任した。

植村直己は昭和59（1984）年2月、単独で冬季の米アラスカのマッキンリー（デナリ、6194メートル）に挑んだ。クレバス滑落にそなえ長い竹ざおを腰にくくりつけて、慎重のうえにも慎重を期して頂をめざす。2月12日午後6時50分世界初のマッキンリー冬季単独登頂に成功、しかし翌13日午前11時、テレビ朝日チャーター機との交信で「えー、きのう。7時10分前にサウスピークの頂上に立ちました」と登頂を伝えたあと、「現在位置を教えてください」「2万、2万、2万フィート」という声を最後に消息を絶った。

その前年の9月、植村は共同通信をおとずれ、冬季単独登頂計画を、社会部デスクの横川和夫、社会部員の兼村博に打ち明けた。このときの模様を兼村は「回想　共同通信50周年」に書き残している。

兼村が「植村行方不明」のニュースを聞いたのは南極取材帰路の観測船「しらせ」の船上だった。まだ「生死不明」。だが、兼村は「そうだったのか……。これは消極的自殺だ」との思いにかられたという。

計画を話したあと「成功するまで書かないで」と植村はいう。「なぜ?」といぶかる二人に「自信がない」と答え、さらに「捜索費1000万円の保険に入った。遭難してもだれにも迷惑を掛けたくない」とつけ加えた。

「頭の中には、次の足運び、次の動作のイメージがあるのに、体がその通りに動かなくなった」という年齢（当時43歳）を強く意識した言葉。その言葉の裏に「世界の植村」への期待の重圧も感じられた。

「いつもの植村さんと違う」との印象がのこった、と兼村はしるした。

猫と魚の関係

敗戦後のモノ不足の時代、東京・赤坂の霊南坂の上にある松方邸は日本山岳会の新年会の会場となった。

日本山岳会の役員有志が集まってゆっくり飯でも食おうじゃないか、これがことの起こりだったという。それぞれが配給の米一合を袋に詰めて持参する。2回目は「旧友会」と名乗って集まった。3年目は、別段、名乗りはなかったが、何とはなしに牛鍋会となった。

「いつも初めは美術を論じ文学を論ずる。床の間の軸をみて、鉄斎だの劉生だのと、一人前のところから始まる。しかし鍋がぐつぐついいだして、お神酒が少々まわりだすと、話題もぐっとくだけ、かつ支離滅裂になってくる。鍋はいつも五つは用意するから、宴たけなわとなれば、その賑わいは相当なものだ。テレビが現われたころは珍しがって、みんなで春場所の打出しまで眺めたこともあった。そしておわりは何人かがふらふらになり、何人かが、そのふらふらの介抱をしてお引き取りに相成るというわけだ」（松方三郎『山で会った人』）。

ある年は大雪となった。海抜40メートルの霊南坂を登らなくてはならない。「ほかのご連中ではないから、山靴を着用に及んでいそいそと現れた。釘を打った山靴の時代の最後のころのことだ」

稚気愛すべき山岳人の集まりだったのであろう。多い年は30人を超え、少ない時でも20人ちかい集まりだったという。

松方三郎の生涯と山は切り離せない。中学生のとき富士山にのぼり、いらい山と向き合ってきた。富士登山は100回を超えるという。冬の富士山にのぼるなんて、だれもが考えなかった時代に富士登山をこころみた。冬期富士登山のパイオニアだった。

山にのぼるという行為は考えてみれば、なんと愚直な行為であろうか。ふもとから富士山頂まで達するに5万8374歩を要すると計算した人がいる。その5万8000歩あまりを一歩一歩、頂上をめざし歩を重ねなければならない。だが、愚直と笑われようが、バカなと罵られようが、それしか方法はない。王道はないのである。

背中に衣食住のすべてを、くくりつけ、ふうふう言いながら山道をたどる。死ととなり合わせになることさえある。ヨーロッパのさる御婦人がウェストンに言ったように「山をのぼるなんて、おつむの少々おかしな人がやることとじゃございませんか」ということになる。

では、どうして山にのぼるのか。なぜエベレストにのぼるのか、ときかれ、マロリーが「そこに在るからさ」と答えた話は有名だが、松方三郎は「このマロリーの回答が一向回答になっていないことはいうまでもない」と書いている。エベレストから帰って来たハントが、何度か同じような質問を浴びせられ、そんな質問をされたり、それに答えたりする面倒のないところに行きたいからさ、と答えたというエピソードも紹介している。

要するに答えはないのである。

そこで、松方三郎は言う。

「たとえば一匹の猫が食卓の上の魚に心をひかれて、思わず手を出すという、あの気持は、理屈では説明できない。猫にきけば、そこにそれがあるから、というに相違ないのだが、猫としては次の瞬間に頭をたたかれると百も承知していても、手はもう魚の方にのびているのだ。手だけではない。身体中がその魚に吸いつけられて行くのを何ともできないというところなのだろう。山も似たようなものだ。これは理屈でも何でもない。それ以前のものだ。だから論理の世界で説明しようとすると無理がでるのである。山にのぼった人間ならばこの気持はわかるのだが、いくら偉い大思想家でも、ルソーやラスキンには通じないかも知れない。

ただし、そういったからといって、マロリーのいうところの、そこにそれがあるからさ。などという文句を、何か哲学的に高尚な内容をもつものであるかのように、後生大事に抱えこんで、考えるほどのものではない。魚と猫の関係だと思えばいいのである」（『古い山の仲間の集いから』）

「それから富士山じゃ、ずいぶんケンカしたな。松方が山岳会の会長か副会長しているころ、富士山にケーブルカーが引かれるって新聞に大きく出た。そのため彼のうちに夜通し新聞社から電話がかかってきて寝られなかった、というわけでぷんぷんしていた。もちろん松方は富士山のケーブルカーには猛反対だったので、僕は少しからかってやった。『そりゃあ、あなた、時代逆行というもんだ。富士山なんてケーブルが引かれたら僕も登るけれども、それまでは絶対に登らない』ってね、そしたら、怒ったね。怒る必要はないね。登りたくない人は登らなきゃいいんだから」（殿木圭一

『追憶文集』）

富士にかかわるエピソードが『手紙の遠足』に残されている。

「そういえばぼくのうちなどでも、時々思い掛けない手紙を手にすることがある。どうしてこんな宛名の書き方で、無事に届けられたのかと、受取った方が首をひねるような奴が舞いこむのである。今までにぶつかった一番の傑作は、

Mr. Saburo Matsukata

Mt. Fuji,

Tokyo, Japan

という奴だった。（略）

それにしてもよくこんな宛名でうちに来たものだと、いまだに不思議なのである。

多分それは、アメリカのユードル長官と富士山に一緒に登った直ぐあとのことで何か向うの新聞に記事が出たので急にぼくのことを思い出した相手が、勘違いして書いたものらしいので、それにしてもマウント・フジは目茶だ。何か頭の中でこんがらかっていたのだろう。

驚嘆すべきはそれをぼくのうちと睨んだわが郵便局である。何もぼくが富士山を独占しているわけではなし、浅間神社の神主でもないのによくも見つけ出したものだ。

ぼくはいまだにこの不思議な出来事を思い出すのである。そして何かほのぼのとした気持になるのである」

共同通信在職中もそして退社後も、さまざまな会の役職に就いた。

追憶文集『松方三郎』の巻末に死去前の役職リストが記載されている。51にのぼる。

山岳関係では、
日本山岳会名誉会員
英国山岳会名誉会員
日本山岳協会会長
国立公園協会評議員
日本自然保護協会理事
シルクロード・ソサエティー理事
民芸・美術分野では、
日本民芸協会会長
東京民芸協会会長
日本民芸館館長
株式会社たくみ取締役
国立西洋美術館評議員会副会長
意外なと思われるのは、
実験動物中央研究所理事長
心臓血管研究所理事
癌研究会評議委員

など、多彩な役職に就いている。

殿木は「戦後の新しい社会は三郎さんのような人物を必要としたのであろう。（略）六十歳で共同を辞任したあとの十四年間は『無職』を自称しながらも『国際世話業』に専念し、（退職）前後を通じ関係をもった団体はおそらく百をこえたのではないかと思われる」と回顧する。

2度にわたる日本山岳会会長をはじめ、日本山岳協会会長、社団法人共同通信社顧問、財団法人新聞通信調査会理事、4期12年間におよぶ電波監理審議会会長、町名地番制度審議会会長、住居表示審議会会長、実験動物中央研究所理事長、国際ロータリークラブのガバナー、ボーイスカウト世界委員会委員、同日本連盟総長、文部省放送大学準備調査会会長、日本民芸協会会長などはその一例で「どんな順序でこれを記したらよいかもわからない」と殿木も少々あきれ顔である。

松方コレクション

三郎の兄であり、また養父ともなった松方幸次郎は、一時代を築いたすぐれた経営者だった。

神戸川崎造船所の経営に腕をふるい、また、そのかたわら創刊されたばかりの「神戸新聞」の社長を数年間つとめた。神戸新聞は有力な地方紙として今なお発行され、「ジャーナリズムの弾圧は文化の破壊だ」と警察に抗議したことばは記者たちの心にのこされている。幸次郎は「美の遺産」だけではなく「知の遺産」をも遺した。

川崎造船所はその後、川崎重工業という大企業に発展する。その生涯をかけて経営した川崎造船所は戦艦「伊勢」「榛名」など日本海軍の多数の軍艦を建造したものの幸次郎がかつて学んだ米国との戦争で、そのすべては太平洋の藻屑となった。

だが余技ともいえる数々の美術コレクションは国立西洋美術館をはじめ、ブリヂストン美術館、大原美術館などに収蔵され、多くの人々を惹きつけ、魅了している。いまでは経営者としてではなく、松方コレクションの松方としての名を残すのみ、である。

松方三郎は言う。

「人生のアイロニーとはこんなことをいうのであろうか。芸術は永く、人生は短し、などという言葉が、何となく思い出される。言葉の本来の意味ではそのままは当てはまらないにしても」(『民芸・絵・読書』)

幸次郎は大正初期から昭和はじめにかけ、イギリス、フランス、ドイツなどで西洋の絵画、彫刻、日本の浮世絵を収集した。絵画はセガンティーニ、ドーミエ、マネ、ピサロ、レンブラント、モネ、ルノワール、ゴーギャン、ゴッホなど、彫刻はロダン、浮世絵は歌麿、写楽など。収集品の全貌は明らかではないが、美術品はおよそ2000点、浮世絵8000点といわれる。

幸次郎は美術館設立の構想をもち、その名称まで決めていた。「共楽美術館」という。美術は私物ではない、皆で共に楽しんでこそ、その価値が輝く。名称にはそんな思いがこめられていよう。

ところが昭和2(1927)年の金融恐慌の影響で川崎造船所の経営が破綻し、負債整理のため、私財を提供せざるをえなくなり、国内に収蔵していたコレクションは散逸してしまった。

いっぽう国外にあったコレクションも悲惨な目に遭った。ロンドンに保管されていた、およそ300点といわれるコレクションは1939年火災で焼失し、パリに保管されていたコレクションは戦後、フランス政府により押収されてしまう。

「とにかく、松方幸次郎所有の絵画約三百点、それに彫刻約七十点がパリに残っていたのである」(『民芸・絵・読書』)

戦後フランスから返還されたものの無条件ではなかった。ゴッホの「ファンゴッホの寝室」をはじめ、クールベ、ゴーギャン、ロートレック、セザンヌなどの作品がフランスに留めおかれた。返還についてフランス政府は注文をつけた。作品を収蔵する美術館をつくれ、という注文である。

ところが当時は予算引き締めの時代だ。文部省の1億5000万円の予算案は5000万円しか認めてもらえない。

「そんなときのことだ。あれは一体どうしたんだ。政府に金がなくて出来ないんなら、おれ達みんなで集めようじゃないか」と言い出したのが式場隆三郎だった、と感謝の念をこめて書いている。

そして「松方氏旧蔵コレクション・国立美術館建設連盟」ができ、美術館建設への足がかりとなる。

昭和44（1969）年、秋の生存者叙勲で松本重治ともども勲一等瑞宝章を受章した。

「松方さんが勲一等を授与されたとき、親授式が皇居で催され、それには正式の礼装でなければ出席出来ないそうで、普通、新聞発表があると、デパート、或は高級洋装店は競って授賞《ママ》者のもとへかけつけ新装をうながすということだ。しかし松方さんのところにはどこからも声がかからなかったそうだ。それもうなずけることで、あれだけの地位と、世界の広い人だけに当然誰もが、その程度の用意はあると考えたらしい。（略）ところが松方さんはそういった礼装は持っていなかったそうである。

松方さんは或るデパートの貸衣装室にのこのこ出掛けて行って礼装一式、借りるべく予約したそうで注文帳にサインしたところ先客欄には、同時に受賞された御親戚の方の名前がサインしてあったといって一同大笑いになったことがある。貸衣装を着て、天皇陛下から勲章を授かった人もめずらしいのではないだろうか」（高村規「歴程」）

御親戚の方とは松本重治である。

長男の峰雄も『父をしのんで』のなかで書いている。

「父の死後、青山さんという父の晩年の身の回りの世話を願っていた婦人より、実はといって小さな紙きれを見せられた。それは、父が叙勲のため皇居に赴いた日の紙くずかごの中から出て来たという一片の紙片で、彼女が捨てずに大事にしまっておいたものだった。

それには、

ご所の秋　父母に見せたや

借り着姿に勲一等をつけ

と、その日の慶びの心境が走り書きでうたってあった。普通だったらこのようなことをする父ではない。余りやりつけないことをやったので、きっとテレくさかったのだろう。結局は紙くずとして捨ててしまったのだと思う。しかし、父にとってこの受賞が大変嬉しかったことだけは間違いのないところである」

三女の八枝子は当時の日課を「歴程」にしるした。

「朝六時半前後に起床。まず紺のトレーニングパンツをはき、犬供をひき連れて富士山の見える橋まで散歩。ほんの五分も歩けば目的の橋なのだから、決して犬のための散歩とは言い難く、目的は富士山にあることは明白である。その日の富士がどの様に見えたかを日記に挿絵で記している。（略）。散歩から帰宅後ひと眠りして、一時間程朝の運動をする。足を使うことの少なくなった最近の生活の運動不足を解消するため、動かない自転車をこぐのである。（略）自転車で一汗かき次にシャワーを浴びる。初めはお湯と石けんで汗を流し、自分の下着を洗い、水をかぶって総仕上げ。

これは夏も冬もなく一年中続けられた。シャワーでさっぱりするとやっと朝食である。朝食をわりと簡単に済ませ、ネパールで手に入れた自慢のショールダーに何やら入れて家を出る。（略）父のことだから用事の合間をみては本屋・古本屋・事務用品店を歩き回っていたことだろう。こういった店に入ると一時間やそこらでは出て来られなくなり、揚句の果て本を数冊あるいは事務用品の新しく出たものを手にしている」

昭和46年8月17日、東京プリンスホテルで第23回ボーイスカウト世界会議のさよならパーティーがおこなわれた。松方三郎はホスト国の総長として世界会議をとりしきった。午後7時、世界委員会議長の感謝のあいさつが終わり、宴に入ろうとしたとき、それまではニコニコしていた松方三郎の顔が急に蒼白となり、テーブルに崩れるように倒れ込んだ。救急車が来て、担架で運ばれる途中、突然目をあけて「心配するなよ、俺はまだ生きているよ」と、いたずらっぽい目を向けてきたという。

東京慈恵会医科大学附属病院に入院、11月胃部手術。翌47年3月退院し、11月5日明治神宮会館で挙行されたボーイスカウト結成50周年記念式典に参加し、元気なすがたをみせ、参列者一同は「これで松方さんは全快した」と喜んだ。

昭和48年2月24日、病状再発、慈恵医大病院に入院、いったんは退院したが、4月18日、再入院した。入院してまもなく「麗子住吉詣之立像」の記念切手が発売された。毛糸で手編みした紅白、黄、青に彩られただんだら模様の肩掛けを羽織り、ぼんぼりを手にさげた、いかにも愛らしい姿……。

「麗子住吉詣の記念切手を不帰の客となった病床で見た三郎さんは、感慨ひとしおのものがあったにちがいない」と殿木圭一が書いた。大正11年の制作、個人所蔵のため目にする機会は少ないだろう。これが劉生との今生の別れとなった。

そんなある日、植村直己が見舞いにおとずれた。

植村は昭和47（1972）年9月、グリーンランド最北端の村シオラパルクに入りエスキモーと共同生活をはじめ、翌48年3月、3000キロの単独犬ゾリ旅行を敢行、成功した。冒険行の報告もあったろう。

「三郎さんは気分よさそうに直己に声をかけ、かつてエベレストの頂に立った直己はその隊長に敬礼してグリーンランドから帰った報告をした。三郎さんは左手をのばした直己の記事がのっている新聞を引き出して細かい質問がつづき、直己の説明を面白そうに聞いているのでわたしはうれしかったが、外に出た直己はやつれた隊長の様子に顔をくもらせていた」と病床に最後まで侍した佐藤久一朗は述懐した。

5月29日……。朝から小雨もよう、むし暑い。梅雨ちかしを思わせる天気だった。富士のすがたも雲につつまれ見ることもできない。この朝は気分はよかった。昔日のさまざまな思い出が頭のなかをかけめぐる。病床に臥していた老友、嘉治隆一に一通の手紙をしたためた。

「お手紙有難う。ちょっとおなかの造作修理などをやっていたので（一日の大半手を縛られたような状態だったので）御礼が大変おくれて失礼……。ぼくとしては、自分の生きて来たよい時代をそのまま子供に譲ることは出来ないにしてもその何程かを伝えたい。これが今後の仕事だと考えている……。でもお互いによい時代に生れ、よい友人に恵まれたものだとつくづく思う。もう一度人生をくり返えすことがあってもまずこれ以上は望めぬかも知れない。その点でせめて子供達のこれからの人生をもっと豊にしてやることができたら有難いというのが、近頃の念願である。不自由な身体で頑張るのは容易ではあるまいと重々お察ししてはいるが、やっぱりオヤジなんていうものは、たとえねていても居たほうがよいのじゃないか知ら?

とにかくご自愛を祈る。生死のことは神様まかせ。これは誰も同じことに非ずや?」

嘉治あての手紙に「生死のことは神様まかせ」と書いてはいたが、手紙には死の予感はなかった。しかし、その後、病はすすみ、同48年9月15日死去した。享年74だった。

9月19日、文京区の東京カテドラル大聖堂での告別式には2000人を超える人々が参列し、故人の余徳をしのばせた。

通夜の席だった。心平が言った。

「追憶の文集を三郎さんの霊前にささげてはどうだろう」。「三郎に親しかった友人たちもともよりみんな同じ心であった」と松本重治は追憶文集『松方三郎』のあとがきにしるした。藤島敏男、福岡誠一、草野心平、福島慎太郎、松本重治が世話人となり翌49年9月15日、株式会社・共同通信社から発行された。表題はただ『松方三郎』とあるだけ、虚飾をきらうひとがらを象徴した簡素な装幀、360頁。

「三郎の著書を読む人にも、右に述べた遺稿集を繙く人にも、また正伝を書く人々にもこの追憶集が併せ読まれることがあれば、三郎の成育、風格、実績、趣味等も多少は理解され、何となしに、人間三郎を印象づけることになるのではないだろうか。これは、世話人たちの念願ではあるが、編集し終わったわれわれには、『群盲大象を撫でる』感なしとしない。しかし、それは、なんともいたし方がない。わるいのは世話人や、執筆者たちや編集に協力していただいた人々ではなく『イヤ、どうもありがとう。あんまり心配なんか、するなよ。わるい張本人は僕なんだよ』と、天上でずた袋を肩にかけて微笑しながら、われわれに呼びかける三郎の姿が見えるようだ」と松本重治は「あとがき」にしるした。

「……山についての文章も含まれていて、故人の旧稿に再会できるのが、懐かしく、うれしい。(略)。この追憶文集は『松方三郎』をより深く、広く知る手がかりとなるものである」と島田巽は日本山岳会の機関誌『山岳』(435号　1974年12月)で紹介した。

島田巽は、朝日新聞記者、欧米部部長、論説副主幹をつとめている。昭和5年、日本山岳会に入会、理事、評議員をつとめてきた。著書に『山・人・本』などがあり、エドモンド・ヒラリーの『わがエヴェレスト』(原題　High Adventure)を松方三郎と共訳した。

心平は追憶文集の出版を待ちきれず、主宰する詩誌「歴程」はA5版、50頁の小冊子ながら、昭和48年12月号を特集「松方三郎追憶」と題し、全頁を会員らの追悼文でうめ、みずから追悼の詩をよせた。

「この号だけとび入りで自分が編輯することになった。御通夜の晩、一周忌までに三郎さんを追悼する意味での単行本を出すことに大体話はまとまったが、(中略)歴程ではそれとは別な意味での追悼号を出そうと思いついた。思いついたらなんとなく直ぐやりたい気持ちになり、朝になると早速そのことに取りかかった」

追悼文は家族のほか松本重治、尾崎喜八、棟方志功、串田孫一ら主として「歴程」の同人や「耳の会」の会員たちだった。

棟方志功は真情あふれる追悼の文を寄せた。

「ああいう方でありましたから、どう申しことも、何と云ひ様も無い——たゞ、いつまでも、いつまでも生まに拝んでいたたい方です。本当のモノばかりの方も、こうして居なくなるといふことは、そういふからだは無くなっても天には、もっともに、明るい、明かりがある様になった事です。そうなった事でせう！」

尾崎喜八が訃報を耳にしたのは「死と隣りあわせの生を病院のベッドの中で危うくつなぎとめていた」ときだった。「……彼は、元来人間が大きく、腹も広かったにちがいない。物事に拘泥せず、他人に差別を置かず、悠然と生きて誰からも愛され、敬われていた松方君は、私の知る限り本当の意味の自由人だった」と追悼した。

「歴程」1973年12月号

松方三郎追悼

草野心平

三郎さんが死んだ。

独り蒼灰。
ぼんやり畑にでたら白いテッセンが一輪狂い
咲いているのでそれをとりステレオの上におい
てある高村豊周作蠟銀の壺に生けた。
武蔵野の林のなかの養魚場にゆき白と黒との
まんだらの品格のある鯉を買った。
三郎と名づけた。
ピオ・アンブロジオ・松方義三郎死す。
泳いでいる三郎よ。
お前もいづれは死ぬのだろうが永生きしてくれ。
三郎さんにかわって。
永生きしてくれ。

「松方三郎は私にとって栄養分をふんだんに含有した稀有な存在であり、松方三郎のあとに松方三郎はない。いまとなってはその栄養分を自分なりに摂取することが、この稀有な人物を追悼するたった一つの方途だと思っている」
心平が松方三郎に贈った最後のことばだった。

終章

「登山家という言葉は英語でいえばマウテンニアということになるが、この言葉は本来『山間に生活する民族』という意味なので、これがいま言うように登山家に当てられ出したのは極めて新しいことだ。だから登山家はどこまで行っても、幾つになっても、この本来の性格を持って歩いている人種なので、結局都会生活の中では異邦人で終わる他はない」と松方三郎は書き、みずから異邦人と称した。

松本重治はこの中に松方三郎の本音が出ている、と追憶文集『松方三郎』巻末の座談会で語る。それを指摘したのは荘原達だった。松本重治も同感し「考えてみれば彼は都会生活では、うまいものを食う以外に興味がなかったんだよ。『異邦人』の自意識は、三郎のいろんな姿勢を説明し得ると思われるよ」

「だから彼は政治を論じ、経済を論じ、教育問題なんかに触れる場合にも多少デタッチした気持ちで書いていている。自分が渦中に飛び込んでいって対決するというような姿勢ではなかった。彼は異邦人だよ。そういう意味では……」と論評している。

デタッチ、つまりは一歩身を退く姿勢である。それが端的に表れているのが帝大新聞に寄稿した満州事変を批判した評論であろう。真っ向から軍部を批判するのではなく、批判論を展開する横田喜三郎の論調に賛意を表するというスタイルだ。河上肇が共産党に入党したとき「先生はぼく達をおいてきりぼりにして政治運動に投じ、共産党員になってしまわれた」と嘆じた。研究室から実践へとひた走る恩師について行けず、一歩身を退く姿勢がここにも読み取ることができよう。「君は面と向っては余りものを云わないやうだが……」と河上肇から言われたこともある。

また東京帝大大学院に籍を置いたさい、教授間のはげしいイデオロギーの対決を避けて「経済地理学」という無色の講座を選んだことでも、それがうかがえる。

異邦人という自意識はおそらくはカミュの『異邦人』を意識したことであろうが、異邦人には、単なる外国人、異国人とは異なるニュアンスがある。疎外されたもの、である。『異邦人』は思想や行動が既成の社会規範からいちじるしくかけ離れているが故、社会から弾きだされる不条理の世界を書いたものだが、松方三郎の自意識はこれとは異なっていたように思われる。幼少の時代、養母から疎外された痛切な体験が原点になっていた。疎外されたものが向かうところは山であり、美の世界だった。

「自然の美、山の美、民芸の美、絵や音楽や詩の美しさ、若者や子供の美しさに憑かれたような面が、三郎の生涯を通じてあった。（略）美しいものの引力を人一倍感じたのではなかったか。欧米を旅行しても、どこでも彼は暇さえあれば、あらゆる美術館に行った」と松本重治は言う。

松方三郎の生涯を通じて言えることは、絶えず安息の場を無意識のうちに求め続けていたことだろう。山や美術館は異邦人が安息できる数少ない場所の一つだったにちがいない。共同通信の理事会で理事たちからきびしい言葉を投げかけられるなかで、ふと目を上げると式場隆三郎が原稿用紙にペンを走らせる姿をみて、やすらぎを覚える。いっときの安息を感じたであろう。

とはいえ異邦人という一語だけでは全体像を評しきれないのも、また事実である。

松方三郎の通信社時代は十五年戦争やそれにつづく敗戦後の激動期と重なっている。異邦人といっても通信社に身を置いては傍観者を選択する余地はなかった。いやでも時流に向き合わざるをえず、時流に流されてしまう。満州国通信社のレーゾンデートルを熱っぽく語り、汪兆銘に真珠湾攻撃の写真を贈り、時代の流れに共感し、レッドパージにさいしては、その執行の立場に立つなど異邦人に徹し切れなかった姿もうかがえる。

激動の時代に知識人たちが、その時代にどう向き合ったか。三神真彦は『わがままいっぱい名取洋之助』のなかで「こうした状況のなかでの人間の生き方には、反抗、沈黙、服従、順応、便乗、協力、参加など、さまざまな方法がある」と説く。時代に対応する行動様式を評価するモノサシであろうが、時代に逆らえば投獄か死があるだけのなかで、おおくの知識人たちは沈黙し、服従し、順応し、そして便乗、協力、参加していった。

松方三郎がおのれを語らず自画像を封印した。松方三郎はいつもリュックを背負って歩いていた。おそらく、その中には自画像というジグソーパズルの空白を埋める沈黙のピースがしまわれていた、とするのは思い過ごしであろうか。

松方三郎は岩波書店の創業者、岩波茂雄を「おじさん」と親しみをこめて呼んでいた。岩波もはじめて会ったときから飾気のない率直な、この青年に親近感をいだいていた。岩波と河上肇の仲違いを松方三郎が「知っているから来たんだ」という一言で修復したのも、ふたりの間の信頼感の深さを語っていよう。

中島岳志は『岩波茂雄』のなかで、岩波の生涯を読み解き「リベラル・ナショナリスト」と評している。岩波は『資本論』の出版に出版人としての生涯をかけ、そのいっぽうでは吉田松陰全集を出すことを念願した。思想の混乱ともみえる気概は、しかし岩波の志のなかでは決して矛盾したものではなく、「『吉田松陰全集』を出す心持ちとマルクスの資本論を出すことに於いて出版者としての小生の態度に於いては一貫せる操守のもとに出ずる事に御座候」と岩波を論難した蓑田胸喜あての書簡のなかで書いている。

中島は「岩波はナショナリストであることとリベラリストであることに、常に意識的だった。彼にとって両者は一体の存在であり、相互補完的な関係にあった」と評した。

松方三郎も乃木将軍を敬愛し、東洋思想の深奥を説いた大拙や「武士道」を著した新渡戸稲造のあくまで日本人に徹した心に共感し、また汪兆銘に真珠湾攻撃の写真を贈ったところを見れば、そこにはナショナリズムへの傾斜がうかがえるが、むろん偏狭な愛国者ではなく知の系譜が物語るようにリベラリストでもあった。松方三郎と岩波茂雄の間にはこうした気脈が通じるところがあり、松方三郎もまたリベラルなナショナリストだったと言えよう。

三郎に身近に接していたハル・松方はつぎのように評した。

「三郎は、戦後の日本に中産階級社会を成立させるのに一役買った新しい世代の代表のように私には思われる。彼は、父正義のような建国の士でもなければ、兄幸次郎たちのような自負心の強い誇り高き貴族でも、実業家でもなかった。彼はつねに自分を庶民の一人と考え、青年時代に培った思想の流れに従い、会社勤めをし、日本や世界をよりよくしようとできる限りのことをした。彼は私の知る人々の中で、最も民主的で気取りのない心の持ち主であり、今日の日本に見られる平等主義社会のよい意味での典型のように思えるのである」

（完）

あとがき

満州事変につづく日中戦争、太平洋戦争は日本にとっては負の遺産であった。戦後70年をすぎた現在でも中国や韓国から歴史認識を求められ、極東裁判史観に代表される、戦後のさまざまな史観のなかでは、常に否定の文脈でしか語られていない。この十五年戦争で繰り返されてきた日本の行為は「侵略」であり、「悪」であったとする史観、いわば断罪史観ともいえるが、歴史の一面の真実を語ってはいるものの、しかし、この時代のなかで生きてきた人びとの時代への共感、あえて言えば「お国のために」あるいは「日中平和のために」という使命感は歴史の一頁から拭いさられてしまった感がある。

日中戦争のさなか、汪兆銘との和平工作の一端をになった松本重治にしても犬養健にしても、こうした史観にたいし、喪失感を抱いたと思われる。

「……私の回想録は、東亜の一大悲劇たる日中戦争が惹き起こされた最大の原因が、当時の日本人の多くが、中国人の気持ちを理解し得なかったことにあることを私なりに書きたかったのである。（略）当時の少数の日本人が中国人に愛情をもち、彼らを正しく理解し、したがって正しく行ってきたことの意義を、今こそ評価すべきであるということである。現象的な歴史の表面においては、そういう少数の日本人は、ほとんど足跡を残していないが、ほんとの歴史は、書かれざる歴史を含んだものでなければならぬと、つくづく思うからである」と松本は『上海時代』の「あとがき」で

「書かれざる歴史」に向き合わない断罪史観の一面性を批判した。

犬養健にしても、こうした思いを共有し「私は国を愛し、そして中国が好きで、たまたま一つの和平運動の末席に加わった」と『揚子江は今も流れている』の「あとがき」にしるした。揚子江は今も昔に変わらず流れているように、消そうとしても消しきれない歴史の一頁は厳として存在しているではないか。これが犬養健の思いであろう。

松本や犬養の著書は、その喪失感を埋める代償でもあったろうし、書かれざる歴史への抗議とも思える。

松方三郎もこの時代を生き、さまざまな思いを抱いたにちがいない。しかし、すべてを封印した。ともに国通ですごした山田一郎は引揚船で中国の港を離れるとき「侵略の徒なりき青春の七年を凍土に埋めて泣きつつ帰る」と詠み、戦争に荷担した悔悟の念を一首に託し、この思いは五十年すぎた今でも変わりません、と書いた。

この時代をともに生きた松方三郎はしかし、何も語ろうとはしなかった。その生涯のいわば核心ともいうべき事跡を語りつぐ資料はほとんどなく『松方三郎伝』は未完の物語となった。

「知の系譜」にしろ、また「山の足跡」にしても余人のおよぶところなく、ファッショ化の波がおしよせるなかでこれに抵抗する知的連合体の一員として活躍し、そして通信社の生活に入る。通信社生活が、その生涯の多くを占めていたが、ジャーナリストとしての横顔をほとんど書き得なかった。

松本重治は『追憶文集』の「あとがき」にしるしている。

「いつの日か、松方三郎の正伝と本格的に取り組む人も出ることであろう。三郎の著書を読む人にも、右に述べた遺稿集を繙く人にも、また正伝を書く人々にもこの追憶文集が併せ読まれることがあれば、三郎の成育、風格、実績、趣味等も多少は理解され、何となしに、人間三郎を印象づけることになるのではないだろうか」

松本重治は幼少のころから松方三郎と兄弟のように付き合い、共通の友人をもち、ともに通信社ひとすじの道を歩んできた。松方三郎を語るにもっともふさわしい人物ではなかったか。正伝を著したいとの思いも、おそらくはもっていたのではないだろうか。しかし、その思いを引き継ぐものはあらわれず、筆者が図らずもその任を引き受けたのも、ひとつには「山」がとりもつ縁だったと思う。

共同通信ワンダーフォーゲル部が2012年に創立50周年をむかえ記念号を編纂した。筆者は、山の先達である松方三郎の横顔を紹介する一文を「松方三郎さんのこと」と題し寄稿した。当時、手元にあった資料は『山で会った人』など3冊ばかりの著書のみだったが、来歴をたどると「山」だけではない「知の系譜」の奥行きの深さに触れ、それが執筆のきっかけとなった。

本書を書くにあたり、元NHK記者・秋山久、元共同通信記者であり、新聞労連副委員長をつとめた大場鎧太郎の諸氏に資料拝借や助言など、いろいろとお世話になった。

共同通信の先輩、同僚の方々、犬養康彦、原寿雄、新井直之、斎藤茂男、山田一郎、藤田博司、春名幹男、大屋久寿雄、鳥居英晴の著書や論文等々を引用させていただいた。

鳥居英晴の『国策通信社「同盟」の興亡』は、広範な資料を渉猟し、同盟通信社の正史である

『通信社史』が書き得なかった、さまざまな「史実」を盛り込み、10年で幕を閉じた同盟の歴史を詳述し、新聞史を語るうえでの貴重な一書であった。共同通信のこうした知的連環がなければ本書は書き得なかったであろう。

日本新聞協会が編集した『聴きとりでつづる新聞史』はオーラル・ヒストリーの先駆けともいえる業績で、正史が書き得ない貴重な証言が盛り込まれ、この上もない援軍となった。第1号は長谷川如是閑だが、なぜか松方三郎は登場していない。おそらくは、おのれを語るのを潔しとしなかったのであろう。新聞史からみれば残念なことである。ｗｅｂ上に公開された情報は刊行図書には記載されていない事実が盛り込まれており、大いに助けてもらった。

東京経済大学図書館、一橋大学図書館、法政大学大原社会問題研究所図書館、大宅壮一文庫にはお世話になった。大原社会問題研究所がｗｅｂに公開した研究所雑誌の数々の論文は示唆に富み、ときには刺激的であり、執筆の励みともなった。あつくお礼を申しあげる（文中敬称略）。

なお刊行にさいし、新聞通信調査会の元編集長・保田龍夫氏、同・鈴木元氏、現編集長・倉沢章夫氏には出版の労をとっていただき、また時事通信出版局編集参与・相澤与剛氏は著者以上の熱意をもって拙稿に目を通していただき、松方三郎の御長男、峰雄氏や親戚の方々には写真の確認など御助力していただいた。心から感謝の意を表したい。

平成三十年一月

田邊　純

主要参考文献

〈松方三郎の著作〉

『遠き近き』　松方三郎　1951年　龍星閣
『山を楽しもう』　松方三郎　1975年　築地書館
『山で会った人』　松方三郎　1975年　築地書館
『アルプスと人』　松方三郎　1976年　築地書館
『民芸・絵・読書』　松方三郎　1976年　築地書館
『手紙の遠足』　松方三郎　1975年　築地書館
『アルプス記』　松方三郎　1997年　平凡社
『回想の河上肇』　松方三郎他　1948年　世界評論社
『マルクスとエンゲルス』　嘉治隆一・後藤信夫　1925年　弘文堂書房

〈松方三郎関連図書〉

『松方三郎』　松本重治他　1974年　共同通信社
『絹と武士』　ハル・松方・ライシャワー　1987年　文芸春秋社
『世界の現場から』　犬養道子　1993年　中央公論社
『火輪の海』　神戸新聞社　1990年　神戸新聞社

『歴程』　草野心平　1973年　歴程社
『わが心の遍歴』　長與善郎　1963年　筑摩書房
『貧乏物語』　河上肇　1947年　岩波書店
『河上肇自叙伝』　河上肇　1996年　岩波書店
『岩波茂雄』　中島岳志　2013年　岩波書店
『人民中国　1981年10月号』　1981年　人民中国雑誌社
『社会科学大辞典』　1930年　改造社
『日本社会運動資料（機関紙誌篇）』　大原社会問題研究所　1981年　法政大学出版局
『満鉄調査部』　小林英夫　2015年　講談社
『河上肇評論集』　杉原四郎編　2007年　岩波書店
『不屈のマルクス主義者　河上肇』　井上清編　1980年　現代評論社
『武士道』　新渡戸稲造　2014年　岩波書店
『摘録　劉生日記』　岸田劉生　2009年　岩波書店
『岸田劉生』　酒井忠康　2002年　新潮社
『父　岸田劉生』　岸田麗子　1987年　中央公論社
『蒲団・一兵卒』　田山花袋　2012年　岩波書店
『ブレイク詩集』（イギリス詩人選4）　松島正一編　2012年　岩波書店
『鈴木大拙の人と学問』　財団法人松ヶ岡文庫　1992年　春秋社
『白樺たちの大正』　関川夏央　2005年　文芸春秋社
『近代日本の文学史』　伊藤整　2012年　夏葉社
『日本文壇史』　瀬沼茂樹　1997年　講談社

『帝国大学新聞』　1934年　帝国大学新聞社
『岩波文庫　解説総目録』　1997年　岩波書店
『夕映え草紙』　山田一郎　2002年　高知新聞社

〈大正・昭和史関連図書〉

『大正デモクラシー』　今井清一　2006年　中央公論新社
『私と満州国』　武藤富男　1988年　文藝春秋社
『中国侵略の証言者たち』　岡部牧夫・荻野富士夫・吉田裕編　2010年　岩波書店
『中国から帰った戦犯』　島村三郎　1975年　日中出版社
『満州事変から日中戦争へ』　加藤陽子　2012年　岩波書店
『アジア・太平洋戦争』　吉田裕　2014年　岩波書店
『太平洋戦争と新聞』　前坂俊之　2007年　講談社
『上海時代』　松本重治　1989年　中央公論社
『昭和史への一証言』　松本重治　2001年　たちばな出版
『中国革命の嵐の中で』　中西功　1974年　青木書店
『魯迅の思い出』　内山完造　1979年　社会思想社
『ある中国特派員』　丸山昇　1997年　田畑書店
『ある革命家の回想』　川合貞吉　1987年　徳間書店
『日中友好のいしずえ』　佐藤竜一　1999年　日本地域社会研究所
『わがままいっぱい名取洋之助』　三神真彦　1992年　筑摩書房

『脱出』　鹿地亘　1948年　改造社
『日本兵士の反戦運動』　鹿地亘　1982年　同成社
『革命の上海で』　西里竜夫　1977年　日中出版社
『ゾルゲ、上海ニ潜入ス』　楊国光　2009年　社会評論社
『ペンと戦争　夏衍自伝』　夏衍　阿部幸夫訳　1989年　東方書店
『揚子江は今も流れている』　犬養健　1984年　中央公論社
『革命とナショナリズム』　石川禎浩　2014年　岩波書店
『どくろ杯』　金子光晴　2010年　中央公論新社
『血族が語る昭和巨人伝』　文藝春秋編　1990年　文藝春秋社
『朝日新聞血風録』　稲垣武　1996年　文藝春秋社
『ニッポン日記』　マーク・ゲイン／井本威夫訳　1963年　筑摩書房
『ハル・ライシャワー』　上坂冬子　1994年　講談社
『李香蘭　私の半生』　山口淑子・藤原作弥　2014年　新潮社
『復刻版　少年満州読本』　長與善郎　2015年　徳間書店
『甘粕大尉』　角田房子　2011年　筑摩書房

〈レッドパージ関連図書〉

『追悼　斎藤正躬』　斎藤正躬追憶文集編集委員会　1968年
『ジャーナリズムに生きて』　原寿雄　2011年　岩波書店
『ジャーナリズムの思想』　原寿雄　1997年　岩波書店
『占領期メディア分析』　山本武利　1996年　法政大学出版局

『一九五〇年七月二八日』 朝日新聞社レッドパージ証言録刊行委員会 1981年 晩聲社
『戦後史の汚点 レッド・パージ』 明神勲 2013年 大月書店
『レッドパージ 失われた人権と報道の自由』 梶谷善久 1980年 図書出版社
『思想』(1970年8月号) 1970年 岩波書店
『回想十年』 吉田茂 2014年 中央公論新社
『転起録』 木村昇 1980年 自費出版
『新聞労働運動の歴史』 日本新聞労働組合連合 1980年 大月書店

〈新聞・通信関連図書〉

『読売新聞百年史』 読売新聞社 1976年 読売新聞社
『朝日新聞縮刷版』 朝日新聞社 朝日新聞社
『文藝春秋』(1960年2月号) 1960年 文藝春秋社
『共同通信の労働運動五十年の歩み』 共同通信労働組合 1997年 共同通信労働組合
『共同通信社50年史』 共同通信社史編集委員会 1996年 共同通信関連会社
『回想 共同通信社50年』 共同通信社史編集委員会 1996年 共同通信関連会社
『共同通信二十年』 依岡健一郎 1965年 共同通信社
『通信社』 今井幸彦 1973年 中央公論社
『ニュース・エージェンシー』 里見脩 2000年 中央公論新社
『記者の手帖から』 高田元三郎 1967年 時事通信社
『連合艦隊の栄光』 伊藤正徳 1962年 文藝春秋社

『国策通信社「同盟」の興亡』 鳥居英晴 2014年 花伝社
『戦争巡歴』 大屋久寿雄 2016年 拓殖書房新社
『国通十年史』（言論統制文献資料集成第17巻） 奥平康弘編 1992年 日本図書センター
『通信社史』 1958年 通信社史刊行会
『戦後改革期の政論新聞』 吉田健二 2002年 文化書房博文社
『日本国憲法の誕生』 古関彰一 2013年 岩波書店
『新聞戦後史』 新井直之 1979年 双柿舎
『戦後ジャーナリズムの断面』 新井直之 1984年 双柿舎
『秘密のファイル』 春名幹男 2000年 共同通信社
『消えた警官 ドキュメント菅生事件』 坂上遼 2009年 講談社
『夢追い人よ』 斎藤茂男 1989年 築地書館
『放送戦後史Ⅰ』 松田浩 1980年 双柿舎
『デスク日記3』 小和田次郎 1967年 みすず書房
『別冊新聞研究』 1994年 日本新聞協会
『アメリカ新聞界の良識』 小田勝巳 1994年 八潮出版社
『アメリカのジャーナリズム』 藤田博司 1992年 岩波書店

〈山岳関連図書〉
『山行』（復刻版） 槇有恒 1975年 大修館書店
『たった一人の山』 浦松佐美太郎 1975年 文藝春秋社

主要参考文献

『山と雪の日記』（復刻版）　板倉勝宣　1975年　大修館書店
『スイス山案内人の手帳より』　岡澤祐吉　1987年　ベースボール・マガジン社
『スイスの山々』　岡澤祐吉訳　1982年　ベースボール・マガジン社
『山への挑戦』　堀田弘司　1990年　岩波書店
『日本登山史年表』　山と溪谷社編　1991年　山と溪谷社
『エベレストを越えて』　植村直己　2011年　文藝春秋社
『エベレスト』　植村直己編　1970年　毎日新聞社
『エベレスト南西壁』　クリス・ボニントン／大浦暁生・平林克敏訳　1977年　集英社
『山と溪谷　覆刻選集1・2・3』　2011年　山と溪谷社
『喜作新道』　山本茂実　1963年　角川書店
『山・人・本』　島田巽　1976年　茗溪堂

［本書収載の写真について］
提供者の記載のないものは全て共同通信社提供のものです。

著者紹介
田邊　純（たなべ　じゅん）

1935年、東京生まれ。1959年、東京水産大学卒業。1961年、共同通信社に入社。社会部嘱託通信員、社会部をへて大阪支社社会部、奈良支局。1967年、東京本社科学部原子力開発、宇宙開発を担当。1987年、編集委員となり、のちに論説委員を兼務。

著書＝『最新　火星の謎』（共著、大陸書房、1976年）、『サイエンス最新情報23』（共著、KK ロングセラーズ、1972年）、『太陽が死ぬ日まで』（共訳、集英社、1982年）。ほかに『木と語る』（共同通信社編、1989年）、『水に聴く』（共同通信社編、1994年）、『山を歩けば』（共同通信社編、1994年）などの執筆・編集協力

松方三郎とその時代

発行日　2018年３月25日
著　者　田邊　純
発行者　西澤　豊
発行所　公益財団法人 新聞通信調査会

〒100-0011　東京都千代田区内幸町２－２－１
日本プレスセンタービル１階
電話（03）3593-1081（代表）
URL：http://www.chosakai.gr.jp
ISBN978-4-907087-13-5

〔公益財団法人新聞通信調査会
2017年度出版補助対象書籍〕

編集：公益財団法人新聞通信調査会　倉沢章夫
編集協力：相澤与剛
装幀　坂田政則
印刷所　㈱太平印刷社